Verwöhn dich!

Mireille Jochum-Guillou   Werner Waldmann

Verwöhn dich!

Die besten Wellness-Tipps für Zuhause

unter Mitarbeit von
Gertrud Teusen und Edgar Gugenhan

monte von DUMONT

Die Deutsche Bibliothek – CIP-Einheitsaufnahme

Verwöhn dich! : die besten Wellness-Tipps für Zuhause / [Autoren:
Mireille Jochum-Guillou ; Werner Waldmann. Red.: Magda Antonic]. –
Köln : DuMont, 2001
(monte von DuMont)
ISBN 3-7701-8618-4

Konzeption und Gesamtherstellung: MediText, Stuttgart
Redaktion: Dr. Magda Antonic
Layout und Satz: Karolina Stuhec Meglic
Korrektur: Johannes Knapwerth
Fotos: Umschlagabbildung: Photo Alto; andere Fotos: Adobe Image Library (8); Bäder Obermaier (8); CMA (10); Creativ Collection (2); Deutscher Sauna Bund (1); Digital Stock (1); Digital Vision (4); Duravit (14); Emco Erwin Müller Gruppe Lingen (1); Good Shoot (3); hansgrohe (5); Hansgrohe Historisches Archiv (2); Ideal-Standard (4); IKEA (4); Image 100 (2); Image Source (1); Kaldewei (1); Klafs Saunabau (2); MEV (2); Museum Rietberg, Zürich (2); Photo Alto (24); Photo Disc (20); Sammlung Waldmann (4); Schwarzkopf & Henkel Cosmetics (1); Sertürner (2); Stockbyte (2); Universitätsbibliothek Heidelberg (1); Universitätsbibliothek Leipzig (1); Villeroy & Boch (13); Werner Waldmann (69)
Datenmanagement: DDS Lenhard, Stuttgart

Druck: Appl, Wemding

ISBN 3-7701-8618-4
Printed in Germany

Detaillierte Informationen rund um das Baden und Sich-Wohlfühlen erhalten Sie bei der Autorin Mireille Jochum-Guillou:

Thalasso Plus®
International-Zentrale
Tel: 00 49/6 81/3 90 69 65
Fax: 00 49/6 81/37 24 56
Kaiserstr. 7
66111 Saarbrücken

Über das Wohlfühlen

Sich wohl fühlen heißt, mit sich rundum im Reinen zu sein, glücklich und zufrieden. Sich wohlfühlen schließt gleichermaßen Körper und Psyche ein. Der Körper ist gut organisiert, bereitet keinen Ärger, es gibt keinen Schmerz, keinen Gedanken an Medikamente. Man ist mit seinem Aussehen zufrieden, schaut gern in den Spiegel und bewundert sich vielleicht sogar. Und Wohlgefühl hat auch und vor allem mit der inneren Balance zu tun. Wer kundtut, dass er sich *wohl fühlt,* kennt keine Probleme, und wenn, dann lassen sich diese spielend leicht auf Distanz halten.

Für die einen hat das Wohlfühlen etwas mit Erfolg im Beruf oder im Privatleben zu tun. Für andere ist die Gesundheit ausschlaggebend fürs Wohlbefinden. Wiederum andere fühlen sich wohl, wenn sie mit dem Aussehen, mit ihrem Körper zufrieden sind.

Sicher wird jeder unter Wohlgefühl etwas anderes verstehen. Einigen wir uns darauf, dass man sich dann wohl fühlt, wenn man den Alltag und seine Anforderungen wie schweres Gepäck an der Garderobe abgibt und es sich bequem und ohne zeitlichen Zwang in den eigenen vier Wänden einfach gut gehen lässt.

Der Weg zum Wohlbefinden

Für den Körper etwas zu tun bedeutet keineswegs, die Psyche zu vergessen. Wer einen langen, anstrengenden Tag im Büro hinter sich hat, auch unangenehme Situationen, und sich am Abend zu Hause unter die heiße Dusche stellt, Hände und Gesicht minutenlang dem Wasserstrahl entgegenhält, sich mit einem duftenden Duschgel reinigt, anschließend eine Massage genießt und ein erfrischendes Getränk zu sich nimmt, der fühlt sich besser als ein paar Stunden zuvor. Der Organismus stellt sich um, Entspannung breitet sich in alle Körperregionen aus. Leise, angenehme Musik, Blütenduft in der Nase, die Haut schön erwärmt und überall der Duft von Frische – das ist es: Man fühlt sich sauber, schlackenfrei. Man könnte auch sagen: Man fühlt sich wohl.

Wohlgefühl lässt sich nicht kaufen, man muss sich darum bemühen. Das ist gar nicht so schwierig. Es braucht aber eine gewisse Strategie, um diesen schönen, entspannten Empfindungszustand zu erreichen.

Verwöhncenter Badezimmer

Vor noch nicht allzu langer Zeit fand kaum jemand das Badezimmer als Thema wichtig. Es gehörte als so genannte Nasszelle zum minimalen Hygienestandard unserer Zeit. Und man brauchte den meist hässlichen, kleinen Raum auch nur fürs Zähneputzen und Waschen, zum Rasieren und Schminken. Waschen konnte man sich in der Dusche mit Plastikvorhang bequemer als am Waschbecken mit Waschlappen und Seife. Wer Platz hatte, besaß auch eine Wanne, in die man sich setzen und in der man planschen konnte. Ansonsten war das Badezimmer oft eine Rumpelkammer, in der man alles Mögliche abladen konnte, das in der Wohnung nur im Weg stand. Beim üblichen Reinigungsritual störte das auch nicht weiter. Es soll sogar Badewannen gegeben haben, die voller Gegenstände waren und vor dem samstäglichen Bad immer erst ausgeräumt werden mussten.

Im Film und in Illustrierten sah man ab und zu gänzlich andere Badezimmer, solche, die das Ausmaß eines riesigen Wohnzimmers hatten und die man eher in Palästen vermutet hätte. Großen Neid verspürte man nicht, denn es erschien dem Normalmenschen als Sonderbau, dass ein simples Badezimmer luxuriöser ausgestattet war als die restliche Wohnung.

Doch inzwischen hat sich da etwas grundlegend gewandelt. Man hat das Badezimmer deshalb entdeckt, weil man erkannt hat, dass Baden an sich ein wichtiger Wohlfühlfaktor sein kann. Nur mit Körperhygiene erklärt sich dies nicht.

Fast jede Kultur hat ihre Badetradition. Die Römer waren vom Baden als gesellschaftlichem Ereignis geradezu besessen. Aber auch im Mittelalter hatte man Spaß am Wasser im heimischen Bereich. Zu Hause gönnten sich alle Stände Wasser im Holzzuber. Öffentlich traf man sich, Männlein wie Weiblein, in den Badehäusern, wo es lustig, um nicht zu sagen hemmungslos, zuging. Seuchen und die Kirche bereiteten diesem Spaß später ein Ende.

Für die Japaner beispielsweise ist das Baden fast ein heiliger Akt, der nicht nur mit Hautpflege zu tun hat, im Gegenteil. Bevor der Japaner ins private oder Gemeinschaftsbad steigt, wäscht er sich sorgfältig. Baden ist in Japan nur mit sauberem Körper denkbar. Und das Bad reinigt die Seele.

In der westlichen Welt hat sich das Badezimmer inzwischen zu einem respektablen Ort gewandelt, der neben dem Körper auch die Seele zu reini-

gen ermöglicht. Die Badeausstatter bieten bemerkenswerte Kollektionen an Badewannen, Duschkabinen, Waschbecken, Spiegelschränken und Armaturen an. Man hat auch begriffen, dass Form, Farbe und Licht eine wichtige Rolle spielen, um im Badezimmer eine Atmosphäre zu zaubern, die es erlaubt, im Schaum der Wanne ins Reich der Träume zu gleiten.

Der Natur hat die Kosmetikindustrie viele Geheimnisse entrissen. Badezusätze, ätherische Öle, Seifen, Lotionen, Masken und Peelings werden zwar industriell gefertigt, ihre Ingredienzen hat aber zumeist die Natur erfunden. Und so können wir die Heilkräfte der Gewürze, der Kräuter und des Meeres für Schönheit, Gesundheit und Vitalität in unseren vier Wänden zu Hause nutzen. Es ist faszinierend, welche Vielfalt an Mitteln zur Verfügung steht, um Körper, Geist und Seele wieder zueinander zu bringen.

Luxus als Lohn und Therapeutikum

Wer immer noch der puritanischen Einstellung verhaftet ist, nach der das Badezimmer ausschließlich fürs Zähneputzen und für die Waschpflicht zuständig sei, mag all den Zauber verurteilen, den man heute ums Baden betreibt. Da werden in Neubauten nicht nur wundervoll gestylte Badezimmer gebaut, sondern auch noch mit Whirlpools und raffinierten Badewannen ausgestattet, die man früher nur der überbordenden Fantasie eines Filmausstatters zuschreiben wollte. Da reihen sich Flaschen und Flakons mit Ölen und Essenzen in den Regalen aneinander. Das ist Luxus, purer Luxus. Ist Luxus aber nicht nur den oberen Zehntausend gestattet? Luxus ist das Salz in der Suppe. Man braucht nicht viel davon, aber man sollte keinesfalls

darauf verzichten. Wer arbeitet und Stress erträgt, braucht Erholung und Entspannung. Alles, was uns Lebenslust schenken kann, ist legitim, so auch das Verwöhnritual im Bad, die kosmetische Behandlung, das exquisite kulinarische Abenteuer. Schönheit, Gepflegtheit, Genuss – diese Trias bringt den Körper wieder in Einklang mit Geist und Seele, bereichert die Gefühlswelt und schafft neue Kraft für Arbeit und Engagement.

Wenn wir uns selbst verwöhnen, stimulieren wir erstaunliche Kräfte in uns, die dem Leben Qualität schenken, den Organismus gegen Krankheiten stärken und Kreativität und Vitalität erhalten.

Dieses Buch zeigt Ihnen alle Möglichkeiten auf, wie Sie sich, Ihren Körper und Ihre Seele verwöhnen können. Lassen Sie sich berühren, erfreuen, erheitern und bereichern.

Mireille Jochum-Guillou
Werner Waldmann

Inhalt

Kleine Kulturgeschichte des Badens 15

Allgemeines rund ums Bad 35

99 Bäder für Ihr Wohlbefinden 63

Das Rundum-Verwöhn-Programm 101

Die Geschichte des Badens ist fast so alt wie die der Menschheit. Jede Kultur, jedes Zeitalter entwickelte dabei ihre eigenen Sitten und Rituale. Von jeher war das Baden Sinnbild für die Sauberkeit des Körpers, aber auch Geist und Seele sollten dabei gereinigt und erfrischt werden. Gebadet wurde früher jedoch meist in Gesellschaft – und körperliche Wonne in der gemeinsamen Wanne gehörte oft dazu.

Kleine Kultur-geschichte des Badens

Frühe Badefreuden

Denkt man an antike Badefreuden, so fällt den meisten Menschen spontan die ägyptische Königin Kleopatra ein. Sie war bekannt für ihre Schönheit und diese pflegte sie mit Vorliebe in ausgiebigen Bädern mit Eselsmilch. Aber Kleopatra war keineswegs die Erste, die das nasse Vergnügen für sich entdeckte. Bereits um 4500 v. Chr. gab es in den Palästen der mesopotamischen Herrscher tönerne Badewannen. Die großen Wohnhäuser in Mohenjo-Daro (im heutigen Pakistan) waren schon damals mit Bädern und Toiletten ausgestattet. Die Stadt hatte auch ein eigenes Becken, das allerdings den religiösen Waschungen vorbehalten war.

Strenge Reinigungsvorschriften waren Bestandteil religiöser Zeremonien. Die reinigende Wirkung des Wassers für Körper und Seele hoben fast alle Religionsgründer – von Buddha bis Moses – hervor. Die ältesten Zeugnisse (etwa 5000 v. Chr.) stammen aus Indien. Dort galt jeder Mensch am Morgen als unrein und unberührbar, solange er sich nicht gewaschen hatte. Noch heute faszinieren die Bilder von Tausenden von Menschen, die in die heiligen Flüsse Indiens steigen, um sich zu reinigen.

Religiöse Waschungen gibt und gab es in allen Glaubensrichtungen: Im alten Ägypten wusch man Gesicht und Hände, bevor man zu Isis beten durfte. Die Muslime müssen sich auch heute noch waschen, bevor sie die Moschee zum Gebet betreten. Im Buddhismus ist ebenfalls die Körperpflege eng mit der seelischen Reinheit verbunden und die Taufe der Christen bestand ursprünglich in einem Vollbad im Jordan.

Doch es wäre falsch, die frühen Badefreuden allein einem religiösen Pflichtbewusstsein zuzuordnen. Baden war (und ist) vor allem auch ein Synonym für Freude, Entspannung und Lust.

Ein römisches Badezimmer

Ein gutes Beispiel ist Griechenland. Das älteste und berühmteste Badezimmer (aus dem Jahr 1800 v. Chr.) ist heute noch in der Palastanlage von Knossos auf Kreta zu besichtigen. Das Zimmer grenzt an die Gemächer der Königin und ihre Badewanne aus Ton ist noch gut erhalten. Private Bäder waren den Reichen und Mächtigen vorbehalten. Das gemeine Volk, insbesondere die Männer, trafen sich nach dem Sport im Duschraum, der den Gymnasien angegliedert war. Bereits zu Homers Zeiten hatten die Griechen das Baden dann so kultiviert, dass es aus dem alltäglichen Leben nicht mehr wegzudenken war. Nach sportlichen Wettkämpfen wurde mit kaltem

Wasser geduscht, um den Körper zu stählen. Aber schon bald fand man das Sitzen in der warmen Wasserwanne viel angenehmer. Allerdings bevorzugte man öffentliche Badeanstalten, die mit allem Komfort eingerichtet waren und sich bald zum gesellschaftlichen Treffpunkt mauserten. Zwar wetterten die Philosophen im alten Griechenland verzweifelt gegen diese »Verweichlichung« der Sitten, doch konnten sie sich Volkes Meinung nicht lange entziehen. Nach dem warmen Wasser entdeckten die Griechen dann auch die Vorzüge des Dampfes und der anschließenden Massage. Das alles taten sie nur, um ihren Körper zu pflegen und den gängigen Schönheitsidealen zu entsprechen.

Rituelle Reinigungsbäder gab es in allen Religionen. Einen hohen Stellenwert hatte beispielsweise die Mikwe in der jüdischen Religion. Der Talmud wies alle Gläubigen an, »Städte zu meiden, die über kein öffentliches Bad verfügen«.

Das gesellige Beisammensein in entspannender Atmosphäre gefiel auch den Römern. Zunächst hatten auch sie zum Baden nur kühle Bäche und Seen aufgesucht. Kaltes Wasser war auch für sie der Inbegriff körperlicher Gesundheit, forderte strenge Disziplin und »den ganzen Mann«. Von den Griechen inspiriert, eröffneten reiche Römer Badehäuser, so genannte »balneae«, für deren Besuch man bezahlen musste. Dort entdeckte man die Wohltat warmer Wannen und abhärtender Wechselbäder. Eine neue Ära begann im Jahr 19 v. Chr., als Feldherr Marcus Vipsanius Agrippa ein Badehaus der Superlative (mit eigenem Park und künstlich angelegtem See) erbaute. Er nannte es »thermae« (aus dem Griechischen, »thermos« = heiß). Anders als die Griechen hatten jedoch die Römer nicht das körperliche Training im Sinn, sondern besuchten die Thermen, um sich bei guter Gesundheit und Sauberkeit zu halten. Vor allem aber wollten sie dort ihren Spaß haben. Bald entstanden allerorten luxuriöse Badeanstalten. Schnell perfektionierten die Römer diese und schufen die ersten Badelandschaften mit Pools und Gärten, Dampfbädern ähnlichen Schwitzräumen und gepflegten Ruhezonen. Dort gab es Sport- und Spielplätze, Restaurants und Theater. Eine Blütezeit erlebte die römische Badekultur unter Kaiser Nero.

Die Ureinwohner Amerikas, die Indianer, trafen sich in »Badehütten«, um dort das gemeinsame Dampfbad zu genießen. Erhitzte Steine in der Hüttenmitte wurden zu diesem Zweck mit kaltem Wasser übergossen.

Die Badeanlagen waren mit einer Größe von bis zu 3000 Quadratmetern unüberschaubar groß. Es gab separate Eingänge für Männer und Frauen. Dass man sich darin jedoch traf, dafür sorgte ein ausgeklügeltes System von Hallen und Gängen. Will man den Beschreibungen aus jener Zeit Glauben schenken, so herrschte in den Thermen stets Jahrmarktstimmung. Es wurde musiziert, gespeist und getrunken; Händler boten ihre Waren an, es wurden Geschäfte gemacht und Verträge geschlossen.

Da nun aber die Badeanstalten für alle römischen Bürger kostenlos offen standen und auch gleichermaßen von Männern und Frauen jeden Standes genutzt wurden, kamen die Thermen bald ins Gerede. Kritisiert wurden vor

Die Griechen badeten einmal am Tag, mitunter aber mehrere Stunden, und zwar nachmittags vor dem Abendessen. Ihre Reinigungsrituale waren vom Streben nach einem perfekten Körper geprägt. Das gesellige Beisammensein war nur eine positive Begleiterscheinung.

Mann und Frau im Wasserbad, Holzschnitt 1481.

allem die lockeren Sitten: Männer und Frauen gemeinsam im Bad und dann auch noch nackt... Das Christentum stand den Bädern ohnehin ablehnend gegenüber, verdammte die Nacktheit und verglich die Badeanstalten mit einem Sündenpfuhl.

Das Konzil von Laodikeia im Jahr 320 (n. Chr.) verbot zunächst den Frauen den Zutritt zu den Thermen. Dem folgte zum Ende des 4. Jahrhunderts ein generelles Badeverbot.

Die Thermen, die auch in anderen römischen Provinzen errichtet worden waren, existierten nach dem Niedergang des römischen Reiches nicht mehr lange. Unter dem Einfluss der katholischen Kirche wurden sie alle nach und nach geschlossen.

Während die Römer das Baden zur wahren Kunst perfektioniert hatten, waren Kelten und Germanen in ihren Badesitten eher rustikal. Auch hier saß man jedoch lieber gemeinsam als allein in der Badestube und schwitzte. Reinigungsrituale sollten den Zusammenhalt der Sippe stärken, darüber hinaus war das gemeinschaftliche Bad natürlich auch ein Vergnügen.

Baden im Mittelalter – mit allen Sinnen geniessen

Den opulenten Badefreuden hatte die Kirche nur vorübergehend den Riegel der Schamhaftigkeit vorgeschoben. Während in den Klöstern nach wie vor gebadet wurde, verbot man dem gemeinen Volk diese Freude. Trotz allen Vorbehalts entwickelte sich aber im Mittelalter eine neue Badekultur und diese breitete sich in Europa sehr schnell aus. »Neu« waren die Badesitten deshalb, weil sich durch die Eindrücke, die die Kreuzritter auf ihren Feldzügen gesammelt hatten, neue Dimensionen eröffneten. So prägte beispielsweise das orientalische Dampfbad »hammam« die hiesigen Badegewohnheiten auf besondere Weise. Allerdings ging es hierzulande nicht so spröde zu wie im Morgenland. Dort waren die Badefreuden noch immer streng nach Geschlechtern getrennt, in Europa sah man das weniger eng. Beim Warmbad ließ man sich gern rundum verwöhnen: Badeknechte und -mägde kümmerten sich nicht nur um die Körperpflege, sondern boten auch ihre Dienste als Prostituierte und Kuppler an. Sie waren bekannt für ihre Spezialmassagen und wurden deshalb auch »Reiberinnen« genannt.

Abbildung rechts: Der Minnesänger Jakob von der Warte beim Baden in Garten, 14. Jahrhundert.

Öffentliche Badestube, Meister des Herzogs Anton von Burgund, Miniatur aus der Handschrift des Valerius Maximus, um 1470.

Eine berühmte Bademagd war Agnes Bernauer, in die sich Herzog Albrecht von Bayern im Jahr 1432 verliebte. Die heimliche Hochzeit brachte Agnes Bernauer allerdings wenig Glück: Der Vater ihres Angetrauten denunzierte sie bald als Hexe und ließ sie schließlich 1435 in der Donau ertränken.

Fast schon ein wenig schockierend mag es erscheinen, dass über die lockeren Sitten in den Badeanstalten sogar geschrieben wurde, und das in frappanter Offenheit. Als Beweis könnte der »Rosenroman« des französischen Dichters G. de Lorris gelten, der schrieb: »Dorthin gehen junge Männer und Frauen, die von alten Kupplerinnen zusammengetan wurden, die die Wiesen und Haine vergnügter als Papageien durchstreiften und dann gehen sie zusammen in die Badekammern und baden zusammen in der Wanne ...«

Die neue Freizügigkeit passte gut zu den medizinischen Erkenntnissen, die der persische Arzt und Philosoph Ibn Sina in seinem Werk »Canon medicinae« zusammengefasst hatte. Er hatte die Bedeutung der körperlichen Ertüchtigung und der Hygiene für Körper und Geist erkannt. Der Wechsel von heißen und kalten Bädern, Massage und Gymnastik erlebten damit eine Renaissance.

Im 13. und 14. Jahrhundert war das Betreiben eines Badehauses ein angesehenes, zunftmäßiges Gewerbe. Jeder, der es sich leisten konnte, erhielt dort Eintritt und konnte sich in warmen Wannen und schwülen Dampfbädern, bei üppigen Festgelagen und in exquisiten Ruheräumen entspannen. Es etablierten sich dazu neue Berufe: der Bader, der Bartscherer und der Wundarzt. Neben Rasuren, Körperenthaarungen und Haarschnitten wurden in den Badehäusern gesundheitliche Anwendungen durch Saugnäpfe, Massagen und Aderlass angeboten.

Aber auch zu Hause wurde eifrig gebadet. Zwar gab es dort nur den einfachen Holzzuber, der mit warmem Wasser gefüllt wurde, doch schon damals verstand man sich gut auf heilende Kräuterzusätze, die jedes Bad zum Genuss werden ließen. Selbst kriegserprobte Feldherren stiegen nach der Schlacht gern in die Wanne.

Im Laufe der Jahrhunderte wurde der Komfort in privaten Bädern immer ausgefeilter. Der Holzzuber wich dem eleganten Modell aus Zink oder Silber. Zugleich verbesserte sich die Heiztechnik; kleine Öfen, auf denen das Wasser erhitzt wurde, hatten eine direkte Zuleitung zur Wanne. Bade-

Badende Frauen, Albumblatt aus der Akbar-Periode, um 1590.

zimmer und -pavillons wurden errichtet und an den Höfen begann man die ersten Wasserleitungen für kaltes und warmes Wasser zu verlegen.

Auch wer sich solche privaten Badevergnügen leisten konnte, legte auf den Spaßfaktor bedeutend mehr Wert als auf die damit verbundene Hygiene. Die europäischen Herrscher wetteiferten geradezu miteinander, immer schönere und immer ausgefallenere Baderefugien zu schaffen. Und der Klerus stand dem Wettstreit in nichts nach.

Gerade vor dem Hintergrund dieser Entwicklungen und der allgemein beliebten Badelust ist es fast unerklärlich, warum die Badeäraein solches Ende nahm. Zwar gab es noch zaghafte Versuche, beispielsweise von Montaigne, gegen den Niedergang des Badens anzuschreiben – doch vergebens. Die Zeit der »trockenen Hygiene« hatte begonnen.

Badepause: zwei Jahrhunderte Trocken-Hygiene

Die Freizügigkeit, die in manchen Bädern üblich war, bedeutete wenig später auch den Niedergang dieser Bäder. Die Kritik der Kirche wurde immer schärfer und die Verbreitung von Pest und Syphilis taten ein Übriges, um der Badelust ein Ende zu setzen.

Innenhalb weniger Jahrzehnte erlebte die Badekultur in Europa im 16. Jahrhundert einen rasanten Beliebtheitsverlust. Die Gründe dafür lassen sich historisch nicht genau ausmachen, jedoch dürfen dafür mehrere Faktoren ausschlaggebend gewesen sein. Es trat zum einen ein Sinneswandel ein: Während zuvor alle »Körperdinge« eher als naturgegeben hingenommen wurden, machte sich nun zunehmend ein Schamgefühl breit, das sich durch eine besondere Prüderie im Hygienebereich zeigte.

Badehaus und Freudenhaus wurden immer häufiger in einem Atemzug genannt. Solch zügellose Vergnügungen wurden zunehmend verdammt und führten schließlich zur Schließung vieler Badehäuser.

Zum anderen breitete sich die Pest mit bedrohlicher Geschwindigkeit aus und forderte immer mehr Todesopfer. Die Badehäuser wurden für deren Verbreitung mitverantwortlich gemacht.

Schließlich hatten sich auch die Lebensumstände der Menschen grundlegend verändert. Immer wieder aufflackernde Kriege forderten ihren Tribut und die Pest wollte nicht weichen. An der Leichtigkeit des vergnügten Bades fanden deshalb immer weniger Menschen Gefallen. Das Leben war härter geworden und die Lebensfreude dahin. Dass mit dem Baden auch die Reinlichkeit verdammt wurde, darüber dachte offensichtlich keiner nach.

Fast grotesk erscheint es, dass im 18. Jahrhundert, als die Badekultur sozusagen am Boden lag, die schönen Künste wie Musik und Literatur einen Aufschwung sondergleichen erlebten.

Reformation und Gegenreformation sorgten ebenfalls dafür, dass Nacktheit als Sünde verdammt wurde und alles Körperliche als schmutzig galt.

Und das war es im Laufe der Zeit natürlich auch, denn all den Schmutz mit weißen Hemden und frischer Unterwäsche zu kaschieren gelang nicht wirklich. Gepuderte Perücken und gepflegte Spitzenkragen konnten über mangelnde Hygiene nur oberflächlich hinwegtäuschen. Dennoch galt weiße Wäsche als Synonym für eine »saubere« Gesinnung. Und es fiel allemal leicht, die armen und oft dreckigen Untertanen als heruntergekommenes Gesindel zu sehen. Wer nicht in der Lage war, den äußeren Schein zu wahren, galt auch moralisch als nicht ganz einwandfrei.

Wenn gewaschen wurde, so nur im Verborgenen, und man beschränkte sich hauptsächlich auf Gesicht und Hände. Von den zahlreichen Dampfbädern, die es einst in Paris gab, blieben während der Herrschaft von Ludwig XIV. nur zwei übrig. Und diese spezialisierten sich ganz und gar auf ärztlich verordnete Heildampfbäder.

Auch in den privaten Badezimmern versiegte das Wasser. Die Anti-Badefront bekam medizinische Schützenhilfe. Der Arzt Louis Savot schrieb 1624: »Wir können eher auf das Baden verzichten als unsere Vorfahren, weil wir Leibwäsche verwenden, die uns hilft, den Körper auf bequeme Art sauber zu halten, als es die Bäder und Dampfbäder der Vorfahren vermochten, die den Gebrauch und die Annehmlichkeit dieser Wäsche nicht kannten.« Und geradezu als Bestätigung machte man das Wasser für alles Unheil verantwortlich. Es schwäche den Körper und führe zu giftigen Ausdünstungen, fördere Schwachsinn und Wassersucht.

Die so genannte »trockene Hygiene« sah dann so aus: Oberflächliche Pflege bekamen nur noch Hände und Mund. Die Haare wurden trockenschamponiert und bald darauf unter Perücken verborgen. Farbenfrohe Schminke und parfümierte Puder

Blaue Wasserkanne eines Waschgeschirrs von Kaiser Wilhelm I.

ersetzten die Gesichtspflege, man übergoss sich mit Parfüms und schob sich Duftsäckchen unter die Achseln. Die Berührung mit Wasser fand – wenn überhaupt – nur hinter verschlossenen Türen statt.

Im krassen Gegensatz dazu stand die Einrichtung neuer, immer schönerer Baderäume in den Palästen. Prunkvolle Wannen in gigantischen Dimensionen, immer ausgefeiltere Technik bei der Warmwasseraufbereitung und immer kunstvollere Kacheln konnten nicht darüber hinwegtäuschen, dass die meisten dieser Räume ungenutzt blieben.

1715 starb der Sonnenkönig und mit ihm ging auch die Ära der Trocken-Hygiene zu Ende.

Das 18. Jahrhundert: Renaissance der Badekultur

Die Wiederentdeckung der Natürlichkeit wurde in Europa durch die Philosophen der Aufklärung betrieben: Rousseau, Voltaire und Diderot in Frankreich, Locke in England und Basedow in Deutschland. Sie bekamen Unterstützung von der Ärzteschaft, die den regelmäßigen Wechselbädern eine gesundheitsfördernde Wirkung attestierten. Geradezu revolutionär war die Entdeckung Lavoisiers im Jahr 1777, dass auch die Haut atmet.

Mobile Badezuber stellte man entweder in der Küche oder aber im Hausflur auf. Schließlich musste jeder Wassereimer einzeln herangetragen werden – und da war der kürzeste Weg der beste.

Von nun an durfte wieder gebadet werden und die Menschen taten es mit Wonne. In den Palästen der Herrscher und den Villen der Reichen gab es bald überall luxuriöse Badezimmer. Zwar lag es mit dem öffentlichen Badewesen noch immer im Argen, doch dafür wurden immer komfortablere Badewannen erfunden. Eine Zeitlang waren tragbare Modelle en vogue und erfreuten sich auch bei den unteren Gesellschaftsschichten großer Beliebtheit. Wo kein Platz für ein separates Badezimmer war, musste man flexibel sein. Oft wurden die Badewannen bei Bedarf in der Küche aufgestellt, weil die Nähe zum warmen Wasser günstig war. Fließendes Wasser gab es auch im 19. Jahrhundert nur für wohlhabende Bürger.

Trotz aller Umstände wurde von nun an auf das Baden im Besonderen und die Körperpflege im Speziellen größter Wert gelegt. Die medizinische For-

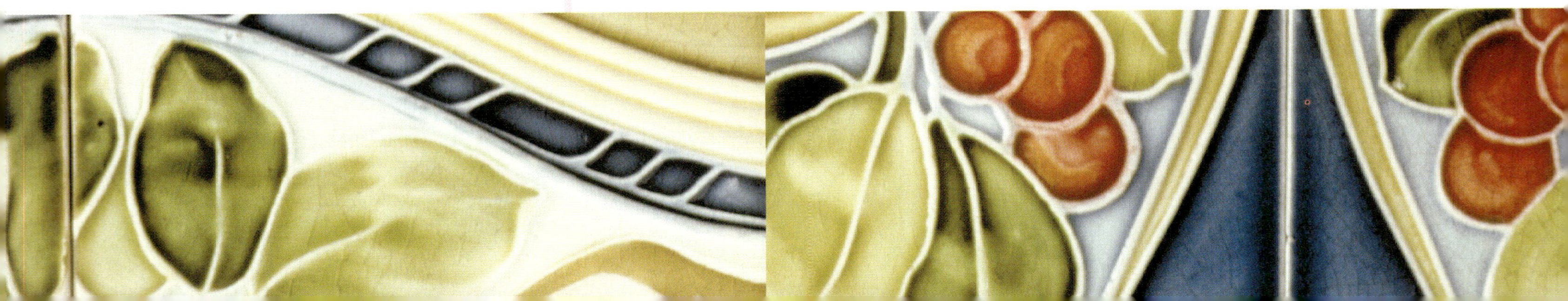

Jugendstilornamente auf Wandfliesen

schung machte rasche Fortschritte und zeichnete einen deutlichen Zusammenhang zwischen Hygiene und Gesundheit auf. Die segensreiche Wirkung des Wassers wurde neu entdeckt und durch Männer wie Hufland, Prießnitz, Rikli und Lassar propagiert.

Sauberkeit wurde zur moralischen Forderung, und es wurden in dieser Zeit zahlreiche Bücher geschrieben, die sich mit der Wichtigkeit des Badens beschäftigten. Doch die Forderungen ließen sich nicht so einfach erfüllen, weil die Voraussetzungen dafür fehlten.

Den weniger Bemittelten griff man überall in Europa durch die Eröffnung von »Volksbädern« unter die Arme. Mit geradezu prophetischem Eifer wurde »Familienhygiene« gepredigt. Doch in den Städten und erst recht auf dem Land gab es kaum fließendes Wasser und auch die Abwasserentsorgung stellte ein Problem dar. Die Erwärmung des Wassers war kostspielig und somit die landesweite Einführung von privaten Badezimmern schlicht undenkbar.

Man richtete Badeanstalten für Kinder, Gemeinschaftsduschen für Industriearbeiter und Flussbäder für die Landbevölkerung ein. Um 1855 kam aus Frankreich eine Idee ins Land, bei der man öffentliche Badeanstalt und Wäscherei kombinierte. Die erste dieser Institutionen entstand in Hamburg, wo man 75 Badewannen und Waschplätze mit fließend warmem Wasser einrichtete. Später wurden die Anstalten noch weiter perfektioniert, sodass es Bade- und Duschkabinen gab, und zwar erster und zweiter Klasse. Ein Schritt in die falsche Richtung, denn schon bald war der Besuch eines solches Etablissements für die einfachen Menschen unerschwinglich. Gegen Ende des 19. Jahrhunderts wurden die öffentlichen Bäder zunehmend durch Duschen ersetzt, die schon bald den Spitznamen »Bad des Volkes« bekamen.

Das private Badezimmer für alle war leider eine Illusion, die sich so schnell nicht verwirklichen ließ. Wie weit die Badekultur zu diesem Zeitpunkt »verkommen« war, macht folgendes Zitat aus einer »volkserzieherischen Abhandlung« deutlich. Der französische Pädagoge Massé verfasst sie 1845:

So schwierig die Hygienemaßnahmen beim gemeinen Volk durchzusetzen waren, so sehr genossen die Reichen den Luxus des Bades. In Paris etablierte sich eine neue Mode, das »Badekabinett«. Dieser intime Waschraum befand sich in wohlhabenden Häusern gleich neben dem Schlafzimmer.

Duschen kannten schon die alten Griechen. Im 19. Jahrhundert erlebten sie eine Renaissance als »Bad des Volkes«.

Abbildung oben: Bade- und Sitzwannen sowie Waschfässer aus dem 19. Jahrhundert.
Abbildung unten links: ein Tropfbad; Mitte: Bad unter der Brause; rechts: Vorrichtung zum Hinablassen Kranker ins Bad, alles 19. Jahrhundert.

»… Eine zur Hälfte mit kaltem Wasser gefüllte Schüssel, ein kleiner Kessel voll heißem Wasser, zwei etwas größere Schwämme … ein großes Stück Flanell, Handtücher oder Waschlappen. Man nimmt ein Wolltuch und reibt damit den ganzen Körper ab. Man reibt vor allem die Brust, die Achselhöhlen und alle Stellen ab, wo durch die Bettwärme eine Transpiration hervorgerufen worden sein könnte … nun nimmt man die beiden Schwämme, in jede Hand einen, taucht sie in die Schüssel und beginnt entschlossen mit dem Waschen …«

Das eigene Badezimmer: Luxus (nicht) für jedermann

Bis zum Ende des 19. Jahrhunderts blieb das private Badezimmer ein Luxus, den sich nur wenige Wohlbetuchte leisten konnten. Es war äußerst selten, dass ein Badezimmer im Haus fest integriert war und ein eigener Raum dafür zur Verfügung stand. Aus diesem Mangel heraus waren die Erfinder von mobilen Duschkabinen und Schrankbadewannen besonders erfolgreich. Bald gingen einige Modelle in serienmäßige Produktion.

Abbildung links: Ein Bad mit »Haube«, England, Ende des 19. Jahrhunderts.
Abbildung unten: Sitzbad mit Dusche, England, Mitte des 19. Jahrhunderts.

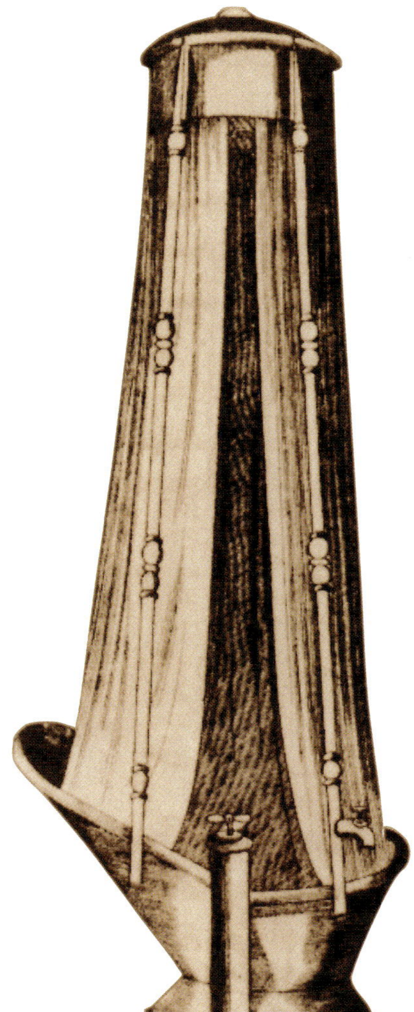

Die Revolution im Badezimmer kam schließlich aus Amerika. Auf einer Hygieneausstellung 1900 konnten die Besucher erstmals ein amerikanisches Badezimmer bewundern. Zu Beginn des 20. Jahrhunderts wurden dort Badezimmer bei Hausbauten generell berücksichtigt. Zahlreiche technische Neuerungen hatten dazu geführt, dass dort eine neue Badekultur und zugleich ein bislang unbekanntes Hygienebewusstsein entstanden waren. Eine leichtere Pflege des Zimmers bekam Vorrang vor ästhetischem Schnickschnack. Böse Zungen nannten diese Ausstattung »Dreckentfernungsmaschine« und in der Tat erinnerte das amerikanische Modell mehr an ein steriles Labor als an ein gemütliches Badezimmer. Blanke Fliesen ersetzten kuschelige Läufer – Bakterien sollten keine Chance haben. Insgesamt entsprach aber der neue Trend dem Zeitgeist, nach dem Hygiene oberstes Ziel war.

Der Traum vom eigenen Bad wurde unter dem Begriff »American Bath« bekannt. Dieses hatte eine standardmäßige Ausstattung, bestand aus einer großen Badewanne, Waschtisch und Toilette. Der Raum war funktionell und absolut hygienisch. Fürfantasievolle Gestaltung war hier kein Platz. Dies soll-

te später auch das Vorbild für die Bäder sein, die im Siedlungsbau nach dem Zweiten Weltkrieg in Deutschland eingerichtet wurden.

Zwischen den beiden Weltkriegen war es in Deutschland mit einer regelrechten Badekultur noch schlecht bestellt. Im Trend lagen vielmehr Nasszellen, in denen sich zumindest die einfachen Hygieneregeln einhalten ließen. Und viel mehr war auch nicht das Ziel, denn Baden sollte nicht dem Lustgewinn dienen, sondern war notwendige Hygienemaßnahme zur Gesunderhaltung des Körpers.

Das private Badezimmer wurde von nun an immer schneller weiterentwickelt, der praktische Nutzen war oberstes Ziel. Die Nüchternheit rund ums Baden und um das Badezimmer begann sich in Europa erst etwa ab Mitte der 60er-Jahre allmählich zugunsten von Genuss und Ästhetik zu ändern.

Welch eine Unglaublichkeit angesichts des strengen Hygienebewusstseins und der gleichzeitigen Prüderie dieser Zeit muss es gewesen sein, als sich Marilyn Monroe 1954 in dem Film »Das verflixte siebente Jahr« in einer schaumgefüllten Badewanne rekelte! Die Wiederentdeckung des lustvollen Bades dürfte wohl den Filmstars dieser Zeit und der Initiative zahlreicher Zeitschriften zu verdanken sein.

Abbildung Seite 30: Ein Badezimmer aus der Zeit zwischen den beiden Weltkriegen.
Abbildung links: Bad aus der Zeit des deutschen Wirtschaftswunders.

Heute sind Technik und Design der Badezimmer weit vorangekommen, Mangel auf diesem Gebiet gibt es in der westlichen Welt kaum noch. Die morgendliche Dusche ist eine liebe Gewohnheit und das ausgiebige Bad am Abend eine Wonne. Doch rückblickend kann man wohl sagen, dass die wahren Höhen der Badekultur doch schon fast zweitausend Jahre zurückliegen.

Mal richtig abschalten, den Stress abspülen und neue Energie tanken – das braucht jeder Mensch ab und zu. Die Welt mit all ihrer Hektik einfach vergessen und abtauchen – das kann man am besten zu Hause im eigenen Badezimmer. Schon das Rauschen des Wassers, wenn es in die Wanne läuft, erweckt wohltuende Assoziationen: das erfrischende Plätschern eines Gebirgsbaches, das Rumoren der Wellen, wenn sie über den Sand rollen, das Peitschen der Gischt, wenn die Brandung gegen den Fels donnert. Die Vorfreude wird nur durch den erlebten Genuss des Bades übertroffen. Das wohlige Gefühl einer heissen Badewanne nach einem langen Winterspaziergang, die prickelnde Erfrischung einer kühlen Dusche nach einem heissen Sommertag – das Element Wasser bietet Körper und Seele reine Entspannung.

ALLGEMEINES RUND UMS BAD

Bäder: mehr als sinnliche Wasserfreuden

Ein Bad ist die einfachste Möglichkeit, dem Körper etwas Gutes zu tun. Im Prinzip braucht man nur eine Wanne mit Wasser zu füllen und zu baden – das ist schon alles. Ein Vollbad, wie die Wanne voll Vergnügen in der Fachsprache genannt wird, braucht keine Technik und kein aufwendiges Zubehör. Trotzdem ist es äußerst wirkungsvoll: Ein warmes Bad reinigt die Haut und entspannt die Muskulatur. Unter dem Einfluss der Wärme weiten sich die Blutgefäße und die Durchblutung wird angeregt. Der Stoffwechsel kommt so richtig auf Touren und transportiert besser schädigende Stoffe aus dem Körper. Und wenn dann noch die Seele entspannt, beruhigen sich auch geplagte Nerven schnell.

Entspannung von Anfang an – das Badezimmer wird zur Oase der Ruhe und Erholung.

Um ein Vielfaches lässt sich die heilsame Kraft des Bades steigern, wenn bestimmte Zusätze verwendet werden. Je nach Wahl des Mittels lassen sich dann Schlafprobleme reduzieren oder eine drohende Erkältung abwenden. Das Wirkungsspektrum eines Bades ist immens und eine erfolgreiche Anwendung sowohl bei psychischen Problemen als auch bei körperlichen Beschwerden möglich.

Schaut man sich die Vielzahl der Therapien an, wird deutlich, dass ein Bad den Organismus in seiner Gesamtheit beeinflusst. Das ist einerseits gut, andererseits kann es aber auch gefährlich sein. Denn was den gesamten Körper positiv beeinflusst, kann ihm natürlich auch schaden. Deshalb gilt es beim Baden gewisse Regel ernsthaft zu beachten.

Vorsicht walten lassen

Beachten Sie den kritischen »Wendepunkt« – er liegt bei einer Wassertemperatur von 38 bis 39 °C –, bei dem die beruhigende in eine erregende Wirkung umschlagen kann!

Niemand, der regelmäßig in die Badewanne steigt, macht sich vorher Gedanken über die Konsequenzen seines Handelns. So einfach und ideal Bäder auch sind, nicht jedermann kann sie unbeschwert genießen. Vor allem Menschen, die unter Herz-Kreislauf-Problemen leiden, sollten vorsichtig sein. Ein zu hoher Blutdruck ist dabei mindestens so riskant wie ein zu niedriger Wert. Herzkranke sollten sich auf jeden Fall vom Arzt beraten lassen.

Warum diese Vorsicht? Wer einen labilen Kreislauf hat, kennt die Beschwerden, die durch Wetterumschwünge oder extreme Höhenunterschiede aus-

gelöst werden. In diesem Fall sind es die Luftdruckverhältnisse, die auf den Körper wirken. Bei warmen Vollbädern kommt es zu einem ähnlichen Effekt: Durch das Gewicht des Wassers entsteht der so genannte hydrostatische Druck, der ähnlich wie veränderter Luftdruck wirken kann. Übelkeit bis hin zum Kollaps können die möglichen Folgen sein. Erschwerend kommt hinzu, dass warmes oder heißes Wasser die Herztätigkeit anregt. Ohne ärztliche Rücksprache sollten Herzkranke also auf heiße Vollbäder besser verzichten.

Menschen, die unter Arteriosklerose leiden, dürfen zudem keine Wechselbäder durchführen, weil die Gefäße nicht mehr flexibel genug sein könnten, um den Reiz zu verkraften. Ganz verboten für diese Risikogruppen sind Anwendungen mit kaltem Wasser.

Die Vorsichtsmaßnahmen bei hohem und niedrigem Blutdruck sind ähnlich: Nicht zu lange, nicht zu heiß und ohne intensiv wirkende Badezusätze. Am besten probiert man langsam aus – im Fachjargon nennt man das »einschleichend« –, welche Badevariante den persönlichen Bedürfnissen am ehesten gerecht wird. Anfangs sollte man deshalb nicht länger als fünf Minuten in die Wanne. Von Mal zu Mal lässt sich die Badezeit dann ausdehnen.

Deutliches Anzeichen, dass man ein Bad nicht verträgt, sind Schwindelgefühle und Unwohlsein. Sobald man dies merkt, sollte man unverzüglich, jedoch langsam aus der Wanne steigen und sich nach dem Abtrocknen hinlegen und die Beine hochlagern.

Nicht ganz unproblematisch sind heiße Bäder auch für Menschen, die unter Venenproblemen, also Krampfadern oder ausgeprägten Besenreisern, leiden. Für sie sind Bäder, die maximal der Körpertemperatur entsprechen, am besten geeignet. Zudem sollten auch sie die Badedauer, beginnend bei fünf Minuten, nur allmählich steigern.

Menschen mit ausgeprägter Couperose – das sind starke Gefäßerweiterungen, vor allem auf Gesicht und Dekolleté – vertragen ebenfalls keine heißen Bäder und auch Saunabesuche sollten sich die Betroffenen lieber versagen.

Schwangerschaft ist keine Krankheit, doch sollten Frauen in dieser Zeit vorsichtig sein.

Die wichtigsten Baderegeln

1 Müde? Lieber ins Bett als in die Wanne!

Wenn man sich müde und abgeschlagen fühlt, gehört man nicht in die Badewanne. Eine solche Müdigkeit kann eher auf eine Kreislaufschwäche oder einen beginnenden Infekt hinweisen. Ein Bad wäre in jeder Hinsicht falsch. Bei leichter Müdiglkeit dagegen kann ein Bad sehr erfrischend wirken.

2 Rundum wohl fühlen – vorausschauend planen

Das passende Ambiente steigert das Wellness-Feeling. Tonträger liefern Entspannungsmusik. Die Musik führt zur progressiven Relaxation und lässt Gefühlen und Gedanken freien Lauf. Vermeiden Sie nach Möglichkeit, während des Badens aus der Wanne zu steigen; der Körper könnte nämlich auskühlen und somit die erwünschte Wirkung des Bades ausbleiben.

3 Wohlig warm soll es sein

Für ein entspannendes Bad muss auch die Raumtemperatur gut abgestimmt sein. Die Wohlfühl-Temperatur zum Auskleiden – und um später ohne Zittern aus der Wanne zu steigen – liegt bei 20 bis 30 °C. Wer dazu noch mit duftenden Ölen für zusätzliches Wohlbehagen sorgen will, kann eine Aromalampe (aus Sicherheitsgründen abseits der Wanne) aufstellen.

4 Bequemer Luxus ist keine Zauberei

Sich selbst so richtig zu verwöhnen bedarf einiger Vorbereitung und etwas Zubehörs. Nützlich ist ein Nackenkissen für die Wanne, das mit Saugnäpfen an der Kante befestigt wird. Um die Gefahr des Ausrutschens zu vermeiden, sollte vor der Wanne ein warmer, rutschfester Badeteppich liegen. Um eine therapeutisch unerwünschte Abkühlung des Körpers zu verhindern, sollten Sie sich sofort nach dem Verlassen der Wanne in vorgewärmte Badetücher hüllen.

5 Kein Essen – kein Alkohol

Zum Verwöhnprogramm in der Wanne scheint unbedingt das Glas Champagner zu gehören. Vor Alkohol beim Baden sei allerdings gewarnt. Ebenso gefährlich ist es, im Badezimmer mit Gläsern zu hantieren. Übrigens: Großmutters Baderegel »Vor dem Baden nichts essen« ist auch heute noch aktuell.

6 Achten Sie auf Ihre Gesichtsfarbe!

Die Gesichtsfarbe ist ein wichtiger Indikator dafür, ob das Bad auch bekommt. Eine blaßere Gesichtsfarbe als gewöhnlich könnte auf einen niedrigen Blutdruck hinweisen. Das Gleich gilt, wenn kalter Schweiß auftritt. Auch das Gegenteil (hochroter Kopf) ist ein Warnsignal. Es deutet auf einen Wärmestau hin. In beiden Fällen sollte das Bad abgebrochen werden.

7 Die »Badeuhr« beachten

Es ist nur wenigen bekannt, dass auch die Körpertemperatur im Verlauf eines Tages wechselt. So heizt der Organismus zwischen 3 Uhr nachts und 15 Uhr nachmittags so richtig auf. Während die Körpertemperatur steigt, nimmt auch das Kälteempfinden in den äußeren Gliedmaßen zu. Wer also zu diesen Zeiten badet, sollte sich anschließend nicht kalt abduschen.

8 Gänsehaut zeigt falsche Körperreaktion

Wer während eines kühlen oder warmen Bades fröstelt oder eine Gänsehaut bekommt, sollte die Wanne verlassen. Auch ein zu schneller Puls zeigt an: Der Körper reagiert falsch.

9 Grösse, Gewicht, Geschlecht – rechnen Sie richtig!

Je größer und schwerer ein Mensch ist, umso weniger Wärme nimmt sein Körper auf. Das bedeutet, korpulente Menschen vertragen auch ein paar Grad mehr als dünne, kleine Personen. Wenn »ungleiche« Parteien eine Wanne teilen, muss man die richtige Temperatur für beide wählen. Die ideale Temperatur kann bei älteren Menschen und bei Kindern von der Norm abweichen und muss individuell gewählt werden. Geschlechtsspezifisches Temperaturempfinden gibt es kaum, bis auf die Tatsache, dass Frauen vor der Menstruation wärmeempfindlicher sind.

10 Vor dem Baden Blutdruck messen

Wer um seinen hohen oder niedrigen Blutdruck weiß, sollte ihn vor dem Baden messen. Außerdem muss man für warme Füße sorgen und den Körper abseifen, damit Talg und Stoffwechselendprodukte auf der Haut nicht das Eindringen wertvoller Aktivstoffe verhindern.

11 Badetherapie nie allein durchführen

Möchte man sich bei einem intensiven Therapiebad entspannen, so ist besondere Vorsicht angesagt. Da man die Reaktion des Körpers nie ganz vorhersagen kann, sollte man nicht allein sein. Am besten vereinbart man ein Signal, auf das Hilfe kommen kann. Zur anschließenden Nachtruhe schlüpft man ins warme Bett und trinkt vorher noch zwei Gläser stilles Mineralwasser.

Zu heiße Bäder mit anregenden Badezusätzen können zu Problemen führen. Andererseits ist gegen Ende der Schwangerschaft ein warmes Bad die beste Entspannung, denn Vorwehen verschwinden, da sich die Muskulatur im warmen Wasser entspannt. Echte Wehen (Geburtswehen) würden hingegen durch ein Bad intensiviert. Nutzen und Risiken sollten deshalb mit dem Gynäkologen besprochen werden.

Badewonne: Tauchen Sie ein!

Jedes Bad, auch das zu Hause, ist ein wichtiger Beitrag zur Gesunderhaltung des Körpers. Doch die wahre Vielfalt kann nur entdecken, wer die feinen Unterschiede kennt.

Die verschiedenen Badeformen unterscheiden sich durch Wassermenge und Temperatur. Ein Badethermometer ist deshalb unbedingt notwendig.

Zunächst unterscheidet man grundsätzlich zwischen Halb- (oder Teil-) und Vollbad. Wie der Name schon nahe legt, ist bei dem einen die Wanne nur halb gefüllt und beim anderen ganz. In Litern ausgedrückt braucht man für ein Teil- oder Halbbad etwa 100 bis 150 Liter und für die volle Wanne (je nach Bauart) zwischen 200 und 300 Litern. Eine weitere Differenzierung ergibt sich durch die unterschiedlichen Temperaturen. Man spricht dann von Warmbad, Kaltbad, ansteigendem Bad und wechselwarmem Bad.

Das warme Bad

Bei einem warmen Bad wird dem Körper Wärme zugeführt und dadurch die Schweißproduktion angeregt. Der Stoffwechsel kommt in Schwung, sodass vermehrt Schadstoffe ausgeschieden werden können. Blutgefäße und Muskeln entspannen in wohliger Wärme, deshalb sinkt der Blutdruck und man fühlt sich angenehm schläfrig. Diese Effekte lassen sich bei einer Badetemperatur um die 38 °C erzielen und man sollte etwa 15 bis 20 Minuten in der Wanne bleiben.

Das kalte Bad

Ein kaltes Bad taugt nur dann, wenn der Körper gut durchgewärmt ist. Durch den Kältereiz werden Stoffwechsel, Kreislauf, Nervensystem und die körpereigenen Abwehrkräfte stimuliert. Kühle Bäder setzen eine Wassertemperatur von etwa 12 bis 15 °C voraus und sollten nicht länger als 5 bis 25 Sekunden dauern.

Das ansteigende Bad

Dieses Bad bringt den Organismus so richtig in Schwung: Die Badetemperatur liegt anfangs bei etwa 35 °C und wird innerhalb von zehn Minuten durch den Zulauf von heißem Wasser auf 39 bis 41 °C erhöht. Die Wirkung ist schweißtreibend und krampflösend. Nach etwa 15 bis 20 Minuten sollte das Bad jedoch beendet werden. Der richtige Zeitpunkt für den Ausstieg ist erreicht, wenn man einen Schweißausbruch bekommt. Danach sollte man kühl abduschen und im Bett eine halbe Stunde nachruhen.

Das wechselwarme Bad

Diese Variante steigert die Abwehrkräfte und ist eine regelrechte Gefäßgymnastik. Ein Voll- oder Halbbad wechselwarm zu gestalten ist etwas schwierig, weil die meisten Menschen nur eine Wanne besitzen. Deshalb

Richtig baden heißt auch, die Reaktionen des eigenen Körpers zu beachten und sich entsprechend zu verhalten.

sitzt man dabei abwechselnd in der Wanne und steigt dann unter die Dusche. Die Wannentemperatur liegt bei 37 °C und darin badet man 3 bis 5 Minuten. Dann wechselt man unter die Dusche und braust sich 10 bis 20 Sekunden kalt ab. Nun geht es zurück in die Wanne. Insgesamt sollte man dreimal wechseln.

Das heisse Bad

Das heiße Bad ist eine Ausnahme, weil es im Wesentlichen bei chronischen Erkrankungen und als Kurbehandlung durchgeführt wird. Die Temperaturen liegen bei 38 bis 40 °C und die Dauer variiert zwischen 10 und 60 Minuten. Typische Indikationen sind beispielsweise Gicht und Arthritis sowie in der kosmetischen Therapie die Behandlung von Cellulite. Da solche langen, heißen Bäder nicht von allen Menschen gut vertragen werden, sollte man sie nicht allein durchführen. Es ist besser, wenn eine andere Person in der Nähe ist, um im Notfall Hilfe zu leisten.

In Schaumbergen versinken

Übrigens: Wer in Schaum badet, braucht keine Seife mehr. Diese führt nur dazu, dass der Schaum rasch einfällt. Wichtig ist, alle Schaumreste abzuduschen, bevor man die Wanne verlässt.

Der Klassiker des Wohlbehagens ist das Baden mit Schaum. Schon beim Anschauen möchte man in einer solchen Schaumpracht versinken, doch für die Haut sind Schaumbäder meist nicht so ideal. Die im Schaum enthaltenen Tenside entfetten die Haut und trocknen sie aus. Nun gibt es auch Produkte, die mit »rückfettenden Zusätzen« aufgepeppt werden, um genau das zu verhindern. Allerdings geht diese hautschonende Variante zumeist auf Kosten des Schaums, der sich dann nur mäßig bilden kann – es handelt sich um so genannte Creme-Schaum-Bäder. Will man ein möglichst voluminöses Schaumbad nehmen, muss man es richtig ansetzen. Dazu gibt man 15 bis 20 ml des Badezusatzes in die leere Wanne und schäumt dieses mit dem Wasser aus dem Duschkopf so richtig auf. Je stabiler der Schaum, desto besser hält sich die Wassertemperatur darunter.

Baden mit einem Plus für die Gesundheit

Wasser allein bewirkt natürlich schon eine Menge, aber mit heilsamen Zusätzen versehen, lässt sich seine Wirkung um ein Vielfaches verstärken. Je natürlicher diese Zusätze sind, desto größer ist der zu erwartende Nutzen. Einige Beispiele sollen das verdeutlichen.

Ein besonderes Vergnügen sind Luftsprudelbäder. Mit einer einfachen Sprudelbad-Matte verwandelt man mit wenigen Handgriffen die eigene Wanne in ein Massagebecken. Die wohltuende Wirkung kennen sicherlich viele aus der Unterwassermassage, bei der der Körper punktförmig massiert wird. Beim Sprudelbad hingegen verteilt sich der Druck im Wasser gleichmäßig auf den gesamten Körper über einen thermisch-mechanischen Hautreiz. Die Wirkung ist enorm: Luftsprudelbäder regen den Kreislauf an, wirken sich positiv auf das vegetative Nervensystem aus, verbessern die Atmung und fördern die Heilung nach Unfällen. Kosmetische Effekte kann man ebenfalls beobachten. So wirken Luftsprudelbäder wie ein natürliches Peeling, straffen die Haut und trainieren die Muskeln.

Meiden sollte man Luftsprudelbäder, wenn man Herz-Kreislauf-Probleme hat, hohen Blutdruck oder erhöhten Puls, außerdem bei entzündlichen Hauterkrankungen, in der Schwangerschaft sowie bei Neigung zu Krampfadern und anderen Venenproblemen.

Siegeszug der Thalassotherapie

Das Meer, Wiege unseres Lebens, liefert uns mit seiner Urkraft ein besonderes Badewasser. In einem Liter Meerwasser findet man 35 g gelöste Salze, wobei darin alle für den Menschen wichtigen Spurenelemente, Mineralien und Salzverbindungen in der richtigen Kombination vorhanden sind.

Den Reichtum des Ozeans nutzt die Meeresheilkunde, die so genannte Thalassotherapie.

Das erste Seebad wurde im Jahr 1730 an der Nordsee in Scarborough etabliert. Bereits 1843 gab es in England im Bereich des Kanals 30, an der Atlantikküste 19 und weitere 18 Seebadeorte im Nordseeraum. Dazu kamen Irland und Schottland mit jeweils 10 Seebädern. Das französische Bäder Lexikon für Europa verzeichnete 1865 für Frankreich bereits 80 Seebäder!

Angewandt wurde die Thalassotherapie vor allem bei rheumatischen Erkrankungen, Problemen des Bewegungsapparates und Hautkrankheiten. Heutzutage muss man, will man in den Genuss der Heilkräfte des Meeres kommen, nicht unbedingt mehr an die See reisen. Modernste Produktionstechniken haben es möglich gemacht, dass man sich das Meer über konzentrierte hochwertige Produkte sozusagen nach Hause holen kann. Man kann sich also das ganze Jahr hindurch bequem mit der gesamten Palette

Vorsicht ist bei Meeresprodukten nur geboten, wenn eine Funktionsstörung der Schilddrüse vorliegt oder eine Jodallergie bekannt ist.

Badetemperaturen bei Algen-Meeresbädern

Temperatur	Wirkung
25 bis 30 Grad – lauwarm	tonisierend und stimulierend
31 bis 34 Grad – warm	beruhigend und ausgleichend
35 bis 36 Grad – gut warm	entspannend, aber nur für gesunde Menschen
37 bis 38 Grad – heiß	unterstützend beim Abnehmen und gegen Cellulite (Vorsicht bei Herzproblemen!)

von Meeresprodukten daheim behandeln: Meersalz, Plankton, Algen, Meeressedimente, Schlamm und Schlick.

Die Heim-Thalasso-Behandlung ist bei konsequenter Anwendung von innen und außen eine vollwertige Therapie mit der einzigen Einschränkung, dass Menschen mit einer Jodallergie oder mit einer Schilddrüsenerkrankung auf nicht jodhaltige Meeresprodukte ausweichen müssen. Die Behandlung nach der Thalasso-Methode eignet sich ganz allgemein bei Erschöpfungszuständen, nach Operationen und Unfällen, zur Leistungssteigerung von Sportlern, bei der Stressbewältigung und zur Erholung im weitesten Sinn. Aber auch bei Atemwegserkrankungen wie Nebenhöhlenentzündung, Bronchitis, Nasen-Rachen-Katarrh und Asthma bronchiale lässt sich mit der Thalassotherapie Erstaunliches bewirken. Sie wird auch erfolgreich eingesetzt bei Hauterkrankungen wie Akne und Couperose, bei Behandlung von Falten und bei vorzeitiger Alterung der Haut, weiter gegen Cellulite, bei Übergewicht und Frauenleiden.

Thalasso-Heimbäder sollten als Kurbehandlung zwei- bis dreimal wöchentlich angewendet werden. Die Therapie beginnt einschleichend mit einer Badedauer von fünf Minuten, die allmählich auf 20 Minuten ausgedehnt werden kann.

Der Geruchssinn wird von vielen unterschätzt. Düfte haben aber oft einen großen Einfluss auf unsere Stimmungen und Gefühle, auch wenn wir uns dieser Tatsache nur selten bewusst sind.

Ätherische Öle: Baden Sie in Düften!

Lehnen Sie sich entspannt zurück und denken Sie an den erfrischenden Duft einer frisch gemähten Wiese. Schließen Sie die Augen und genießen

Ätherische Öle – eine kleine Auswahl

Ätherisches Öl	Anwendungsbeispiele
Angelikawurzel	Stärkung des Immunsystems
Anis	Magen, Verdauung
Basilikum	Darminfektion, Depressionen, Krämpfe
Bergamotte	Angst, Depressionen
Eukalyptus	Asthma, Heuschnupfen, Husten, Migräne
Fenchel	Bronchitis, Verdauung
Fichtennadel	Erkältung, Nervosität, Stress
Geranie	Akne, Ekzeme, Wunden, Zyklusstörungen
Jasmin	Aphrodisiakum, prämenstruelles Syndrom
Johanniskraut	Angst, Depressionen, Hysterie
Kardamom	Kopfschmerzen, Sodbrennen
Lavendel	Akne, Hautprobleme, Muskelzerrungen
Majoran	Menstruationsbeschwerden
Melisse	Kopfweh, Stress, Wechseljahrebeschwerden
Minze	Erkältung, Magen- und Darmprobleme, Migräne, Muskelkater
Neroli	Depressionen, Schlafstörungen
Patschuli	Aphrodisiakum, Angst, Depressionen
Orangen	Nervosität, Schlafstörungen, Stress
Rose	Aphrodisiakum, Frauenprobleme
Rosmarin	Rheuma, Gicht, Muskelschmerzen
Salbei	Asthma, Hals, Stimme, Zahnfleisch
Sandelholz	Aphrodisiakum, Asthma, Übelkeit
Teebaum	Hautprobleme, Pilzinfektionen,
Thymian	Angst, Bronchitis, Nerven, Kreislauf
Vetiver	Nerven, Immunsystem
Wacholder	Hautprobleme, Cellulite, Hexenschuss
Ylang-Ylang	Aphrodisiakum, Darminfektionen
Zimt	Erkältung, Verspannungen
Zitronen	Kreislaufstörungen, Verspannungen

Manche Öle, vor allem Kampfer, Pfefferminze, Thymian und Kamille, können die Wirkung von homöopathischen Medikamenten beeinträchtigen oder gar aufheben.

Sie den Geruch von frisch gemahlenem Kaffee. Schon beim bloßen Gedanken an wohlige Gerüche entspannt die Seele und der Körper erhält Impulse zum Wohlfühlen.

Unser Geruchssinn ist leider der am wenigsten geschätzte der fünf Sinne. Die Fähigkeit des Riechens spielt für den Menschen – zum Beispiel im Gegensatz zu Hören und Sehen – eine eher untergeordnete Rolle. Im Zuge der Aromatherapie kommt dem bewussten Riechen wieder mehr Bedeutung zu. Um diese wunderbaren Dufterlebnisse für unsere tägliche Wellness einzusetzen, werden ätherische Öle verwendet. So bezeichnet man wohlriechende Pflanzenstoffe, die nicht in den Pflanzenstoffwechsel zurückkehren, sondern sich nach dem Freisetzen verflüchtigen. Fast alle Pflanzen haben ihre eigenen, individuellen ätherischen Öle, denn sie dienen als Lockstoff für Insekten oder aber auch zur Abwehr von Bakterien, Pilzen und Parasiten. Der Anteil an ätherischen Ölen in den Pflanzen schwankt zwischen 0,01 und 10 Prozent.

Der Riechsinn ist der empfänglichste aller Sinne und am höchsten entwickelt. In der Kuppel der Nasenhöhlen, ungefähr in Augenhöhe, trägt unsere Riechschleimhaut zu beiden Seiten Millionen von Riech-, Basal- und Stützzellen, die sich alle 28 Tage erneuern. Jede einzelne trägt 6–8 Flimmerhärchen mit Rezeptoren, in die Duftmoleküle exakt hineinpassen – ein wahres Wunderwerk der Natur.

Ein ätherisches Öl setzt sich manchmal aus bis zu hundert einzelnen Substanzen zusammen, die nur in dieser speziellen Kombination die einzigartige Duftmarke ergeben. Entsprechend vielfältig sind die Wirkungen. Am häufigsten findet man desinfizierende, das Immunsystem stimulierende und antibiotische Eigenschaften. Darüber hinaus gibt es auch »Spezialisten«, die besonders heilsam auf bestimmte Organe wirken; beispielsweise hilft Salbei in Mund und Rachen, Thymian lindert den Husten.

Die Aromatherapie arbeitet mit dem gezielten Einsatz von ätherischen Ölen. Dafür greift man auf ein Repertoire von etwa 200 Ölen zurück. Diese werden entweder durch Duftlampen im Raum freigesetzt, inhaliert oder, mit so genannten Basisölen gemischt, auf die Haut aufgetragen. Eine weitere Anwendungsform ist das Bad. Dabei gelangen die aromatischen Stoffe über die Atmung und die Haut in den Körper. Für ein Aromabad gibt man wenige Tropfen des ätherischen Öls in die volle Badewanne. (Die genaue Menge hängt von der Intensität des Öls und der Wassermenge ab. Es gibt kleine und große Wannen!) Außerdem ist es ratsam, das ätherische Öl mit einem Trägerstoff zu verwenden, also das konzentrierte Öl mit einem Esslöffel Sahne oder Honig zu verrühren. Auch etwas Pflanzenöl oder neutrale Seife können als Emulgator dienen. Sehr gut eignet sich auch Algenpulver dazu – am besten kalziumreiche Alge Lithothamnion caleareum.

Kein Licht ohne Schatten, kein ätherisches Öl ohne mögliche Nebenwirkung: Allergiegefahr besteht vor allem bei allen Zitrusölen, Lorbeer und

Zimt. Bei einer Neigung zu Epilepsie dürfen folgende Essenzen nicht verwendet werden: Basilikum, Fenchel, Kampfer, Krauseminze, Salbei, Thuja, Ysop, Wermut, Zeder und Zypresse. Andere ätherische Öle steigern den Blutdruck, deshalb sollte man Bergbohnenkraut, Oregano, Thymian, Rosmarin, Ysop, Salbei und Thuja bei hohen Werten meiden oder zumindest sehr vorsichtig dosieren.

Auch in der Schwangerschaft sollte man mit ätherischen Ölen besonders vorsichtig umgehen und folgende Öle auf keinen Fall verwenden: Fenchel, Kampfer, Liebstöckel, Melisse, Minze, Muskatnuss, Rosmarin, Thymian, Salbe, Ysob und Zimt.

Zubehör – das darf nicht fehlen!

Natürlich benötigt man ein paar Utensilien für den Badespaß. Beispielsweise einige flauschig weiche Badetücher. Sie können einfach weiß sein. Der Handel bietet aber auch sehr schöne Badetücher mit Mustern an, die natürlich das Auge erfreuen. Sie sollten sich überlegen, ob ein klein wenig Luxus bei der Anschaffung schöner Badetücher nicht den Badespaß beträchtlich erhöhen kann. Ein nützlicher Luxus ist ein Handtuchwärmer. Dies ist in der Regel ein mehr oder weniger großer Heizkörper, an dem man Handtücher aufhängt und diese dann später angenehm gewärmt vorfindet.

Für die Sicherheit unabdingbar sind ein rutschfester Badezimmerteppich und eine rutschfeste Badematte in der Wanne. Denken Sie auch an einen soliden Haltegriff an der Wand neben der Badewanne. Man kann in der

Badewanne leichter ausrutschen, als man für möglich hält, und dies nicht nur ältere und gebrechliche Personen. Ein Badethermometer ist kein Luxus, denn bei vielen Bädern muss man eine bestimmte Wassertemperatur exakt einhalten. Ein Badekissen (mit Saugnäpfen) für den Nacken ist nicht unbedingt notwendig, doch die geringe Ausgabe belohnt mit einem weiteren Quentchen Bequemlichkeit. Die transportablen Musikanlagen – meist handelt es sich um eine Kombination aus Radio, Kassettenrekorder und CD-Player – muss man ja nicht ausschließlich fürs Badezimmer anschaffen. Normalerweise kann das Gerät auch in der Küche gute Dienste leisten. Man sollte aus Sicherheitsgründen im Badezimmer ein batteriebetriebenes Gerät verwenden.

Eine praktische Einrichtung ist ein Duschkopf mit variablem Wasserdruck und -strahl. Wenn Sie einen solchen noch nicht besitzen, kann man ohne Probleme den alten gegen ein solches Prachtexemplar austauschen. Dieser Duschkopf ist kein Luxus, sondern unabdingbar für die richtige Badetherapie.

Dusche – die schnelle Alternative

Das Duschen ist heute eine gute und schnelle Alternative zum Vollbad geworden. Es geht schneller und ist hygienischer. Medizinisch betrachtet ähnelt das Duschen der Anwendung von Kneipp'schen Güssen, wobei jedoch zumeist der gesamte Körper »behandelt« wird und nicht nur einzelne Körperteile. Der gesunde Effekt des Duschens – bereits von den Griechen geschätzt – ist abhängig von der Temperatur und natürlich auch vom Wasserdruck. Folgende Möglichkeiten gibt es:

- Kalte Duschen regen die Durchblutung an und dienen der Abhärtung. Sie sollten aber nie länger als 20 bis 30 Sekunden dauern. Anschließend gut trocken rubbeln. An heißen Sommertagen sind abkühlende Duschen sehr erfrischend. Dabei steigt man bei einer Wassertemperatur von 25 °C ein, senkt die Temperatur dann nach einer Minute auf 23 °C und dann nach einer weiteren Minute auf 20 °C ab.

- Warme Duschen werden mit einer Temperatur von 38 bis 41 °C durchgeführt und sollten etwa 5 bis 10 Minuten dauern. Dadurch wird der Stoffwechsel angeregt, der Blutdruck gesenkt und die Muskulatur entspannt.

- Wechselwarme Duschen helfen vor allem morgens beim Wachwerden. Man beginnt immer warm (um die 38–40 °C) und schwenkt nach etwa fünf Minuten zu kaltem Wasser um. Nach zehn Sekunden unter der kalten Brause geht es wieder in Richtung warm – diesmal drei Minuten lang. Der Temperaturwechsel sollte zwei- bis viermal stattfinden. Wechselwarme Duschen enden immer kalt.

Die ursprüngliche Idee der Dusche war es, möglichst viele Menschen in möglichst kurzer Zeit zu reinigen. Die gesundheitlichen Vorteile dieser Methode wurden erst später entdeckt.

Die Sauna: Schwitzen für die Gesundheit

So richtig entspannen, den Körper entgiften und die Haut straffen – dafür ist ein Besuch in der Sauna ideal. Zugegeben, das Schwitzen im engen Holzhäuschen ist nicht jedermanns Sache, aber die gesundheitlichen Vorteile lassen sich durch nichts überbieten.

Das Schwitzen in feuchter oder trockener Hitze ist Jahrtausende alt. Der Grieche Herodot beschreibt um 450 v. Chr. die Badegewohnheiten der Skythen. »Sie stellen«, so Herodot, »drei Stangen auf, mit der Spitze zueinander. Darüber breiten sie eine Filzdecke und spannen diese fest an. Sodann werfen sie glühende Steine aus einem Feuer in ein Becken, das in der Mitte des Zeltes auf dem Boden steht. Danach nehmen sie Hanfkörner, kriechen in das Zelt und werfen dieselben auf glühende Steine. Das erzeugt einen derartigen Dampf, dass kein hellenisches Schwitzbad damit konkurrieren kann. Die Skythen aber heulen vor Freude über diesen Dampf. Diese Methode benützen sie anstatt eines Bades. Das Baden im Wasser kennen sie überhaupt nicht.«

Die Methode, mithilfe feuchter oder trockener Hitze zu schwitzen und so den Körper zu zwingen, Flüssigkeit abzugeben und damit auch organische Abfallstoffe auszuscheiden, geht auf das uralte Steinschwitzbad zurück. Dazu wurden Steine auf einer Feuerstelle erhitzt. Auf die Steine spritzte man Wasser, das sofort verdampfte und so die Temperatur im Schwitzraum weiter aufrechterhielt, selbst wenn die Steine langsam abkühlten.

Den Vorteil dieser Schwitzmethode erkannte man sehr rasch. In der Regel schwitzte man nicht länger als 15 bis 20 Minuten. Und dies verkraftete der Organismus auch bei sehr hohen Temperaturen beinahe spielend, Herz und Blutkreislauf werden dadurch so gut wie nicht beeinträchtigt. Deshalb hat sich das Schwitzbad schon frühzeitig zu einem Volkssport entwickelt, den auch ältere und gesundheitlich angeschlagene Menschen gut vertragen.

Das russische Bad, die Banja, wurde ursprünglich in einer Badehütte aus Holz mit aufsteigenden Stufenbänken zelebriert. Die Raumtemperatur beträgt 40 bis 50 °C. Die Luft feuchtet man dadurch an, dass ständig Wasser auf heiße Steine gegossen wird. Die Luft ist so feucht, dass sich oft schwebende Wassertröpfchen bilden. Die Raumtemperatur unter 50 °C ist jedoch gerade noch erträglich. Höhere Temperaturfen wären bei dieser Luftfeuchtigkeit nicht auszuhalten. Man schwitzt, jedoch infolge der extrem hohen Umgebungsfeuchtigkeit kann der Schweiß auf der Haut nicht mehr verdunsten.

Aus der Banja entwickelte sich unser modernes Dampfbad, dessen Raumbefeuchtung allerdings von einem außerhalb des Schwitzraums aufgestellten Dampferzeuger hergestellt und in bestimmten Abständen in den Raum geblasen wird.

Die Sauna – das Wort stammt aus dem Finnischen, wo diese Badeform seit Jahrhunderten gepflegt wird, besonders an Flüssen und Seen, die von kleinen hölzernen Badehäusern gesäumt sind – arbeitet mit trockenem Dampf. Die Raumtemperatur kann bis zu 100 °C reichen, während die Luftfeuchtigkeit relativ gering ist. Indem man in größeren zeitlichen Abständen einen Wasserschwall auf die heißen Ofensteine gibt, dies ist der so genannte Aufguss, wird die Luft kurzzeitig angefeuchtet. Der Baderaum ist aus Holz gefertigt und hat ansteigende Bänke. In der Regel beginnt man mit der untersten Bank und begibt sich dann nach ein paar Minuten weiter zur nächsthöheren.

Die Wandtäfelung und die Bänke in der Sauna sind deshalb immer aus Holz und nicht wie im Dampfbad mit seinen geringeren Temperaturen aus Fliesen, weil man sich am aufgeheizten Holz nicht so leicht verbrennt wie auf Stein. Da die Luft sehr trocken ist, kann der auf die Haut tretende Schweiß verdunsten. Und dies wiederum kühlt die Haut, sodass diese nicht zu sehr erhitzt.

Das irische Bad ist ebenfalls ein Dampfbad, bei dem es aber zu keiner Nebelbildung kommt, weil gleichzeitig Frischluft in den Baderaum geleitet wird. Das russisch-römische Bad ist eine Kombination aus Warmluftraum und anschließendem Dampfraum. Zwischen dem Besuch dieser beiden Räume taucht man ein ins Warmwasserbecken mit ebenfalls verschiedenen Temperaturen.

In Nordamerika kennt man auch noch die Schwitzhütte, das so genannte »sweat lodge«. Es besteht aus gebogenen Holzstangen, über die Decken und Felle hängen, die nach außen hin mit Erde, Gras und Moos abgedichtet werden. Die Hitze erzeugt man durch im Feuer erhitzte Steine, die in der Mitte der Hütte liegen.

Das türkische Hamam stellt einen Warmluftraum (40 °C) und einen Heißluftraum (50 °C) bereit, wobei im Warmluftraum ein aus Steinen gebauter Massagetisch steht. Die Massage gehört dabei mit zum Programm.

Eine todsichere Wirkung

Worin besteht nun die Wirkung dieser »Schwitzkästen«? Sie setzen den Körper einem heiß-kalten Wechsel der Temperaturen aus. Erst wird der Körper überwärmt, dann abgekühlt. Das klingt rüde, aber der Körper mag das. In der Sauna sorgen heiße Steine dafür, dass die Quecksilbersäule auf etwa 90 °C steigt. Kein Wunder, dass sich der Körper »Luft« verschaffen muss. Das tut er, indem er schwitzt. Die Poren öffnen sich und der Schweiß legt sich gleichmäßig über die Haut. In der trockenen Luft der Sauna kann er gut verdunsten und das ist für die Kühlung der Haut (ihre Temperatur steigt um 10 °C) notwendig. Dadurch kann man die Hitze überhaupt aushalten. Um den Schwitzeffekt optimal auszunutzen, muss die Haut, bevor es in die Sauna geht, sauber und trocken sein. Ein Film aus Schmutz oder Feuchtigkeit auf der Haut würde die Poren verkleben und das Schwitzen erschweren.

Beim Saunieren werden auch Aufgüsse gemacht. Dabei wird Wasser auf die heißen Steine gegossen, um zu verdampfen. Das erhöht die Luftfeuchtigkeit und fördert zusätzlich das Schwitzen. Den Aufgüssen können verschiedene ätherische Öle zugesetzt werden.

10 Regeln für entspannten Saunagenuss

1 Sauber in die Sauna

Am Anfang des Saunagangs stehen immer Wasser und Seife. Zuerst wird man also unter der Dusche den ganzen Körper sehr gründlich abseifen und anschließend mit einem Frotteehandtuch trocken rubbeln. Das ist keine Schikane, sondern die Voraussetzung dafür, dass der Körper überhaupt schwitzen kann. Der übliche Schmutzfilm auf der Hautoberfläche würde nur alle Poren verstopfen und so wäre das Schwitzen erschwert.

2 Keine kalten Füsse

Gehen Sie nie mit kalten Füßen oder Händen in die Sauna. Nur wenn im gesamten Körper die gleiche Temperatur herrscht, kommen Sie so richtig ins Schwitzen. Nehmen Sie deshalb zuvor ein warmes Fußbad. Lassen Sie Ihre Füße so lange im Fußbecken, bis Sie deutlich spüren, dass sie nicht mehr kalt sind.

3 Nackt sein ist Pflicht

Bevor Sie in die Sauna gehen, müssen Sie sich auskleiden. Nacktsein ist hier Pflicht – und niemand stört sich daran. Das Nacktsein mag den, der bislang nie in der Sauna war und diese freie Atmosphäre nicht kennt, von einem Saunabesuch abhalten. Aber auch Menschen, die normalerweise sehr schüchtern sind, stellen beim ersten Saunabesuch sofort fest, dass die Nacktheit hier nichts Besonderes ist. Da alle nackt sind, entfällt jeglicher Voyeurismus.

4 Für Hygiene sorgen

Nehmen Sie ein großes Handtuch mit in die Sauna. Breiten Sie es so aus, dass Ihre gesamte Sitz- oder Liegefläche damit bedeckt ist. Erstens ist das Holz der Sitzbank viel zu heiß zum Sitzen – das Handtuch dämpft die Hitze des Holzes – und zweitens wäre es sehr unhygienisch, wenn sich jedermann einfach nackt auf die Bank setzte.

5 Kein falscher Ehrgeiz

Bleiben Sie immer nur so lange in der Sauna, wie Sie sich wohl fühlen. Falscher Ehrgeiz ist fehl am Platz. Manchen genügen schon fünf Minuten, andere halten gar 20 Minuten aus. Nach acht Minuten tritt der gewünschte Effekt ein.

6 Sitzen oder Liegen?

Ob Sie lieber im Sitzen oder Liegen schwitzen, bliebt Ihnen überlassen. Allerdings kann im Liegen leicht der Kreislauf absinken, was beim Aufstehen ein Schwindelgefühl hervorrufen kann. Um einen solchen unliebsamen Zwischenfall zu vermeiden, sollten Sie es sich angewöhnen, sich in der Saunakabine grundsätzlich immer sehr langsam aufsetzen. Das ist kein Zeichen von schlechter Kondition oder Alter, sondern Rücksichtnahme Ihrem Körper gegenüber.

7 Hoch oder tief – welche Bank für wen?

Für Sauna-Anfänger eignen sich die mittleren Bänke am besten. Grundsätzlich gilt: Je weiter man nach oben steigt, desto wärmer ist es. Wer sich also nicht sicher ist, der sollte auf der untersten Stufe beginnen und dann weiter nach oben gehen, wenn er sich »eingeschwitzt« hat.

8 Abkühlen ist wichtig

Nach der Sauna gehen Sie zunächst in den Frischluftraum und dann unter die kühle Dusche. Wenn möglich, sollte man ins Freie gehen. Wichtig ist dabei, dass Sie jetzt ein paarmal tief Luft holen und die frische kalte Luft in Ihre Lungen pumpen. Auch Kneipp'sche Güsse werden oft angeboten. Das eiskalte Tauchbecken ist allerdings den harten Naturen vorbehalten. Experimente sind nicht anzuraten!

9 Richtig duschen

Zur Abkühlung beginnt man mit der Dusche immer an den Füßen und geht dann mit dem Wasser langsam den Körper aufwärts. Der Grund dafür: Die Hitze senkt das Blut in die Beine; werden diese kalt abgeduscht, verengen sich die Gefäße und das Blut steigt wieder nach oben.

10 Ausruhen und entspannen

Jede Abkühl- und Ruhephase muss so lange dauern wie der vorherige Saunagang. Insgesamt wiederholt man das Wechselspiel zwischen heiß und kalt dreimal. Anschließend mindestens eine halbe Stunde ruhen.

Der Reinigungseffekt steht in Verbindung mit dem Schwitzen und der erhöhten Hauttemperatur. Lockere Hautschüppchen quellen auf und lösen sich leichter von der Hautoberfläche. Dies allerdings nur so richtig, wenn man vorher ein Peeling macht, möglichst ein mechanisches durch Rubbeln oder durch eine Zupfmassage. Das macht die Haut zart. Außerdem verflüssigt die starke Hitze den Hauttalg und so werden verstopfte Poren tief gereinigt. Durch die Transpiration werden auch geringe Mengen von Schadstoffen ausgeschieden. In sehr viel höherem Maß erfolgt die Entschlackung jedoch über die Nieren, deren Tätigkeit in der Sauna angeregt wird.

Regelmäßiges Saunabaden in den Wintermonaten beugt Erkältungskrankheiten vor.

Die Hitze der Sauna kurbelt den Kreislauf an und sorgt für eine gute Durchblutung. Die Gefäße weiten sich und das Gewebe wird so besser durchblutet. Dieser Vorgang verbessert zwangsläufig die Nährstoffversorgung des ganzen Organismus. Abwehrstoffe werden dadurch mobilisiert und Keime abgetötet.

Das Ritual

In der Sauna wie im Dampfbad bleibt man nicht lange und vor allem ist es wichtig, die einzelnen Phasen genau einzuhalten.

Länger als acht bis 15 Minuten sollte man sich der Überhitzung nicht aussetzen. Am besten hört man auf seinen Körper und übertreibt nichts – bleiben Sie also nur so lange, wie Sie sich wirklich wohl fühlen. Wenn das nicht mehr der Fall ist, heißt es, den Saunaraum so rasch wie möglich zu verlassen!

Der nächste Schritt ist die schonende Abkühlung. Sie beginnt im Frischluftraum, denn der Körper braucht jetzt tüchtig Sauerstoff. Atmen Sie ein paarmal langsam und tief durch, damit sich auch die Lungen wieder abkühlen. Dann geht es unter die kalte Dusche und – wer es verträgt, taucht auch ins eiskalte Becken ab. Das hört sich für den Saunaneuling grausam an, das kalte Wasser wird aber nach der doch gewaltigen Überhitzung des Körpers als sehr angenehm empfunden. Und wenn man aus dem Tauchbecken steigt, friert man kein bisschen – im Gegenteil, der Tauchgang wirkt ungeheuer belebend und erfrischend. Manche Saunen verfügen auch über Kaltschwimmbecken. Sich schwimmend abzukühlen ist eine Wohltat, denn dabei kommt der Körper tüchtig in Bewegung und man fühlt sich ungeheuer wohl und warm dabei.

Der Blick auf die Waage nach dem Saunieren zeigt einen deutlichen Gewichtsverlust. Der ist aber nur vorübergehend, denn die Flüssigkeitsdepots müssen wieder angelegt werden.

Das Wasser spült alles weg, was man sich in der Sauna aus Leib und Seele geschwitzt hat. Die Kälte bewirkt, dass sich die Blutgefäße wieder verengen. Und dieser Wechsel zwischen heiß und kalt ist die reinste Venengymnastik. Der Organismus kann sich besser an veränderte Außentemperaturen anpassen und so entsteht der Abhärtungseffekt der Sauna.

Ein- bis zweimal wird dieser Wechsel zwischen heiß und kalt nun wiederholt. Dabei sollte die Zeit des Auskühlens und Ausruhens genauso lange (besser etwas länger) dauern wie die Überhitzungsperiode.

Anschließend ist Ruhe angesagt. Für einen Saunabesuch muss man viel Zeit – zwei bis drei Stunden oder auch mehr – einplanen. Danach gilt es auch, die Flüssigkeitsdepots wieder aufzufüllen. Das bedeutet viel trinken – am besten ohne zusätzliche Kalorien. Während der Saunagänge sollte man das Trinken sein lassen. Das hat folgenden Grund: Die Flüssigkeit wird während des Schwitzens aus dem Körpergewebe ins Blut überführt und damit auch die Schlacken. Würde dem Körper sofort wieder Wasser zugeführt, würde das Blut seinen Flüssigkeitsbedarf aus dem Darm beziehen und nicht das Gewebe entwässern. Damit unterbliebe aber auch weitgehend der Entschlackungsprozess.

Das Saunabaden ist (fast) für jeden geeignet. In Finnland gehen beispielsweise auch Schwangere und Kinder in die Sauna. Für Frauen, die das Saunieren gewöhnt sind, ist es dann auch kein Problem. Wer aber an dieses Gefäßtraining nicht gewöhnt ist, sollte nicht unbedingt während der Schwangerschaft damit anfangen. Kinder müssen sich erst langsam an die Temperaturen gewöhnen, deshalb sollten diese beim ersten Besuch nicht der vollen Temperatur ausgesetzt werden.

Eine Altersgrenze nach oben gibt es beim Saunieren nicht. Wer auch im Alter gesundheitlich fit ist, kann mit der Sauna weitermachen. Neueinsteiger sollten jedoch mit zunehmendem Alter vorsichtig beginnen.

Die Sauna ist nicht immer empfehlenswert

Nicht in die Saune sollten alle jene, die an folgenden Beschwerden leiden:

- akute, fieberhafte Erkrankungen,
- akute und chronische Kreislauferkrankungen,
- Entzündungen, insbesondere der Haut, der inneren Organe und der Blutgefäße,
- nicht ausgeheilte Lungentuberkulose,
- Epilepsie oder epilepsieähnliche Anfälle,
- schwere Nieren- oder Leberveränderungen,
- Bluthochdruck,
- schwere neurovegetative Schäden,
- stärkere Durchblutungsstörungen im Großhirn.

Natürlich kann man in der Sauna auch eine Menge falsch machen und damit die vorteilhafte Wirkung ins Gegenteil umkehren. Wer mit kalten Füßen in die Sauna geht, riskiert Kopfschmerzen. Also sollte man sich vorher ein wärmendes Fußbad genehmigen. Mit vollem Magen und abgehetzt darf man sich nicht ans Schwitzen machen: Der Körper muss von physischem und psychischem Stress weitgehend frei sein. Ansonsten kann es einem auch einmal übel werden. Nasse Haut (von der Dusche) oder feuchte Handtücher erschweren das Schwitzen. Mit dem Aufguss sollten Sie sparsam sein: Mehr als einer pro Saunagang ist nicht gut. Nach dem letzten Saunagang dürfen Sie sich nicht mit Seife waschen: Sie würden den Säureschutzmantel der Haut zerstören. Und bleiben Sie nicht zu lange in der Sauna oder betreten Sie sie nicht überhitzt: Die Folgen könnten Kreislaufprobleme sein. Und schließlich gehen Sie nach der Sauna nur abgekühlt nach Hause, sonst riskieren Sie eine tüchtige Erkältung.

Baden ist gesund – warum?

Wasser ist unser Lebenselement. Der Mensch besteht zu 60 Prozent aus Wasser, das jede einzelne Zelle umspült. Nährstoffe, Enzyme, Hormone und Stoffwechselprodukte werden in Wasser gelöst und durch diese Flüssigkeit transportiert. Wasser ist also unverwechselbar mit allen Lebensvorgängen verbunden.

Wir müssen Flüssigkeit aufnehmen, um zu überleben. Zum anderen stellt auch das Baden im Wasser eine gewisse gesundheitliche Ordnung wieder her. Wasser als heilsames Element ist spätestens seit Pfarrer Sebastian Kneipp (1821–1897) medizinisch anerkannt. Er gilt als einer der Väter der Wasser-

Der junge Sebastian Kneipp litt an Tuberkulose. Mithilfe von Wasserbehandlungen gelang ihm der Sieg über diese Krankheit.

heilkunde. Bäder, Güsse und Waschungen sind bis zum heutigen Tag eng mit seinem Namen verknüpft. Aus eigener leidvoller Erfahrung heraus machte er die Entdeckung, dass Wasseranwendungen den entscheidenden Auslöser darstellen, um die körpereigenen Abwehrkräfte in Schwung zu bringen.

Im Wesentlichen werden folgende Bereiche durch Wasser- und Temperaturreize stimuliert:

Die Gefäße reagieren unmittelbar auf Temperaturreize. Durch Wärme dehnen sie sich aus, bei Kälte ziehen sie sich zusammen. Sie also regelmäßig diesen unterschiedlichen Reizen auszusetzen erhöht ihre Flexibilität. Das kommt der Blutzirkulation zugute.

Herz und Blutdruck werden ebenfalls durch thermische Reize beeinflusst. Je kälter oder je wärmer ein Bad ist, desto mehr Kraft benötigt das Herz. Für ein gesundes Herz-Kreislauf-System ist das Training, für vorgeschädigte Naturen eine unnötige Belastung.

Das Nervensystem hat die Aufgabe, Reize – wie sie beispielsweise durch die Wasserbehandlung auf den Körper einwirken – weiterzuleiten. Diese Reize stellen eine Art »Trainingssituation« für die körpereigenen Abwehrkräfte dar. Die Muskulatur entspannt sich unter dem Einfluss von Wärme und wird stärker durchblutet – dadurch können sich Verspannungen lösen.

Und zu guter Letzt: Durch eine intensivere Atmung wird dem Körper mehr Sauerstoff zugeführt – ein weiteres Plus für die Gesundheit.

Baden ist – daran besteht kein Zweifel – nicht nur reinigendes Ritual, sondern ein Jungbrunnen für Körper und Seele. Tauchen Sie also ein, in den kleinsten Spa der Welt – Ihr eigenes Badezimmer.

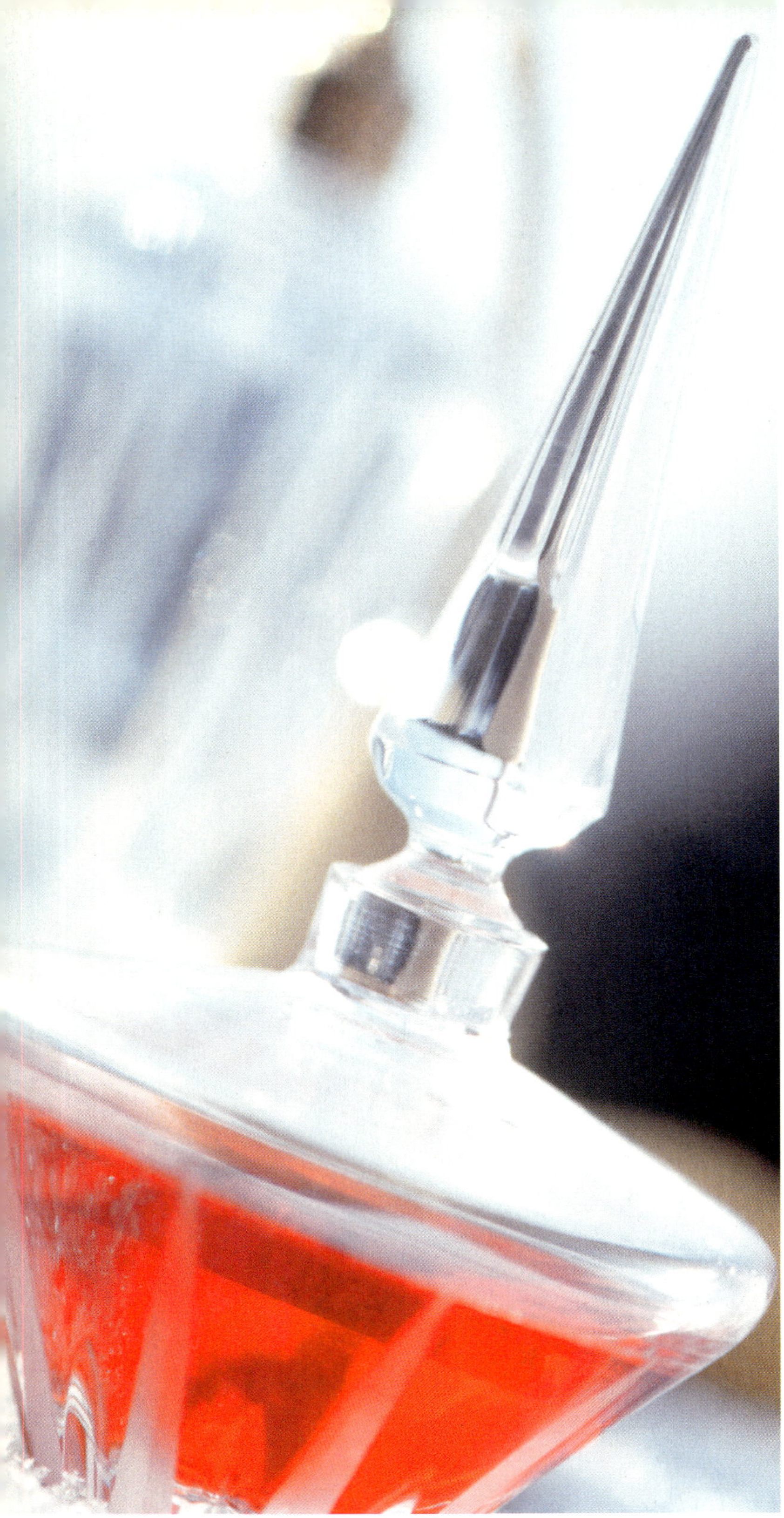

Die Zeiten, in denen man sich einfach in die gefüllte Wanne setzte und sich mit klarem Wasser und Kernseife abschrubbte, sind vorbei. Als die Badezusätze in Mode kamen, war das berühmte Fichtennadelbad oder das frivole Schaumbad das Höchste der Badegefühle. Das alles hat sich inzwischen sehr gewandelt. Heute kennt man unzählige Rezepte in verschiedensten Zusammensetzungen und für unterschiedlichste Zwecke. Viele Gesundheitsprobleme lassen sich mit einem Badezusatz aus hochwirksamen Kräutern und Heilpflanzen zum Besseren wenden, doch Baden ist nicht nur Therapie. Bäder mit Algen, Kräutern und ätherischen Ölen versetzen den gestressten Körper und den Geist in höchstes Wohlbefinden, lösen äussere und innere Verspannungen und machen sogar Lust auf die Liebe. Die badezusätze auf den folgenden Seiten lassen keinen Wunsch offen.

99 Bäder für Ihr Wohlbefinden

Das Fussbad – Wohltat und Therapie

Die Wirkung eines Fußbads darf man nicht unterschätzen, deshalb gilt es auch da, die Regeln zu beachten, um tatsächlich Wohlbefinden aus dem Bad zu schöpfen und keine gesundheitlichen Probleme zu provozieren.
Ein Fußbad empfindet jeder – besonders nach einem Tag langen Gehens oder Stehens – als eine Wohltat, gleich mit welchem Badezusatz. Bedenken Sie aber, dass auch das so harmlos scheinende Fußbad gleichzeitig immer auch Therapie ist. Mit den richtigen Badezusätzen wirkt es fantastisch gegen vielerlei körperliche Probleme. Doch auch beim Fußbad sollten Sie sich unbedingt an die Baderegeln halten.

Das kalte Fußbad unterstützt die örtliche Durchblutung. Wichtig ist, dass man das Bad nur mit warmen Füßen beginnt. Das Bett zur Nachtruhe sollte vorgewärmt sein. Kommt es während des Badens zu einem Kälteschmerz, muss man das Bad sofort abbrechen.

Verwandt mit dem Fußbad sind auch Wassertreten, Taugehen und Schneegehen. Dabei muss der Körper ordentlich bekleidet sein, die Beine sind nur bis zum Knie entblößt. Ziehen Sie danach sofort warme Strümpfe an und bewegen Sie sich ordentlich!

Das ansteigende Fußbad beginnt mit 34–35 °C. Steigern Sie es von Minute zu Minute um 1 °C. Wenn man zu Gefäßkrämpfen neigt, darf die Temperatur 38 °C nicht überschreiten. Man sollte sie dann langsamer steigern. Die Badedauer reicht von 10 bis 15 Minuten und länger, wenn dies der Therapeut erlaubt. Während des Fußbads sollte man sich warm einhüllen. Bei Schweißausbruch brechen Sie das Bad sofort ab!

Das Wechselfußbad dient der optimalen Gefäßgymnastik bei Kreislaufproblemen, nervösen Herzstörungen und Gefäßkopfschmerzen. Es kann zwar über die Gefäßerweiterung die Muskeln vorteilhaft beeinflussen, doch um die Beinmuskulatur zu stärken, muss man sich bewegen, also Gymnastik treiben! Nach vier bis acht Minuten bei 36–39 °C werden Füße und Unterschenkel warm, dann wechselt man für 10 bis 15 Sekunden bei 20 °C ins kalte Wasser, wobei man die Füße und Unterschenkel fleißig bewegt. Normalerweise wechselt man dreimal. Man beginnt stets im warmen Wasser und endet im kalten. Bestimmen Sie mit dem Thermometer die Wassertemperatur. Sie sollte möglichst immer gleich bleiben. Nach dem Wechselbad geht es ins Bett oder man bewegt sich.

Temperaturen:
kaltes Fußbad: 5–10 Sekunden bei 15–18 °C
warmes Fußbad: 10–20 Minuten bei 36–38 °C
ansteigendes Fußbad: 5 Minuten bei 34–40 °C
Wechselfußbad: 10 Minuten bei 36 °C, dann 10 Sekunden bei 20 °C

Vollbad und Sitzbad

In der Badetherapie spielt das Vollbad die wichtigste Rolle. Die verschiedenen Spielarten reichen vom kalten Tauchbad über das ansteigende Vollbad, das heiße Vollbad bis zum Überwärmungsbad. Diese Behandlungsmethoden setzt man bei den unterschiedlichsten Erkrankungen ganz gezielt ein. Die Spielregeln für die Badewonnen zu Hause sind natürlich einfacher als bei der Balneotherapie.

Das warme Vollbad sollte immer eine Wassertemperatur zwischen 34 und 37 °C haben – bitte mit dem Badethermometer messen! Wer es kälter oder heißer liebt, darf solche extremen Temperaturen nicht gegen seine Natur machen. Es gibt Rossnaturen, denen auch ein überheißes Bad nichts ausmacht und die das genießen können. Doch nicht jeder verträgt das und bekommt unangenehme Kreislaufprobleme. Also achten Sie auf die Wünsche Ihres Körpers und muten Sie ihm nur zu, was er mit Wohlbehagen quittiert. Schließlich soll das Entspannungsbad zu Hause schöne Gefühle auslösen und nicht zur Tortur werden.

Sie können auch nur ein Sitzbad nehmen, wobei Sie die Wanne dann nur so weit füllen, dass Sie gerade im Wasser sitzen. Es gibt auch spezielle Sitzbadewannen, über die man aber normalerweise zu Hause nicht verfügt.

Badeextrakte für den Hausgebrauch

Kräuter für Ihre Badezusätze können Sie selbst sammeln und aufbereiten. Informieren Sie sich in einschlägigen Büchern über den Standort der Pflanzen, den Zeitpunkt der Reife und wie man sie sammelt. Freilich müssen Sie gut Bescheid wissen und die Pflanzen kennen. Nicht alle Wildpflanzen darf man einfach pflücken. Manche stehen unter Naturschutz.

Ernten Sie nur Pflanzen der Spitzenqualität und ohne Insektenfraß. Verzichten Sie auf Pflanzen, die in der Nähe von Straßen wachsen. Ihr Schadstoffgehalt ist viel zu hoch. Schneiden Sie die Pflanzen auf ihrem Reifehöhepunkt. Die beste Erntezeit ist immer der Morgen, nachdem der Tau verdunstet ist. Blüten sammeln Sie im Frühjahr und im Sommer zu Beginn der Blüte, die Früchte kurz vor Beginn der Vollreife und die Wurzeln erst im Herbst, denn dann enthalten sie üppig Reservestoffe.

Frisch gepflückte Pflanzenteile müssen schnell verarbeitet werden. Vergessen Sie nicht, dass Stängel, Blüten, Samen und Wurzeln ein und derselben Pflanze unterschiedliche Wirkungen haben können!

Zuerst müssen die Pflanzen getrocknet werden. Wenn Sie wenig Zeit haben, können Sie sie im Backofen bei niedriger Hitze trocknen. Oberirdisch wachsende Pflanzen schneidet man 5 bis 8 Zentimeter vom Boden ab und hängt sie in kleinen Bündeln an einem dunklen Ort auf. Nach dem Trockenvorgang füllt man sie in braune Papiertüten.

Hat man nur Blüten geerntet, legt man sie möglichst einzeln auf sauberes Papier und lässt sie trocknen. Kleinere Blüten trocknen direkt in einer Papiertüte. Das Gleiche gilt für Samen. Wurzeln werden mit einer nicht zu harten Bürste gesäubert, abgetrocknet, klein geschnitten und an einem warmen Ort oder im ausgeschalteten Backofen langsam getrocknet.

Auch in der Mikrowelle lassen sich Pflanzen zwischen zwei und vier Minuten quasi expresstrocknen. Pflanzensaft können Sie auch in Eiswürfelschalen tiefgefrieren und die einzelnen Würfel dann verwerten.

So stellen Sie Ihre Badezusätze her

Empfindliche Kräuter, die durch Hitzeeinwirkung einen Teil ihres Wirkstoffes einbüßen könnten, weicht man ein. Dazu legt man sie für zwölf Stunden in Wasser ein. Dann werden sie ausgepresst. Auf 500 ml Wasser verwendet man etwa 25 g getrocknete Kräuter.

Der Aufguss ist die schnellste Methode, aus Blüten und Blättern Wirkstoffe zu gewinnen. Allerdings muss man den Aufguss innerhalb von zwei Tagen verbrauchen. Am besten bewahrt man ihn dunkel und kühl auf. Man gibt auf 30 bis 40 g getrocknetes oder 40 g frisches Kraut 500 ml Wasser und gießt mit kochendem Wasser auf. Das Ganze sollte ungefähr eine Viertelstunde abgedeckt ziehen und wird dann durch ein Sieb in ein Gefäß oder direkt ins Badewasser gegeben.

Bei Beeren oder härteren Pflanzenteilen wie Ästchen, Rinde oder Wurzeln sollten Sie einen Absud herstellen. (Bei Blättern und Blüten ist dies meist nicht nötig, weil sie ihre löslichen Wirkstoffe leichter ins Wasser abgeben.) Man gibt in 750 ml kaltes Wasser die klein geschnittene Kräutermischung (30 g getrocknete oder 50 g frische Pflanzenteile), lässt kurz aufkochen und so lange sieden, bis sich die Flüssigkeit auf ungefähr 500 ml reduziert hat. Verwenden Sie zum Abkochen niemals Aluminiumtöpfe, damit der Absud nicht damit angereichert wird. Nehmen Sie Töpfe aus Edelstahl oder Email.

Stärker als bei Aufguss und Abkochen werden bei der Tinktur Wirkstoffe durch Alkohol aus der Pflanze gelöst. Wer Alkohol nicht verträgt, kann ihn durch Obstessig ersetzen.

Geben Sie 150 bis 200 g gemahlene, getrocknete Kräuter oder 300 g klein gehacktes, frisches Kraut in ein Schraubdeckelglas mit großer Öffnung. Bedecken Sie den Inhalt des Glases mit Gin oder Wodka (auf keinen Fall darf es Isopropanol oder Spiritus sein!), verschließen Sie das Gefäß gut und schütteln Sie es zweimal täglich kräftig durch. Die Mischung sollte zwei Wochen an einem warmen Ort gelagert werden. Danach gießen Sie sie durch ein Haarsieb in eine dunkle sterilisierte Flasche. Eine Tinktur hält ein bis zwei Jahre, wenn man sie stets gut verschlossen aufbewahrt.

Die Verwendung ätherischer Öle

Ätherische Öle sind, außer Lavendelöl, im Badewasser nicht löslich. Sie müssen in ein Lösungsmittel eingerührt werden. Dazu eignet sich wegen des hervorragenden Wirkstoffdoppeleffekts am besten hochwertiges Algenpulver. Aber auch andere Lösungsmittel sind möglich, etwa grünes oder weißes Algennebulisat, lyophilisiertes Meerwasserpulver, aber auch – was man im Haushalt rascher zur Hand hat – frisches Eigelb, Milchpulver, Shampoo oder eine neutrale, hochwertige Flüssigseife (Duschgel). Als Lösungsmittel kann man auch Pflanzenöle oder bereits verdünntes ätherisches Öl verwenden.

Am besten mischt man in einer Tasse oder einer kleinen Schüssel die in den Rezepturen genannte Anzahl an Tropfen der ätherischen Öle mit dem Lösungsmittel. Die in den Rezepten angegebene Menge der ätherischen Öle ist für eine durchschnittlich große Wanne gedacht. Bei einer kleineren Wanne reduzieren Sie die Anzahl der Tropfen, bei einer großen Wanne geben Sie noch ein bis zwei Tropfen dazu. Die fertige Mixtur hält man unter den Strahl des einlaufenden Wassers. So wird die Substanz gleichmäßig ins Badewasser gemischt.

Ein harmloses Bad?

Ein Fußbad bedarf wenig Vorbereitung und Sie können es beinahe überall durchführen. Stellen Sie eine Schüssel an Ihren Lieblingsplatz und entspannen Sie sich in einem bequemen Stuhl. Im Sommer ist ein Fußbad im Garten oder auf dem Balkon eine feine Sache. Aber Vorsicht: So einfach ein Fußbad vorzubereiten ist, so wirksam kann es sein. Das bedeutet, dass man Fußbäder nicht willkürlich anwenden darf, sondern sich genau an die Regeln halten muss. Und wenn ein Fußbad gar Therapie ist, muss man unbedingt den Rat eines Therapeuten einholen. Es gilt auch noch, mit einem Irrtum aufzuräumen: Ein Fußbad geht immer mindestens über die halbe Wade hinaus und reicht keinesfalls nur bis zum Knöchel!

Fussbäder

Fussbad gegen schmerzende Füsse

6 Tropfen Pfefferminzöl
Aloe-Vera-Öl zur Fußmassage

Geben Sie sechs Tropfen Pfefferminzöl in das Wasser der Fußbadewanne. Baden Sie Ihre Füße dann so lange, bis das Wasser kühl wird. Massieren Sie Ihre Füße anschließend mit Aloe-Vera-Öl.

Entspannendes Fussbad

2 EL Meersalz
2 Tropfen Vetiveröl
2 Tropfen Pfefferminzöl
1 TL Blütenhonig

Lösen Sie in einer Schüssel mit warmem Wasser zwei Esslöffel Meersalz auf. Mischen Sie zwei Tropfen Vetiver- und zwei Tropfen Pfefferminzöl mit einem Teelöffel Blütenhonig und geben Sie dies ins Wasser. Genießen Sie den Duft, der aufsteigt.

Fussbad für einen guten Schlaf

2 EL Meersalz
3 Tropfen Lavendelöl

Wenn Sie schlecht einschlafen können, versuchen Sie es doch einmal mit diesem Fußbad. Schütten Sie zwei Esslöffel Salz in Ihre Fußbadewanne. Geben Sie noch drei Tropfen Lavendel hinzu und füllen Sie sie mit heißem Wasser auf.

Fußbad gegen Schweißfüße

2 Tassen frische oder
1 Tasse getrocknete Salbeiblätter
3 Tropfen Lavendelöl

Wenn Sie etwas Zeit haben, ist dieses Bad das Richtige gegen schwitzende Füße. Geben Sie die Salbeiblätter in Ihre Fußbadewanne und übergießen Sie diese mit kochendem Wasser. Dann geben Sie noch drei Tropfen Lavendelöl dazu. Warten Sie ab, bis das Wasser abgekühlt ist, damit Sie Ihre Füße hineinstellen können. Salbei wirkt desinfizierend und übermäßiger Schweißbildung entgegen.

Fußbad für Leute, die viel stehen müssen

1 Tasse getrocknete Wacholderbeeren
1 Tasse getrocknete Pfefferminzblätter
2 Tropfen Rosmarinöl

Wenn Sie den ganzen Tag in schicken Schuhen auf harten Böden gestanden sind, wird Ihnen dieses Fußbad gut tun. Übergießen Sie die getrockneten Wacholderbeeren mit zwei Litern kochendem Wasser und geben Sie die getrockneten oder frischen Pfefferminzblätter dazu. Warten Sie, bis die Temperatur angenehm ist, träufeln Sie noch zwei Tropfen Rosmarinöl ins Wasser und stellen Sie dann Ihre Füße hinein. Rosmarin wirkt anregend, hilft auch gegen Fußschweiß und fördert die Durchblutung.

Fußbad gegen feuchte Füße

1 EL Pflanzenöl
8 Tropfen Zitronenöl
Franzbranntwein

Geben Sie Pflanzenöl mit Zitronenöl vermischt in das warme Fußbad. Spielen Sie ab und zu mit den Zehen. Wenn Sie wollen, können Sie die Füße nach dem Abtrocknen mit Franzbranntwein massieren. Die Füße werden kräftig durchblutet und fühlen sich warm an.

Basisches Fußbad und basischer Salzsocken

1 EL basisches Badesalz

Schafswollsocken und Baumwollsocken für den basischen Salzsocken

Über ein basisches Fußbad, das 30 bis 45 Minuten dauert, entschlackt man den Organismus wirkungsvoll. In das Wasser kommt ein Esslöffel basisches Badesalz. Wenn man keine Zeit für ein Fußbad hat, kann man sich mit dem basischen Salzsocken behelfen. Rühren Sie das Salz in ein Viertelliter körperwarmes Wasser, tränken Sie dicke, nicht zu kleine Schafswollsocken darin und wringen Sie sie aus. Vor dem Anziehen kommt ans Fußende des Bettes eine Plastikfolie. Über die feuchten Socken zieht man noch trockene Baumwollsocken. Neigt man zu kalten Füßen, hilft eine Wärmflasche. Diese Therapie über Nacht entschlackt und neutralisiert Säuren.

Das Dampfbad

Nach einem Dampfbad ist die Haut im Gesicht wunderbar glatt, weich und rosig, Hautunreinheiten sind kaum noch sichtbar und man fühlt sich sehr entspannt. Ein Dampfbad ist ideal, wenn Sie für ein Vollbad nicht genügend Zeit haben oder wenn Sie sich zwischendurch etwas Gutes gönnen wollen. Auch bei Erkältungen kann es wahre Wunder wirken. Wenn Sie an Asthma oder einer Hautkrankheit leiden, sollten Sie allerdings mit den ätherischen Ölen sehr sparsam umgehen. Vor dem Bad sollten Sie unbedingt die Haut mit einem Reinigungsgel behandeln, anschließend die Poren von allen Rückständen mit Nachreinigungslotion befreien, wenn möglich mit einem leichten Rubbelpeeling. So kann das Dampfbad wirken!

DAMPFBÄDER

Grundrezept

große Schüssel mit heißem Wasser
1 großes Frotteehandtuch
1 kleines Frotteehandtuch zum Abtrocknen
eventuell eine leichte Decke
Taschentücher
diverse ätherische Öle

Füllen Sie eine Schüssel mit heißem Wasser, stellen Sie sie auf einen Tisch und geben Sie ein bis zwei Tropfen eines ätherischen Öls hinzu. Damit der Dampf intensiver auf die Gesichtshaut einwirken kann, breiten Sie ein großes Handtuch über ihren Kopf, das bis auf den Tisch reichen sollte. Wenn Sie es richtig warm haben wollen, so können Sie noch eine Decke darüber legen. Sie spüren, wie die Poren sich öffnen und aller Schmutz heraustritt. Lassen Sie das Dekolleté frei. So lange der Dampf noch sehr heiß ist, sollten Sie sich nicht zu weit über das Gefäß beugen, besonders bei trockener Haut. Das Dampfbad fürs Gesicht sollte drei bis zehn Minuten dauern. Tupfen Sie sich danach mit einem frischen Handtuch Gesicht und Dekolleté trocken.

Reinigendes Gesichtsdampfbad

2 Tropfen Lavendelöl
1 Tropfen Zitronenöl

Fügen Sie einige Tropfen der ätherischen Öle in das heiße Wasser und inhalieren Sie ihren Duft. Nach zehn Minuten können Sie die Gesichtshaut mit einer Nachreinigungslotion behandeln und anschließend mit einer Lavendellotion tonisieren.

Dampfbad für normale Haut

Geben Sie zwei Tropfen Lavendel- oder Mandarinenöl in das heiße Wasser. Genießen Sie das sommerliche Aroma und träumen Sie vom nächsten Urlaub. So können Sie sich richtig gut entspannen. Nach dem Abtrocknen zieht eine leichte Gesichtscreme rasch ein.

2 Tropfen Lavendelöl oder
2 Tropfen Mandarinenöl

Dampfbäder für fettige Haut

Für diesen Hauttyp ist ein Dampfbad eine wahre Wohltat. Durch die porentiefe Reinigung ist Ihre Haut anschließend fein und glatt. Zitronen- und Eukalyptusöl haben eine frische Note und wirken desodorierend und keimtötend. Sie können aber auch getrocknete Kamillenblüten aufkochen und zehn Minuten als Dampfbad genießen. Kamille wirkt entfettend und heilend.

3 Tropfen Zitronenöl
3 Tropfen Eukalyptusöl
2 Tassen getrocknete Kamillenblüten
alternativ jeweils 2 Tropfen Lavendelöl, Salbeiöl und Sassafrasöl

Dampfbad für trockene Haut

Auch bei trockener Haut sollten Sie nicht zu lange den heißen Dampf einwirken lassen. Drei bis fünf Minuten sind völlig ausreichend. Beugen Sie sich am Anfang nicht zu sehr in Richtung der Schüssel, damit es nicht zu heiß wird. Sie können vor dem Bad die empfindliche Haut unter den Augen mit einer Fettcreme abdecken. Das Rosenöl ist für trockene Haut besonders geeignet. Trocknen Sie danach vorsichtig ab und verwenden Sie eine rückfettende Gesichtscreme.

3 Tropfen Rosenöl

Dampfbad bei beginnender Grippe

Geben Sie ein bis zwei Tropfen Lavendel- und Teebaumöl in einen Topf mit heißem Wasser. Inhalieren Sie kräftig.

2 Tropfen Lavendelöl
2 Tropfen Teebaumöl

Dampfbad gegen Kehlkopfentzündung

Geben Sie zum kochenden Wasser drei Tropfen Sandelholzöl und einen Tropfen Muskatellersalbeiöl. Dann mit dem Saunatuch über dem Kopf täglich dreimal jeweils fünf bis zehn Minuten inhalieren.

3 Tropfen Sandelholzöl
1 Tropfen Muskatellersalbeiöl

Die rechte Abkühlung in der Wanne

Wenn Ihnen ein richtig heißes Vollbad zu warm und schweißtreibend ist und Sie dabei Herzklopfen bekommen, dann sind die folgenden Rezepte genau das Richtige für Sie. Begnügen Sie sich mit maximal 35 °C Wassertemperatur und Sie werden erquickt aus der Wanne steigen.

Erfrischende Bäder

Erfrischungsbad für müde Beine

Lithathamnion oder Milchpulver
5 Tropfen Salbeiöl
3 Tropfen Zypressenöl
3 Tropfen Lavendelöl

Lösen Sie fünf Tropfen Salbeiöl, drei Tropfen Zypressenöl und drei Tropfen Lavendelöl in einem Lösungsmittel (Lithathamnion oder Milchpulver) und geben Sie es in die Wanne. Baden Sie nur fünf Minuten lang. Wenn Sie das Bad vertragen, können Sie die Badezeit bis zwölf Minuten steigern.

Guten-Morgen-Bad

1 Tasse getrockneter Rosmarin
$^1/_2$ Tasse getrocknete Pfefferminzblätter
2 Tropfen Zitronenöl

Dieses Kräuterbad wirkt erfrischend und macht Sie fit für den Tag. Geben Sie die Kräuter in einen Topf, übergießen Sie sie mit Wasser und lassen Sie alles aufkochen. Warten Sie noch eine Viertelstunde und seihen Sie den Aufguss. Die Mischung kommt ins Wasser. Rosmarin wirkt durchblutungsfördernd, Pfefferminze wirkt anregend und das Zitronenöl hebt die Stimmung.

Sportlerbad

250 g Eichenrinde
1 EL Jojobaöl
3 Tropfen Rosmarinöl

Wenn Sie leicht und viel schwitzen, werden Sie sich mit diesem Bad anfreunden. Schütten Sie 250 g Eichenrinde in einen Topf und geben zwei Liter Wasser hinzu. Bringen Sie alles zum Kochen und lassen es dann noch eine Viertelstunde weiterköcheln. Seihen Sie das Eichenwasser und schütten Sie es in die mit lauwarmem Wasser gefüllte Badewanne. Dazu kommen noch drei Tropfen Rosmarinöl, das Sie vorher in einem Esslöffel Jojobaöl vermischen. Die Gerbsäure der Eichenrinde zieht die Poren zusammen.

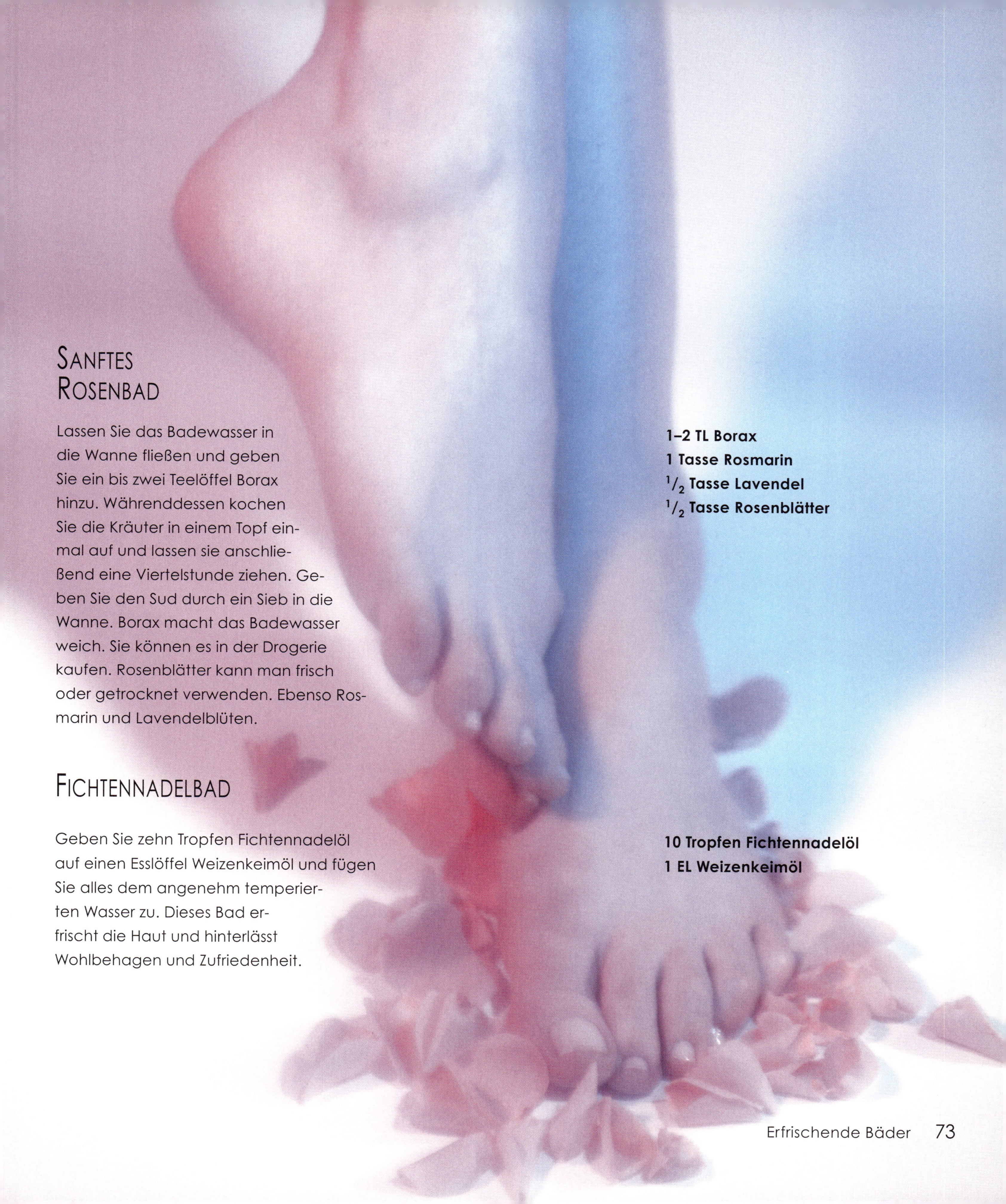

Sanftes Rosenbad

Lassen Sie das Badewasser in die Wanne fließen und geben Sie ein bis zwei Teelöffel Borax hinzu. Währenddessen kochen Sie die Kräuter in einem Topf einmal auf und lassen sie anschließend eine Viertelstunde ziehen. Geben Sie den Sud durch ein Sieb in die Wanne. Borax macht das Badewasser weich. Sie können es in der Drogerie kaufen. Rosenblätter kann man frisch oder getrocknet verwenden. Ebenso Rosmarin und Lavendelblüten.

1–2 TL Borax
1 Tasse Rosmarin
$^1/_2$ Tasse Lavendel
$^1/_2$ Tasse Rosenblätter

Fichtennadelbad

Geben Sie zehn Tropfen Fichtennadelöl auf einen Esslöffel Weizenkeimöl und fügen Sie alles dem angenehm temperierten Wasser zu. Dieses Bad erfrischt die Haut und hinterlässt Wohlbehagen und Zufriedenheit.

10 Tropfen Fichtennadelöl
1 EL Weizenkeimöl

Mint-Fresh-Bad

30 ml neutrales Duschgel
2 Tropfen Pfefferminzöl
2 Tropfen Rosmarinöl
3 Tropfen Zitronenöl

Rühren Sie die ätherischen Öle (Pfefferminz, Rosmarin und Zitrone) in 30 ml neutrales Duschgel ein und halten Sie die Mischung kurz vor Ende des Einlaufens unter den Wasserstrahl. Das Bad wirkt antiseptisch und krampflösend, lindert Schmerzen und wird Sie erfrischen. Sie können, wenn Sie duschen, die Mischung auch auf einen Schwamm geben und damit den Körper sanft massieren.

Milchbad

6 EL Ziegenmilchpulver
2 Tropfen Sandelholzöl
2 Tropfen Muskatellersalbeiöl
2 Tropfen Lavendelöl
2 Tropfen Pfefferminzeöl

Geben Sie das Milchpulver unter den Wasserstrahl. Die Öle kommen in die gefüllte Wanne. Dann alles kräftig durchmischen. Es ist ein angenehm erfrischendes Bad für den Morgen eines heißen Tages, wenn sich Schwüle ankündigt. Durch eine selbst zusammengestellte Körperlotion lässt sich das Bad hervorragend ergänzen. Dazu gibt man die ätherischen Öle (10 Tropfen Sandelholz, 3 Tropfen Muskatellersalbei, 4 Tropfen Pfefferminze und 3 Tropfen Lavendel) in 50 ml neutrale Körperlotion und schüttelt die Mischung eine Minute lang kräftig durch. Man kann davon auch ein wenig auf die Reflexzonen auftragen.

Erfrischendes Duschbad

30 ml neutrales Duschgel
2 Tropfen Pfefferminzöl
2 Tropfen Rosmarinöl
3 Tropfen Zitronenöl

Auch unter der Dusche kann man sich köstlich erfrischen, wenn man keine Lust hat, ein doch etwas zeitraubenderes Vollbad zu nehmen. Dieses Bad wirkt belebend und erfrischend, außerdem antiseptisch und krampflösend.

Rühren Sie als Vorbereitung die Öle in ein neutrales Duschgel ein. Dann duschen Sie kurz, um den Körper zu befeuchten. Jetzt kommt die Badmischung auf einen Schwamm, mit dem Sie den ganzen Körper langsam massieren. Lassen Sie die Badeessenz kurz einwirken und duschen Sie sich danach ab.

Aufweckbad nach einem anstrengenden Tag

Auch die Frucht des Paradieses, die Pampelmuse, liefert ein duftendes ätherisches Öl, das sich hervorragend für die Duftlampe wie zum Duschen und Baden eignet. Von innen (dreimal täglich ein bis zwei Tropfen auf ein Glas Wasser) wirkt das ätherische Öl entschlackend für Leber und Nieren und es fördert die Verdauung. Äußerlich angewandt wirkt es entspannend auf die Muskulatur, antidepressiv, angstlösend und konzentrationsfördernd.

Für dieses erfrischende Bad nach einem langen stressreichen Tag mischt man vier Tropfen reines Pampelmusenöl mit jeweils einem Tropfen Helicrisis und reinem Rosenöl. Sie werden sehen, dass der Abend gerettet ist!

4 Tropfen Pampelmusenöl
1 Tropfen Helicrisis
1 Tropfen reines Rosenöl

Anti-Erschöpfungs-Bad bei Stress

Auch bei dieser erfrischenden Mischung für Ihr Bad spielt das Pampelmusenöl die dominierende Rolle. Dieses Bad löst Ihre Erschöpfung und die Folgen des Tagestresses nach kurzer Zeit buchstäblich in Luft auf und Sie fühlen sich am Abend so frisch wie am Morgen! Nehmen Sie für die grandiose Mixtur zuerst 5 ml verdünntes Pampelmusenöl und mischen Sie es mit einem Tropfen Geraniumöl und zwei Tropfen Zitronenöl. Zuletzt fügen Sie noch zwei Tropfen Korianderöl oder alternativ einen Tropfen Ingweröl hinzu.

5 ml verdünntes Pampelmusenöl
1 Tropfen Geraniumöl
2 Tropfen Zitronenöl
2 Tropfen Korianderöl oder
1 Tropfen Ingweröl

Badegel aus der Provence

Petit-Grain wird durch die Destillation der Blätter und Zweige von Zitrusbäumen gewonnen. Infrage kommen Bitterorange, Zitrone und Mandarine. Die Wirkung der Öle ist äußerst erfrischend und belebend.

Für das berühmte Provenzalische Badegel nehmen Sie als Basis 30 ml Duschgel und geben folgendes Quintett aus ätherischen Ölen hinzu: zwei Tropfen reines Neroliöl, zwei Tropfen Petit-Grain-Öl, drei Tropfen Orangenöl, zwei Tropfen Pampelmusenöl und einen Tropfen Rosmarinöl.

Diese Mischung reicht für zwei bis drei Bäder; bewahren Sie die Essenz in einer kleinen dunklen Flasche auf. Für das Bad mischen Sie etwa ein Drittel unter dem Wasserstrahl in die Wanne.

30 ml neutrales Duschgel
2 Tropfen reines Neroliöl
2 Tropfen Petit-Grain-Öl
3 Tropfen Orangenöl
2 Tropfen Pampelmusenöl
1 Tropfen Rosmarinöl

Bad bei verspannter Nackenmuskulatur

8 Tropfen Melissenöl
1 EL Avocadoöl

Vermischen Sie acht Tropfen Melissenöl mit einem Esslöffel Avocadoöl und geben Sie dies in die mit warmem Wasser gefüllte Wanne. Nehmen Sie ein Frotteehandtuch, tauchen Sie es in die Wanne und wringen Sie es gut aus. Legen Sie nun dieses Handtuch um den Hals auf die Schultern und steigen Sie so langsam in die Wanne. Wenn es Ihnen zu kühl wird, lassen Sie heißes Wasser nachlaufen. Atmen Sie mehrfach tief ein und entspannen Sie sich.

Das Kleiebad

200 g Kleie
5–8 Tropfen Geranium-, Sandelholz-, Lavendel-, Rosen- oder Mimosenöl

Biologisch angebaute Kleie ist sehr wertvoll. In konzentrierter Form enthält sie alle ernährungsphysiologisch wichtigen Inhaltsstoffe des Getreidekorns. Im Badewasser reinigt sie mild und macht die Haut zart und weich. 200 g Kleie werden mit fünf bis acht Tropfen ätherischem Öl, etwa Geranium, Sandelholz, Lavendel, Rose oder Mimose, gemischt und in ein Leinensäckchen gefüllt. Beim Baden massiert man die Haut mit diesem sanften Waschhandschuh.

Entspannungsbäder

Harmonisches Lavendelbad

10 Tropfen Lavendelöl
oder 10 Tropfen Kamilleöl

Lassen Sie angenehm warmes Wasser in die Wanne fließen und fügen Sie zehn Tropfen Lavendel- oder Kamilleöl hinzu.

Bad für die Meditation

50 g Lithothamnion-Algen
4 Tropfen Cistrosenöl

Geben Sie 50 g Lithothamnion-Algen unter dem Wasserstrahl in die Wanne. Verteilen Sie – kurz bevor Sie in die Wanne steigen – vier Tropfen Cistrosenöl im Wasser. Die Badezeit beträgt 10 bis 15 Minuten.

Aufbauendes Johanniskrautbad

Tröpfeln Sie zehn Tropfen Johanniskrautöl in das Jojobaöl und verrühren Sie es gut. Geben Sie nun alles in das bereits eingelaufene Badewasser. Wenn Ihnen kalt ist, trinken Sie vor dem Bad ein oder zwei Tassen Johanniskrauttee. Die Dämpfe des Badewassers wirken beruhigend auf Ihre Nerven und harmonisieren die Psyche. Trocknen Sie sich mit einem weichen Frotteehandtuch ab und ruhen Sie sich aus. Da Johanniskrautöl die Lichtempfindlichkeit der Haut erhöht, sollte man nach dem Bad nicht in der Sonne liegen.

10 Tropfen Johanniskrautöl
1 EL Jojobaöl

Entspannungsbad nach Art des Hauses

Plündern Sie Ihr Gewürzregal. Vielleicht finden sich noch ein paar Lorbeerblätter und jeweils eine Hand voll Pfefferminzblätter, Lavendelblüten, etwas Majoran sowie Thymian und noch Reste von Salbeitee. Bereiten Sie aus diesen Kräutern zwei Liter Tee zu und schütten ihn ins Badewasser. Atmen Sie langsam tief ein und lassen Sie es sich gut gehen.

Lorbeer- und Pfefferminzblätter
eine Handvoll Lavendelblüten
etwas Majoran
etwas Thymian
ein paar Salbeiblätter

Bad für Denker

Wenn Sie viel denken und manchmal auch zu viel, dann ist dieses Bad genau richtig. Vermischen Sie in einen Esslöffel Honig acht Tropfen Melissenöl, vier Tropfen Zitronenöl und zwei Tropfen Pfefferminzöl miteinander. Träufeln Sie diese Mischung in die Wanne und legen Sie sich hinein. Das Wasser sollte eine für Sie angenehme Temperatur haben. Baden Sie zuerst nur 10 bis 15 Minuten, später können Sie bis 20 Minuten in der Wanne bleiben. Entspannen Sie sich anschließend bei Ihrer Lieblingsmusik.

1 EL Honig
8 Tropfen Melissenöl
4 Tropfen Zitronenöl
2 Tropfen Pfefferminzöl oder Angelika (Engelwurz)

Intensives Entspannungsbad

Mischen Sie das Neroliöl und das Bitterorangenöl mit dem Majoranöl in neutralem Duschgel und geben Sie alles in das heiße Wasser. Atmen Sie bewusst ein und entspannen Sie sich. Dieses Bad wirkt antidepressiv, krampflösend und emotional kräftigend. Verwöhnen Sie sich anschließend mit einer Friktion Vitaromatherapie® (darin sind Neroli-, Lavendel-, Majoran-Rosenholz- und Lemongrasöl enthalten).

20 ml neutrales Duschgel
1 Tropfen Neroliöl
2 Tropfen Bitterorangenöl
5 Tropfen Majoranöl

Sauberer Körper, saubere Seele

Die Zeiten des Reinigungsbades am Samstagabend sind in Mitteleuropa weitgehend vorbei. Nichtdestotrotz gibt es oft Situationen, in denen man sich nichts sehnlicher wünscht, als umgehend in der Badewanne zu sitzen. Wobei mit dem äußeren Schmutz auch der innere weicht.

Reinigungsbäder

Kaffeesatzbad

Kaffeesatz
5 EL frische Vollmilch
oder Kaffeesahne

Wenn Sie sich nach einem Kaffeekränzchen dringend entspannen müssen und Ihrer Haut etwas Auffrischung gut tun würde, ist dieses Bad genau richtig. Nehmen Sie den kalten Kaffeesatz und vermischen Sie ihn mit fünf Esslöffeln Milch oder Kaffeesahne. Geben Sie diese Mischung unter dem Wasserstrahl in das Badewasser. Sie können sich auch mit Kaffeesatz und Öl den Körper abrubbeln. Kaffeesatz gibt ein gutes Peeling ab. Allerdings sollte der Kaffee nicht zu fein gemahlen sein.

Schlammbad

1 Packung Meeressedimente
5 Tropfen Eisenkrautöl

Stellen Sie sich in die Badewanne, duschen Sie sich kurz warm ab und tragen Sie dann eine Schlammpackung auf die feuchte Haut auf. Am wirkungsvollsten sind Meeressedimente: Dieser Schlamm aus der Tiefe des Meeres ist außergewöhnlich reich an natürlichen Wirkstoffen und bringt zusammen mit zerkleinerten Muschelschalen, Silikaten und 15 % Algen (Asophylum nodosum und Fucus serratus) eine echte Tiefenwirkung. Rubbeln Sie sich mit einem Naturschwamm in kreisenden Bewegungen ab. Lassen Sie die Schlammpackung ungefähr fünf bis zehn Minuten einziehen und spülen Sie sie dann mit einem Duschstrahl ab. Nehmen Sie anschließend noch ein kurzes Vollbad, das mit Eisenkraut versetzt ist. Es wirkt gegen Schlaflosigkeit, Stress und Herzkranzgefäßerweiterung.

Bad für verschwitzte Gärtnerinnen

Wenn Sie den ganzen Tag im Garten gearbeitet haben, sind Sie reif für dieses Bad. Mischen Sie sechs Tropfen Lavendelöl, zwei Tropfen Zitronenöl, zwei Tropfen Orangenöl und zwei Tropfen Wacholderöl in 50 g Meersalz. Geben Sie dann die Mischung in die Wanne und lassen Sie heißes Wasser einlaufen. Je höher die Wassertemperatur, desto müder werden Sie sich nach dem Bad fühlen. Ein zu heißes Bad ist für den Kreislauf gefährlich!

50 g Meersalz
6 Tropfen Lavendelöl
2 Tropfen Zitronenöl
2 Tropfen Orangenöl
2 Tropfen Wacholderöl

Reinigungsbad für Bastler

Schütten Sie die Seifenflocken in die Wanne, lassen Sie das heiße Wasser ein und träufeln Sie zuletzt die ätherischen Öle, vermischt mit einer halben Tasse Meersalz, hinein. Pflegen Sie gleich nach dem Bad Hände und Füße mit einer großen Nagelbürste.

30 g Seifenflocken
1 halbe Tasse Meersalz
5 Tropfen Eukalyptusöl
4 Tropfen Lavendelöl

Ein Bad für schöne Haut

Geben Sie eine Tasse Weizenkleie in einen Waschlappen und lassen Sie das einlaufende Wasser hindurchrieseln. Die Kleie laugt so aus und es entsteht ein Bad, das schöne Haut macht. Es wirkt auch juckreizstillend. Wenn Ihnen nach dem Bad warm ist, streifen Sie das Wasser einfach nur leicht vom Körper ab und warten Sie, bis Sie von selbst trocken sind.

1 Tasse Weizenkleie

Bad für geschmeidige Haut

Lassen Sie warmes Wasser in die Wanne einlaufen, am besten mit einer Temperatur von 37 °C, und verteilen Sie einen halben Liter Glyzerin darin. Solch ein Bad gibt Ihrer Haut die Feuchtigkeit zurück und macht sie weich und geschmeidig. Danach müssen Sie unbedingt ein Pflegeprodukt auftragen, damit die Haut ihre Feuchtigkeit nicht aus der Tiefe ziehen muss, beispielsweise die Körpermilch *Lait corporel* (Algologie®.) Dieses Produkt garantiert eine intensive und anhaltende Durchfeuchtung der Haut.

$^1/_2$ l Glyzerin

Pflegebad bei trockener Haut

10 Tropfen Rosenöl
3 EL Süßmandelöl

Lassen Sie nicht zu heißes Wasser in die Wanne ein. Fügen Sie zehn Tropfen Rosenöl und drei Esslöffel Süßmandelöl hinzu. Sie sollten nicht länger als 15 bis 20 Minuten baden, weil sonst die Haut zu sehr strapaziert wird.

Schönheitsbäder

Pflegebad bei sensibler Haut

250 g getrocknete Kamillenblüten

Füllen Sie 250 g getrocknete Kamillenblüten in einen Waschhandschuh, verschließen Sie ihn mit Wäscheklammern und lassen Sie das heiße Badewasser darüber laufen. Ein Kamillenbad reinigt und pflegt die Haut. Sie fühlt sich danach samtig weich und glatt an.

Pflegebad für weiche Haut

1 TL Lavendelblüten
1 TL Salbeiblüten
1 TL Rosenblätter
3 TL Kamillenblüten

Wenn Sie Ihrer Haut eine Freude bereiten wollen, ist dieses Bad genau richtig. Füllen Sie die Kräuter in einen Waschhandschuh und hängen Sie ihn in den Wasserstrahl. Setzen Sie sich in die Wanne, atmen Sie tief durch und reiben Sie sich während des Bades mit dem gefüllten Waschhandschuh ab. Dieses sanfte Kräuterpeeling sorgt für glatte Haut.

Geheimbad schöner Frauen

1 Tasse Olivenöl
4 Tropfen Zitronenöl

Dies ist etwas für experimentierfreudige Naturen. Lassen Sie warmes Wasser in die Wanne einlaufen und stellen Sie sich in die Wanne. Nehmen Sie nun das zimmerwarme Olivenöl mit vier Tropfen Zitronenöl und streichen Sie sich damit sorgfältig ein. Entweder mit den bloßen Händen oder mit einem großen Backpinsel. Lassen Sie sich beim Rücken helfen. Wenn das Öl aufgebraucht ist, dürfen Sie sich langsam in die Wanne setzen. Massieren Sie weiter die verschiedenen Körperpartien.

Orientalisches Schönheitsbad

Dieses Bad ist etwas aufwendiger zuzubereiten, aber die Mühe lohnt sich. Zuerst lassen Sie den Gerstenschrot in zwei Liter Wasser bei geringer Temperatur unter gelegentlichem Umrühren vorsichtig kochen. Wenn Sie Zeit sparen wollen, benützen Sie einen Schnellkochtopf. Mischen Sie anschließend das Vollkorn- und das Mandelmehl unter den Gerstenschrot und rühren Sie alles gut um. Geben Sie den Brei auf ein Küchentuch, das Sie sorgfältig verknotet in die Badewanne legen. Lassen Sie nun das Badewasser ein und schütten Sie zwei Tassen frische Vollmilch und drei Tropfen Patschuliöl zum Badewasser hinzu. Ihre Haut wird danach wunderbar glatt sein.

1 Tasse Gerstenschrot
$^1/_2$ Tasse Vollkornmehl
$^1/_4$ Tasse Mandelmehl
2 Tassen frische Vollmilch
3 Tropfen Patschuliöl

Pflegebad für gestresste Haut

Dieser Badezusatz pflegt die Haut und wirkt sich gleichzeitig vorteilhaft auf Ihr Wohlbefinden aus. Mischen Sie alle Zutaten in einer Schüssel. Am besten verwendet man dazu einen Schneebesen, damit es eine glatte Emulsion ergibt. Schütten Sie die Mischung dann in das Badewasser und legen Sie sich nun für 15 Minuten in die Wanne.

2 EL süße Sahne
2 EL Avocadoöl
6 Tropfen Geranienöl
2 Tropfen Bergamotteöl
2 Tropfen Rosenöl

Sahnebad für die Haut

Auch wenn zu viel Sahne wegen des tierischen Fettes ungesund ist, freut sich trockene, gereizte Haut sehr über ein Sahnebad. Je nach Größe der Badewanne schüttet man ein bis zwei Becher süße Sahne ins warme Badewasser und aromatisiert mit drei Tropfen Sandelholzöl. Wer normale Kuhmilch nicht verträgt, nimmt Ziegenmilchpulver. Man löst dann vier bis sieben Esslöffel Pulver je nach Wannengröße in kochendem Wasser auf und aromatisiert mit drei Tropfen Rosen- oder Teebaumöl.

1–2 Becher süße Sahne
3 Tropfen Sandelholzöl
alternativ:
4–7 EL Ziegenmilchpulver
3 Tropfen Rosen- oder Teebaumöl

Buttermilchbad

Schütten Sie am besten erst die Buttermilch in die Wanne. Dann mischen Sie langsam das Wasser mit dem Schneebesen dazu. Lassen Sie die Temperatur nur nach und nach ansteigen, um ein Ausflocken zu verhindern. Verwenden Sie keine Seife und keine anderen Badezusätze. Nach dem Bad duschen Sie sich kurz ab und reiben sich trocken.

3 l Buttermilch

Die innerliche Reinigung

Durch Meersalz wird der Stoffwechsel im Körper stark angeregt. Schlacken werden ausgeschieden und der Körper innerlich gereinigt. Solche Bäder sind anstrengend und Sie müssen sich danach ausruhen. Am besten baden Sie abends und gehen anschließend ins Bett.

Entschlackungsbäder

Vorbereitungsbad für die Party

1 Tasse Meersalz
8 Tropfen Lavendelöl
Lavendelblüten

Wenn Sie einmal wieder zu einer Party eingeladen sind und sich momentan nicht in der richtigen Stimmung befinden, sollten Sie am Abend zuvor dieses Bad nehmen. Es wird Sie entschlacken und neue Kräfte in Ihnen wecken.

Schütten Sie eine Tasse Meersalz in Ihre Badewanne und träufeln Sie acht Tropfen Lavendelöl darauf. Lassen Sie nun heißes Badewasser in die Wanne einlaufen. Wenn Sie noch frische oder auch getrocknete Lavendelblüten im Haus haben, lassen Sie diese auch noch auf dem Wasser schwimmen. Nach dem Bad begeben Sie sich mit einem schönen Buch ins Bett.

Einfaches Entschlackungsbad

1 Tasse Meersalz
10 Tropfen Zitronenöl

Geben Sie das Salz in die Wanne und lassen Sie das heiße Wasser einlaufen. Wenn die Wanne voll ist, geben Sie noch zehn Tropfen Zitronenöl ins Wasser. Baden Sie 15 bis 20 Minuten bei einer Temperatur von ungefähr 35 °C. Nehmen Sie sich danach nichts vor. Sie werden ermattet in Ihr Bett sinken und am nächsten Morgen erholt aufwachen. Wenn Sie zu müde sein sollten, sich richtig abzutrocknen, hüllen Sie sich einfach in Ihren Bademantel.

Indisches Bad

Träufeln Sie vier Tropfen Kokosöl, sechs Tropfen Geranienöl und drei Tropfen Ylang-Ylang auf eine Tasse Meersalz. Geben Sie alles in die Badewanne und lassen Sie das heiße Wasser einlaufen. Dieses Bad lässt den Zauber Indiens erahnen und weckt den Wunsch nach einer entspannenden Fußmassage.

4 Tropfen Kokosöl
6 Tropfen Geranienöl
3 Tropfen Ylang-Ylang-Öl
1 Tasse Meersalz

Anti-Cellulite-Bad

Versuchen Sie es doch einmal mit diesem Bad. Es wird Sie auf jeden Fall entspannen. Schütten Sie 20 g algisiertes Meersalz (Algen-Vital® Meereskomplexbad W) in die Wanne und tropfen Sie das Geraniumöl darauf. Lassen Sie nun das Wasser in die Wanne einlaufen und legen Sie sich ganz entspannt hinein.

20 g algisiertes Meersalz
Algen-Vital® Meeres-komplexbad W
2 Tropfen Geraniumöl

Ein sinnliches Bad

Mischen Sie das Traubenkernöl mit den ätherischen Ölen und geben Sie die Mischung in den heißen Wasserstrahl, kurz bevor die Wanne voll ist. Tauchen Sie dann ein in den wunderbaren Duft und entspannen Sie sich 20 Minuten lang. Streichen Sie sanft mit Ihren Händen von den Zehen bis zum Oberschenkel und von den Fingerspitzen bis zur Schulter. Grapefruit wirkt entschlackend und Rosenöl ist wunderbar für Körper und Seele.

10 ml Traubenkernöl
4 Tropfen Ylang-Ylang-Öl
2 Tropfen Rosenöl
5 Tropfen Grapefruitöl

Zwei-Phasen-Cellulite-Bad

Nach einer warmen Dusche nehmen Sie als erste Phase eine Tasse grobes Meersalz und reiben den gesamten Körper (außer dem Gesicht) damit ab, genau wie bei einem Peeling. Duschen Sie danach nochmals.

In der zweiten Phase verwöhnen Sie sich mit einem warmem Bad, in welches man 300 ml Apfelessig und drei bis fünf Tropfen Wacholderöl gibt, je nach Größe der Badewanne. Wenn Sie dieses Bad zum ersten Mal anwenden, sollten Sie nicht länger als zehn Minuten in der Wanne bleiben. Bei späteren Wiederholungen können Sie das Bad über 15 bis auf 20 Minuten ausdehnen.

1 Tasse grobes Meersalz
300 ml Apfelessig
3–5 Tropfen Wacholderöl

Das Beruhigungsbad

Wenn Sie sich leicht aufregen, Ihr Blutdruck in die Höhe geht und Sie am liebsten alles kurz und klein schlagen möchten, legen Sie sich lieber in die Badewanne. Das warme Wasser und die Badezusätze geben Ihnen Ruhe und Gelassenheit zurück. Dies gilt natürlich für alle, die unter Stress leben und dringend Relaxing brauchen.

Beruhigungsbäder

Baldrianbad

6 Tropfen Baldrianöl oder
1 Tasse Baldrianblätter
1 EL Honig

Nach einem anstrengenden Tag beruhigt ein Baldrianbad. Es wirkt entspannend und fördert den Schlaf. Vermischen Sie das Baldrianöl mit einem Esslöffel Honig und geben Sie die Mischung ins Badewasser. Statt Öl können Sie auch eine Tasse Baldrianblätter aufkochen und den Absud in die Wanne geben. Eine Tasse Baldriantee verstärkt die Wirkung.

Vetiveriabad

1 Tropfen Vetiveriaöl
2 Tropfen Muskateller-Salbei-Öl
1 Tropfen Neroli- oder Petit-Grain-Öl
2 Tropfen Santalöl
1 TL neutrales Duschgel

Das schwere erdige Aroma des Vetiveriaöls hat ausgezeichnete beruhigende Eigenschaften und wirkt gegen Schlafstörungen, bei Überarbeitung und Angstzuständen. Die Pflanze kommt von Java, Haiti und den Philippinen. Mischen Sie einen Tropfen Vetiver mit der Öle-Trias Muskateller-Salbei, Neroli (oder Petit-Grain) und Santal mit neutralem Duschgel.

Beruhigendes Hausbad

1 Tasse Kamillenblüten
1 Tasse Lindenblüten
1 Tasse Melissenblätter
3 Tropfen Baldrianöl
1 EL Sonnenblumenöl

Mischen Sie jeweils eine Tasse Kamillenblüten, Lindenblüten und Melissenblätter. Kochen Sie die Kräuter auf und lassen Sie sie zehn Minuten ziehen, bevor Sie den Sud durch ein Sieb in das Badewasser schütten. Wenn Sie Baldrian mögen, mischen Sie drei Tropfen Baldrianöl mit einem Esslöffel Sonnenblumenöl und fügen es dem Badewasser zu.

Anti-Stress-Bad

Bereiten Sie eine Schale mit Grüntee zu und lassen Sie diesen abkühlen. Vermischen Sie alle Zutaten mit dem Weizenkeimöl und geben Sie sie unter den heißen Wasserstrahl, bevor die Badewanne voll ist. Das Bad selbst wirkt belebend und hilft auch bei nervösem Herzklopfen. Ylang-Ylang wird eine aphrodisierende Wirkung nachgesagt, außerdem wirkt es entspannend. Muskatellersalbei bringt Sie auf andere Gedanken. Tauchen Sie Wattepads in den Grüntee und drücken Sie sie leicht aus. Wenn Sie diese kühlenden Augenkompressen während des Bades auflegen, können Sie sich noch besser entspannen.

Grüntee
2 Tropfen Ylang-Ylang-Öl
2 Tropfen Neroli- oder
Petit-Grain-Öl
2 Tropfen Muskatellersalbeiöl oder
2 Tropfen Oliban-Öl
2 Tropfen Zitronenöl
1 EL Weizenkeimöl

Beruhigendes Bad bei juckender Haut

Dieses Bad besteht aus zwei Teilen. Zuerst baden Sie und dann machen Sie noch einen Guss. Lassen Sie heißes Wasser in die Badewanne laufen. Geben Sie nun 50 g Stiefmütterchenkraut in einen Topf und übergießen Sie es mit heißem Wasser. Dieser Aufguss soll 10 bis 15 Minuten ziehen. Inzwischen ist das Badewasser beinahe fertig und Sie geben nun vier Esslöffel Nori-Meeresalgenpulver hinein. Das Wasser sollte höchstens 38 °C warm sein. Verteilen Sie das Pulver gut im Bad und baden Sie 15 Minuten lang. Nach dem Bad übergießen Sie sich mit dem Stiefmütterchenaufguss. Er wirkt beruhigend für die Haut. Verwenden Sie keine Seife und kein Parfüm und tupfen Sie Ihre Haut nach dem Bad nur sanft trocken.

50 g Stiefmütterchenkraut
4 EL Nori-Algenpulver

Haferbad mit Rosenöl

Geben Sie die Haferflocken in ein Mullviereck von der Größe zehn mal zehn Zentimeter und nähen Sie dieses zu. Beim Einlaufen des Wassers sollte das Säckchen in der Wanne liegen. Sobald das Wasser eingelaufen ist, kommt das Rösenöl hinein. Massieren Sie während des Bads in entspannter Haltung mit dem Säckchen den Körper. Um die Wirkung des Bads innerlich noch zu verstärken, bereiten Sie sich Rosentee. Geben Sie die Rosenblätter, das Zitronengras und die Lavendelblüten in eine Teekanne. Gießen Sie kochendes Wasser auf und lassen Sie die Mischung etwa 15 Minuten ziehen. Eine Scheibe frische Zitrone und ein wenig Honig runden den Geschmack fein ab. Dreimal täglich sollten Sie eine Tasse von diesem Tee entweder kalt oder warm zu sich nehmen.

4 TL Hafer-Schmelzflocken
1 Mullviereck
4 Tropfen reines Rosenöl

15 g nicht gespritzte Rosenblätter
5 g trockenes oder
10 g frisches Zitronengras
5 g getrocknete Lavendelblüten
600 ml kochendes stilles Wasser
1 Scheibe Zitrone
Honig

Balsam für die Seele

Luxus ist ein nicht ungefährlicher Begriff, weil er Überflüssiges meint, das man sich in Zeiten großer Sparsamkeit vorenthalten zu müssen glaubt. Doch wenn man bescheiden lebt, muss man sich dann und wann auch Luxus erlauben: etwas Besonderes, das den Alltag vergoldet und neue Kraft gibt. Und so sind diese »Luxusbäder« Höhepunkt des Lebens, ein bewusster Genuss.

Bäder für den Luxus

Ein Bad für die innere Harmonie

2 Tropfen Geranienöl
1 Tropfen Mandarinenöl
1 Tropfen Majoranöl
2 EL Mandel- oder Weizenkeimöl

Mischen Sie die ätherischen Öle (Geranien-, Mandarinen- und Majoranöl) mit wahlweise zwei Esslöffeln Mandelöl oder Weizenkeimöl und geben Sie diese Mischung – bevor die Badewanne vollgelaufen ist – unter dem Wasserstrahl zu. Das Geranienöl wirkt entzündungshemmend und hilft auch gut bei Verletzungen.

Intensives Entspannungsbad

1 Tropfen Neroliöl
2 Tropfen Bitterorangenöl
Vitaromatherapie®

Mischen Sie Neroli- und Bitterorangenöl mit der Friktion Vitaromatherapie® (darin sind Neroli-, Lavendel-, Majoran-, Rosenholz- und Lemongrasöl enthalten). Das Bad wirkt gegen leichte Depressionen und Krämpfe und ist weiterhin emotional kräftigend.

Nerolibad

3 Tropfen Neroliöl
2 Tropfen Lavendelöl
2 EL Weizenkeimöl

Ein Nerolibad ist sehr geeignet für Menschen mit trockener Haut, da es völlig reizlos ist. Das Neroliöl wird aus den Blüten der Pomeranze gewonnen und hat vielfältige Eigenschaften. Es wirkt beruhigend, Harn treibend, Blutzucker senkend und es hilft gegen hartnäckigen Husten und bei Hautproblemen aller Art. Mischen Sie die ätherischen Öle (Neroli und Lavendel) mit dem Weizenkeimöl und geben Sie diese Mixtur in die Wanne, kurz bevor sie gefüllt ist. Träumen Sie schön …

Rosenharmonie

Ein Rosenbad soll in völliger Harmonie stattfinden. Erfreuen Sie Ihr Auge mit einem schönen Rosenstrauß in Ihrer Lieblingsfarbe. Nehmen Sie ein oder zwei Rosenblüten und lassen Sie die Blätter zerpflückt auf dem Badewasser schwimmen. Eine Rosenduftkerze verbreitet sinnliches Aroma. Geben Sie noch fünf Tropfen Rosenöl in das Wasser und genießen Sie bei einer schönen Musik den wunderbaren Duft. Wem das Fest rund um die Rose zu lieblich ist, kann mit schweren, würzigen, harzigen Düften und einer großen Palme eine herbere Atmosphäre schaffen.

1 Strauß Rosen
1 Rosenduftkerze
5 Tropfen Rosenöl

Römisches Milchbad

Baden in Milch war bereits im Altertum ein bewährtes Schönheitsmittel. Mischen Sie die Vollmilch mit dem Weizenkeimöl und geben Sie diese Mixtur in das auf 37 °C temperierte Wasser. Verwenden Sie während des Bades keine Seife, denn diese würde den erwünschten Effekt zerstören. Baden Sie etwa 20 Minuten lang und duschen Sie sich anschließend ab.

1 l frische Vollmilch
1 EL Weizenkeimöl

Tropisches Blütenbad

Mischen Sie die ätherischen Öle gut mit einem neutralen Speiseöl und geben Sie alles unter den Wasserstrahl, kurz bevor die Badewanne voll ist. Die ätherischen Öle haben wunderbare Anti-Stress-Eigenschaften, dürfen jedoch nie überdosiert werden, da sie sonst zu Migräne führen können. Atmen Sie tief durch und entspannen Sie sich.

5 ml neutrales Speiseöl
4 Tropfen Ylang-Ylang
1 Tropfen reines Rosenöl
oder 2 Tropfen Geranienöl
2 Tropfen reines Orangenöl
2 Tropfen reines Sandelholzöl

Romantisches Rosenbad

Das Rosenöl ist mit etwa 400 Bestandteilen eines der wertvollsten Öle. Rosenöl ist in 95 % aller Parfüms für Damen und 40 % aller Duftwässer für Herren eingearbeitet. Rosenöl mischt sich ausgezeichnet mit anderen ätherischen Ölen, etwa Jasmin-, Ylang-Ylang-, Neroli-, Bergamotte- und Lavendelöl, jedoch auch mit herben, holzigen und harzigen Düften wie Weihrauch oder Muskatellersalbei. Für dieses Wohlfühlbad par excellence mischen Sie fünf Tropfen Rosenöl mit zwei Tropfen Bergamotteöl und jeweils einem Tropfen Zitronen- und Korianderöl.

5 Tropfen reines Rosenöl
2 Tropfen Bergamotteöl
1 Tropfen Zitronenöl
1 Tropfen Korianderöl

Ein Bad gegen die Sonne

Auf den ersten Blick scheint man im Sommer auf die Badewanne verzichten zu können, denn das Wetter lockt hinaus zu Freibädern und Badeseen. Das Schwimmen ist freilich ein anderes gesundes Vergnügen und konkurriert mit den Genüssen der heimischen Badewanne in keiner Weise. Gerade an heißen Tagen ist ein kühlendes, duftendes Vollbad ein wahrer Segen. Wenn man einen Sonnenbrand hat, lassen sich mit einem kühlen Kamillenbad die Beschwerden rasch lindern.

Sommerbäder

Bad an einem heissen Sommerabend

1 Tasse Lavendelblüten
1–3 Tropfen Pfefferminzöl
5 Tropfen Immortellenöl
1–2 EL Olivenöl
2 EL Sahne
oder 1 l frische Vollmilch

Wenn Ihnen nach einem anstrengenden heißen Sommertag nach einem kühlenden Bad zumute ist, so kochen Sie eine Tasse Lavendelblüten und schütten Sie den Sud durch ein Sieb ins Wasser. Rühren Sie ein bis drei Tropfen Pfefferminzöl und fünf Tropfen Immortellenöl in Olivenöl oder ein anderes Speiseöl ein und fügen Sie noch zwei Esslöffel Sahne hinzu. Wenn Sie unter fettiger Haut leiden, nehmen Sie statt der Sahne einfach frische Vollmilch. Pfefferminze kühlt und Immortelle wirkt heilend bei Sonnenbrand.

Bad für empfindliche Haut

1 Tasse getrocknete Kamillenblüten
1 Tasse süße Sahne

Wenn Sie mit den industriell hergestellen Badezusätzen nicht klarkommen und auch sonst beinahe alles zu scharf ist für Ihre empfindliche Haut, dann sollten Sie es einmal mit diesem Badezusatz versuchen. Vermischen Sie eine Tasse Kamillenblüten mit einer Tasse warmer Sahne. Lassen Sie die Kamille etwas ziehen und schütten Sie dann alles durch ein Sieb in das angenehm temperierte Badewasser. Drücken Sie die Kamillenblüten ruhig etwas aus. Baden Sie nicht länger als 15 Minuten und tupfen Sie sich danach vorsichtig trocken. Wenn Sie nun noch etwas Jojobaöl in die Haut einmassieren, wird sie sich sehr wohl fühlen.

Nelkenbad

Wenn im Garten die Nelken blühen, ist es Zeit für dieses Bad. Mischen Sie in einen Esslöffel Weizenkeimöl zwei Tropfen Nelkenblütenöl und sechs Tropfen Geraniumöl. Geben Sie dies nun in das Badewasser und streuen Sie einige Nelkenblüten obendrauf. Das sieht schön aus und Sie werden nach dem Bad gut gelaunt sein.

1 EL Weizenkeimöl
2 Tropfen Nelkenblütenöl
6 Tropfen Geraniumöl
Nelkenblüten

After-Shopping-Bad

Wenn Sie nach einem heißen Tag in der Großstadt das dringende Bedürfnis nach Erfrischung haben, dann sollten Sie es mit diesem Bad versuchen. Mischen Sie die Seifenflocken mit den ätherischen Ölen und schütten Sie alles in die Wanne, in die bereits das Wasser einläuft. Baden Sie nicht zu heiß, denn sonst sind Sie nicht erfrischt, sondern nur noch mehr erschöpft. Am besten duschen Sie nach dem Bad kurz kalt ab, damit die Gefäße sich wieder zusammenziehen. Vor allem Ihre Füße werden es Ihnen danken.

1 Tasse Seifenflocken
6 Tropfen Zitronenöl
2 Tropfen Salbeiöl
2 Tropfen Zypressenöl
2 Tropfen Pfefferminzöl

Zitronenbad

Wenn Sie für Ihre Cocktails nur eine Zitrone brauchen, verwenden Sie die übrigen am besten für ein hautpflegendes Bad. Pressen Sie vier Zitronen aus und schneiden Sie weitere zwei Zitronen in dünne Scheiben. Legen Sie die Zitronenscheiben ein paar Stunden in kaltes Wasser. Schütten Sie den Zitronensaft in das lauwarme Badewasser und werfen Sie die Zitronenscheiben hinterher. Falls Ihnen Ihre Fußnägel etwas zu gelblich erscheinen, können Sie sie jetzt mit den Zitronenscheiben abreiben.

Saft von 4 Zitronen
2 ganze Zitronen in Scheiben

Sommerliches Peelingbad

Mischen Sie eine Tasse Kochsalz mit sechs Esslöffeln Olivenöl, bis ein dünner Brei entsteht. Stellen Sie sich nun in die Badewanne, lassen Sie lauwarmes Wasser einlaufen und reiben Sie sich mit dem Brei kräftig ab. Durch dieses sanfte Peeling werden überschüssige Hautschuppen entfernt, die Haut wird wunderbar glatt und weich und zugleich durch das Olivenöl sehr schön rückgefettet. Wenn Sie am ganzen Körper eingerieben sind, lassen Sie sich in die Wanne gleiten und wischen alles mit Ihren Händen ab.

1 Tasse Kochsalz
6 EL Olivenöl

Baden gegen die Kälte

Wenn es kalt und stürmisch ist, denkt man gerne an ein Bad zu Hause. Schon morgens beim Aufstehen im kühlen Schlafzimmer erwärmt allein schon der Gedanke an ein heißes Bad, das die Lebensgeister wecken wird. Und erst recht wenn man durchgefroren nach Hause kommt, lockt ein verführerisches Vollbad oder eine aufheizende Dusche.

Winterbäder

Sizilianisches Kräuterbad

1 Tasse Lavendelblüten
4 EL getrocknete Orangenschalen
5 EL Pfefferminzblätter
5 EL Salbeiblätter
5 EL Thymian
5 EL Rosmarin
1 TL Nelken

Mischen Sie alle Kräuter. Geben Sie die Kräuter in einen Topf und übergießen Sie alles mit kaltem Wasser. Lassen Sie die Mischung einmal aufkochen und dann noch zehn Minuten ziehen. Schütten Sie den Sud dann durch ein Sieb in das heiße Badewasser. (Diese Menge reicht für zwei bis drei Vollbäder. Was Sie jetzt nicht brauchen, können Sie in einem Schraubdeckelglas an einem dunklen Ort aufbewahren.) Dieses Bad wird Ihre Stimmung aufhellen. Nelken und Pfefferminze wirken gegen Muskelverspannungen und Stress. Rosmarin regt an. Salbei, Thymian und Lavendel stärken die Abwehrkräfte.

Weihnachtsbad

Nadeln von verschiedenen Nadelbäumen
5 Tropfen Fichtennadelöl
2 EL neutrales Speiseöl

Das richtige Bad im Winter. Sammeln Sie kleine Zweige von Nadelbäumen wie Tannen, Fichten oder Kiefern. Zupfen Sie die Nadeln ab und bewahren Sie sie in einem luftdichten Behältnis auf. (Damit können Sie Ihr Weihnachtsbad – je nach Menge der gesammelten Nadeln – mehrmals wiederholen.) Vor dem Bad müssen Sie eine Hand voll Nadeln aufkochen und den Sud dann mit in neutralem Speiseöl verrührtem Fichtelnadelöl mischen und in das einlaufende Wasser geben. Dieses Bad wirkt antiseptisch, tonisierend und anregend auf die Atemwege. Es hilft sowohl bei Erkältung als auch bei Stress, Nervosität und Erschöpfung.

Winterbad gegen Erkältung

Die kalte Jahreszeit ist auch die Zeit der lästigen Erkältungskrankheiten. Gönnen Sie sich regelmäßig dieses einfache, aber wirkungsvolle Bad, das Sie gegen Erkältungsattacken feit. Mischen Sie zwei Tropfen Pfefferöl, zwei Tropfen Wacholderöl und vier Tropfen Lavendelöl in Milchpulver und geben Sie diese duftende Essenz in den heißen Wasserstrahl. Nach dem Bad – Sie sollten nicht länger als 10 bis 15 Minuten in der Wanne bleiben – trocknen Sie sich rasch ab und legen sich ins Bett.

2 Tropfen Pfefferöl
2 Tropfen Wacholderöl
4 Tropfen Lavendelöl
Milchpulver als Lösungsmittel

Fichtennadelbad

Fichtennadelöl wirkt günstig bei Infekten der Atemwege, es hilft, den Schleim in der Lunge zu lösen und zu verflüssigen. Ebenfalls schreibt man diesem Öl eine antiseptische Wirkung für Blase und Nieren zu. Seien Sie aber vorsichtig und dosieren Sie das Fichtennadelöl nicht zu hoch, denn man läuft sonst Gefahr, die Nieren zu reizen. Wer Probleme mit Allergien hat, sollte ebenfalls Vorsicht walten lassen. Auf drei Esslöffel Mandelöl kommen fünf Tropfen Fichtennadelöl, ein Tropfen Orangenöl, ein Tropfen Zimtrindenöl und ein Tropfen Kardamomöl.

3 EL Mandelöl
5 Tropfen Fichtennadelöl
1 Tropfen Orangenöl
1 Tropfen Zimtrindenöl
1 Tropfen Kardamomöl

Asiatisches Wunderbad

Knoblauch ist ein Universalheilmittel und kann nicht nur gegessen werden, sondern ist auch ein wunderbarer Badezusatz. Hacken Sie den Knoblauch in nicht zu kleine Stücke und geben Sie ihn in das heiße Badewasser. Sie können den Knoblauch auch in einem Waschhandschuh einschließen. Das Bad mildert Hautirritationen und lässt Sie anschließend gut schlafen.

3–8 Knoblauchzehen

Wohlriechendes Adventsbad

Schütten Sie den Saft einer gepressten Zitrone und einer gepressten Orange in das Badewasser. Wenn Sie ungespritzte Früchte bekommen, reiben Sie die Schalen ab und vermischen Sie sie mit jeweils einer halben Tasse voll geriebener Beinwellwurzeln und Kamillenblüten. Lassen Sie alles in einem Liter Wasser aufkochen und seihen Sie dies durch ein Sieb. Geben Sie vier Esslöffel Honig in das Wasser und träumen Sie vom nächsten Sommer.

1 (unbehandelte) Zitrone
1 (unbehandelte) Orange
$^1/_2$ Tasse Beinwellwurzeln
$^1/_2$ Tasse Kamillenblüten
4 EL Honig

Die Natur heilt

Dass Wasser heilt, ist ein uraltes Wissen der Medizin. Um mit Bädern bestimmten gesundheitlichen Störungen Herr zu werden, braucht es sicher den Rat eines erfahrenen Therapeuten. Aber kleinere Befindlichkeitsstörungen wie Kopfschmerzen, Erkältungen oder Schwächezustände kann man durchaus selbst mit entsprechenden Bädern zu beheben versuchen. Und selbst bei Krankheiten können richtig ausgewählte Vollbäder den Heilungsprozess sinnvoll unterstützen.

Gesundheitsbäder

Erkältungsbad

6 Tropfen Eukalyptusöl
oder 6 Tropfen Thymianöl
1 EL Sonnenblumenöl

Wenn Sie eine beginnende Erkältung haben oder die Erkältung bereits im Abklingen ist, kann ein Eukalyptus- oder Thymianbad für leichteres Atmen sorgen. Eukalyptusöl verbessert die Durchblutung und lockert die verspannte Muskulatur im Brustbereich. Thymian entkrampft die Bronchien und fördert den Auswurf. Mischen Sie das ätherische Öl mit dem Basisöl und geben Sie es in das heiße Badewasser.

2 TL Vaseline
4 Tropfen Rosenöl

Bei Heuschnupfen oder Entzündungen der Nase können Sie in einem sterilen Cremetopf (aus der Apotheke) einen Balsam anrühren: Vermischen Sie in zwei Teelöffeln Vaseline vier Tropfen Rosenöl. Bei Bedarf geben Sie mit einem Wattestäbchen eine kleine Menge davon in die Nasenöffnung.

Bad bei niedrigem Blutdruck

5 Tropfen Rosmarinöl
5 Tropfen Fichtennadelöl
2 EL Avocadoöl

Mischen Sie die ätherischen Öle von Rosmarin und Fichtennadeln mit dem Avocadoöl und geben Sie alles in das einlaufende lauwarme Wasser. Massieren Sie Ihre Beine mit einem Luffaschwamm in Richtung Herz. Am besten duschen Sie sich nach dem Bad kurz kalt ab und rubbeln sich dann mit einem rauen Frotteehandtuch gründlich ab. Dies wird Ihren Kreislauf mit Sicherheit anregen.

Regenerationsbad für das Bindegewebe

200–300 g Zinnkraut

Geben Sie 200 g Zinnkraut direkt in die Wanne. Baden Sie bei einer Temperatur, die Ihnen angenehm ist, aber nicht länger als 20 Minuten. Zinnkraut hilft bei schlecht heilenden offenen Stellen der Haut, Geschwüren oder auch Verbrennungen und regeneriert das Bindegewebe.

Beruhigungsbad für juckende Haut

1 Tasse Lavendelblüten
2 EL Jojobaöl

Kochen Sie eine Tasse Lavendelblüten kurz auf und geben den Sud in die gefüllte Wanne. Geben Sie das Jojobaöl ebenfalls in die Wanne. Sowohl Lavendel als auch Jojoba wirken auf die Haut beruhigend und wohltuend. Baden Sie nicht zu lange, damit die Haut nicht aufquillt.

Heublumenbad

2 Tassen Heublumen

In der Volksmedizin werden Heublumenbäder seit je bei Rheuma und Gicht angewandt. Solch ein Bad wirkt schmerzlindernd und es glättet schlaffe Haut. Geben Sie die Heublumen in das einlaufende Wasser und lassen Sie sie in der Wanne. Wenn es Sie in der Wanne stört, kochen Sie die Heublumen einfach kurz auf, lassen Sie die Brühe eine Viertelstunde ziehen und geben Sie dann den Sud durch ein Sieb in die Badewanne. Allergiker sollten mit diesem Bad vorsichtig sein.

Anti-Rheuma-Bad

180 g Gundelrebenkraut
2 l heißes Wasser

Bereiten Sie aus 180 g Gundelrebenkraut – auch Gundermann genannt – und zwei Litern Wasser einen Tee und fügen Sie ihn dem Badewasser zu. Zur Ergänzung trinken Sie täglich zwei Tassen Tee aus Gundelrebenkraut. Dieses Kraut wirkt adstringierend und heilend. Es regt den Stoffwechsel an und hilft bei Steinleiden.

Ziegenmilchpulver
3 Tropfen Lavendelöl
3 Tropfen Salbeiöl
2 Tropfen Majoranöl

Ins Badewasser kommt eine Mischung aus Ziegenmilch- oder Kalkalgenpulver (Lithothamnion calcareum) und den ätherischen Ölen von Lavendel, Salbei und Majoran. Zuerst badet man nur fünf Minuten lang, später steigert man die Verweilzeit in der Wanne vorsichtig jeweils um eine Minute bis höchstens zu einer Viertelstunde.

Thalassobäder

Meereskraft zu Hause

Die wertvollsten Bäder sind die mit Meeresalgen. Es gibt sie als Frischalgen und in Form von Pulver oder Flüssigextrakten. Algen bieten die ganze Palette der beim biologischen Altern fehlenden Mineralstoffe, Aminosäuren und Vitamine. Sie neutralisieren Säuren und Gifte über Wohlfühlbäder, Drinks und Kapseln im Körper und können nicht überdosiert werden und somit schädlich wirken. Nach ein bis zwei Kuren à 28 Tagen kommt es zur Entschlackung und zu einem Energieschub mit neuem Lebensglück.

Hautpflegebad

10 Tropfen Teebaumöl
2 EL Weizenkeimöl
jeweils 1 TL Algenpulver (Macroceptin)

Wenn Sie unter Hautunreinheiten leiden, kann dieses Bad helfen. Vermischen Sie zuerst zehn Tropfen ätherisches Teebaumöl mit zwei Esslöffeln Weizenkeimöl als Basis und geben Sie dann jeweils einen Teelöffel Algenpulver hinzu, am besten von der Alge Macrocystis pyrifera und der Norialge. Verrühren Sie alles gut und geben Sie die Mixtur in das warme Badewasser. Das Wasser sollte eine Temperatur von höchstens 38 °C haben.

Stärkung für die Knochen

Die Lithothamnion-Alge enthält viel Kalzium, Silizium, Magnesium, Kupfer, Zink und andere wichtige Mineralien. In tropischen Meeren bildet Sie die Korallenriffe.

100 g Lithothamnion-Algenpulver

Lassen Sie das Wasser in die Wanne und rühren Sie, je nach Wannengröße, ungefähr 100 g Lithothamnion-Algenpulver unter. Das Wasser sollte höchstens Körpertemperatur haben. Dieses Bad können Sie auf bis zu 30 Minuten ausdehnen. Bleiben Sie einfach so lange in der Wanne, wie Sie sich wohl fühlen.

Algenbad für straffe Haut

1–2 EL
Vital Meereskomplex W
je nach Größe der Badewanne und individuellem Wunsch

Zur Vorbereitung auf dieses köstliche Vollbad sollten Sie sich gründlich duschen und die Hautoberfläche reinigen, damit die Kraft des Meeres auch wirklich durch die Poren in den Organismus dringen kann. Verwenden Sie dazu am besten eine Massagebürste, die die Haut reizt und aufnahmebereit macht für den Badezusatz.

Der hochwertige Algen-Badezusatz *Vital Meereskomplex W* ist für dieses Bad sehr zu empfehlen. Er besteht aus Guérande-Meersalz, aus einem wohl abgestimmten Ensemble verschiedener Meeresalgen und den ätherischen Ölen von Wacholder und Lavendel. Nehmen Sie davon einen Esslöffel für ein Vollbad bei Körpertemperatur. Verzichten Sie beim Baden auf Seife. Nach dem Bad sollten Sie sich eine Ruhezeit von mindestens 30 Minuten gönnen.

Beruhigendes Sitzbad

5 Tropfen Bergamotteöl
1 g Meersalz
1 l lauwarmes Mineralwasser

Geben Sie in eine kleine Schüssel fünf Tropfen Bergamotteöl auf ein Gramm Meersalz und füllen Sie alles mit einem Liter lauwarmem Mineralwasser auf. Tauchen Sie eine Mullkompresse hinein und applizieren Sie diese zwischen den Beinen.

Aromabad Energie

Fertigmischung Aromaölbad Energie

Hier wirken Meeresalgen und ätherische Öle kongenial zusammen und schenken allgemeine Vitalisierung. Für ein Vollbad gießen Sie etwa eine Verschlusskappe des *Aromaölbades Energie* in das einlaufende Badewasser. Das Fertigbad enthält unter anderem Algenextrakt, Rosmarinöl, Kiefernöl und Eukalyptusöl. Die Wirkung ist erstaunlich: Der Zellstoffwechsel wird angeregt und der Organismus tonisiert. Besonders nach einer schweren Erkrankung oder körperlichem wie psychischem Stress lässt das Bad, regelmäßig angewandt, neues Leben erwachen.

Bad aus Frischalgen

Thalasso plus® Kurbad mit 91 % Frischalgen

Bei quälenden Rückenschmerzen, die oft die Folge von Reizüberflutung durch Überbeanspruchung des Nervensystems oder der Psyche sind, oder auf Haltungsschäden und Bewegungsmangel zurückgehen, hilft diese Bademischung aus dem Meer. Wenn man Meeresalgenbäder aus Frischalgen, intrazellulär gewonnenen Cytofiltraten®, zwei- bis dreimal wöchentlich konsequent anwendet, kann man damit einen unglaublichen Behandlungserfolg erzielen. Anschließend gönnen Sie sich eine Packung mit Meeresschlamm, Meeresschlick oder Meeressedimenten, gemischt mit getrocknetem Algenpulver oder Algenzellsaft. Dadurch wird die Wirkung intensiviert.

Salz-Blüten-Bad

500 g Meersalz
Blütenblätter von Lavendel, Rose, Jasmin

Man gibt 500 g Meersalz in ein Gefäß mit breiter Öffnung und fügt reichlich ungespritzte Blütenblätter wie etwa Lavendel, Rose und Jasmin hinzu und lässt diese duftende Mischung ungefähr 14 Tage auf der Fensterbank stehen. In dieser Zeit ziehen die Duftstoffe in das Meersalz ein.

Für ein Vollbad reicht eine halbe bis eine ganze Tasse voll Salz. Man sollte nicht länger als 15 Minuten baden. Diese Beschränkung gilt für alle Bäder mit Meersalz, da Salz den Körper sehr anstrengt.

Ein einfaches Salzbad

ungebleichtes Meersalz
Lebensmittelfarben in Blau, Grün, Gelb, Orange und Rot

Man verwendet ungebleichtes Meersalz, das man mit Lebensmittelfarben – zwei bis drei Tropfen davon reichen aus – einfärbt und in transparenten Gläsern aufhebt. Diese Gläser kann man ruhig im Badezimmer sichtbar aufstellen, denn auch das Auge badet mit.

Für ein normales Vollbad genügt eine Tasse Salz. Bei trockener Haut empfiehlt es sich, fünf Tropfen Rosenholz- oder Sandelholzöl dem Badewasser zuzugeben.

Algenbad im Leinensäckchen

Fertig gefüllte Algensäckchen von Thalasso plus mit gemahlenen Algen Fucus versiculosus, Ascophylum nodosum und Laminaria digitata

Eine besonders einfache, jedoch elegante Form ist dieses Algenbad aus drei Algensorten im Leinensäckchen. Man kann diese Säckchen selber nähen und mit gemahlenen Algen füllen, es gibt sie aber auch zu kaufen. Die remineralisierenden, entschlackenden und stoffwechselaktiven Algen Fucus versiculosus, Ascophylum nodosum und Laminaria digitata geben in gemahlenem Zustand ihre Wirkstoffe ins Badewasser ab. Mit den aufgequollenen Säckchen kann man sich zudem während des Badens gut massieren.

Lassen Sie die Säckchen in einem Topf mit warmem Wasser aufquellen und legen Sie sie dann 30 bis 45 Minuten auf die Schultern. Sie können sich damit auch selbst eine Rückenpackung machen, indem Sie auf eine Liege eine schützende Plastikfolie decken und darauf die Säckchen platzieren und sich schließlich auf diese legen. Zusätzlich können Sie die Säckchen mit einem Heizkissen unter der Plastikfolie vorwärmen. Wenn Sie sich darauf legen, müssen Sie das Heizkissen vorher aber abschalten! Die Säckchen müssen Sie nicht wegwerfen; bewahren Sie sie, mit einer Folie umhüllt, im Gemüsefach des Kühlschrankes auf. Sie können sie am nächsten Tag beim Duschen nochmals verwenden.

Salzbad aus dem Toten Meer

Salz vom Toten Meer

Salz vom Toten Meer kann man höher dosieren als übliches Meersalz, da es völlig anders zusammengesetzt ist. Es enthält nur einen geringen Anteil an Natriumchlorid, jedoch eine hohe Mineralstoffkonzentration von beispielsweise Magnesium, Brom, Natrium, Kalium, Chlor und Kalzium. Beachten Sie bitte die Dosierungsangaben des jeweiligen Herstellers.

Wenn die Seele weint ...

Kein Mensch kann immer frohgemut und heiter sein. Immer wieder passieren Dinge, die unsere seelische Balance durcheinander bringen. Freilich wird der eine damit leichter und schneller fertig als der andere. Alkohol oder Medikamente, schlimmer noch Drogen, helfen nur scheinbar, stürzen aber nur tiefer in die psychische Kümmernis. Die Heilmittel der Natur sind harmlos, jedoch äußerst wirksam.

Think Positive

Bad gegen leichte Depression

5 Tropfen Neroliöl
5 Tropfen Orangenöl
1 EL weißes Algenpulver
1 EL Milchpulver für Kinder

Mischen Sie die ätherischen Öle Neroli und Orange in weißem Algenpulver und geben Sie diese Mischung in die gefüllte Badewanne. Das Wasser sollte angenehm temperiert sein.

Dieses Bad hilft bei nervösen Hautrötungen und Herzklopfen. Neroli- und Orangenöl wirken stimmungsaufhellend. Sie werden danach bestimmt gut schlafen. Wenn Kinder baden, verzichten Sie auf Algenpulver und ersetzen Sie es durch Milchpulver. Sie sollten dann auch nur jeweils fünf Tropfen der ätherischen Öle verwenden.

Bad Herbes de Provence

1 Tasse Kräuter der Provence

Wenn Sie von Ihrem letzten Frankreichurlaub noch ein Tütchen mit Kräutern der Provence übrig haben, so können Sie sich nun ein aromatisch duftendes Bad bereiten.

Geben Sie die Kräuter in einen Waschhandschuh und hängen Sie ihn unter das einlaufende Wasser. Reiben Sie sich dann in der Wanne mit dem Kräuterhandschuh ab. Fangen Sie bei den Füßen an. Streichen Sie aber immer in Richtung Herz. Eine kalte Dusche am Schluss ist der krönende Abschluss.

Mittelmeerbad

Mischen Sie das verdünnte Lavendelöl mit vier Tropfen ätherischem Öl von Vetiver und einem Tropfen ätherischen Öl von Lavendel und geben Sie alles unter den heißen Wasserstrahl, kurz bevor das Bad fertig eingelaufen ist. Lavendel riecht nicht nur gut, sondern hilft auch bei Sonnenbrand und gegen Schlafstörungen.

2,5 ml mit Trägeröl verdünntes Lavendelöl
4 Tropfen Vetiveröl
1 Tropfen Lavendelöl

Harmoniebad

Perfekt zur Entspannung ist dieses Vollbad. Vermischen Sie die ätherischen Öle mit dem Mandelöl und geben Sie alles unter das einfließende Wasser, kurz bevor die Wanne voll ist.

Das Geranienöl wirkt gegen Entzündungen und Verletzungen. Seine entspannende Wirkung kommt besonders bei prämenstruellem Syndrom, Angstzuständen und nervösen Spannungen zum Tragen. Weihrauch wirkt besänftigend für das Gemüt und Majoran harmonisierend und seelisch entkrampfend.

1 Tropfen Geranienöl
1 Tropfen Mandarinenöl
1 Tropfen Majoranöl
1 Tropfen Weihrauchöl
2 EL Mandelöl oder Weizenkeimöl

Cistrosen-Bad für die wunde Seele

Das Öl der Cistrose wird in der Lebensmittelindustrie als Aromastoff für Süßwaren, Softdrinks und Eis eingesetzt und in der Parfümherstellung als Fixiermittel verwendet. Unsere Vorfahren gebrauchten die Essenz des am Mittelmeer beheimateten Strauchs gegen eitrige Geschwüre und schlecht heilende Wunden. Auch heute noch wird das Öl bei Ekzemen und Schuppenflechte, zum Schleimlösen, Blutstillen und als natürliches Antibiotikum eingesetzt. Menschen, die sich innerlich wie zerstört fühlen, die unbewältigte Erlebnisse mit sich herumtragen und innerlich bis hin zur Gefühlskälte verkrampft sind, profitieren von der innerlich wärmenden Essenz. Zudem entgiftet sie zusammen mit Orangenöl den gesamten Organismus ähnlich wie die Lymphdränage bei einer zarten Massage.

Geben Sie in das wohltemperierte Badewasser acht Tropfen Cistrosen- und fünf Tropfen Orangenöl, eventuell noch zwei Tropfen Lavendelöl und baden Sie etwa eine Viertelstunde lang.

8 Tropfen Cistrosenöl
5 Tropfen Orangenöl
2 Tropfen Lavendelöl

Oft wünschen wir uns genau das, was einfach unmöglich ist: einen Body wie Claudia Schiffer, ein Dekolleté wie Marilyn Monroe, eine Nase wie Cleopatra ... Warum sind wir bloss so kritisch, wenn es um den eigenen Körper geht? Vermutlich, weil wir ihn so gut kennen und deshalb den kleinen Schönheitsfehlern so viel Raum einräumen. Tatort solcher Selbstkritik ist immer wieder das Badezimmer. Dort kann man sich in aller Ruhe und von unten bis oben kritisch inspizieren. Und dann beginnen die Gegenmassnahmen. Schönheit, Körperpflege und Entspannung gehen dabei Hand in Hand. Die Lust und das Vergnügen, sich selbst etwas Gutes zu tun, schmeicheln auch der Seele. Es geht beim Verwöhnprogramm rund um das Bad also nicht nur um Haut und Haare, sondern auch um Selbstbewusstsein und Ausstrahlung.

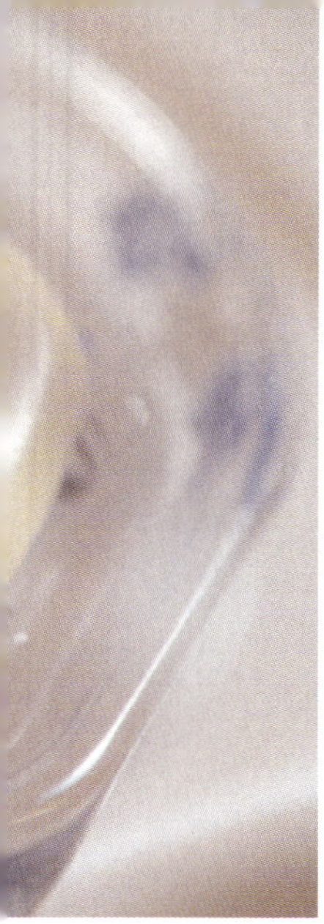

DAS RUNDUM-VERWÖHN-PROGRAMM

Die Haut – viel mehr als blosse Hülle

Es gibt immer noch Menschen, für die ist die Haut nur eine Hülle, die den Körper vor Umwelteinflüssen schützt. Doch die Haut ist wesentlich mehr: zuerst einmal das größte Sinnesorgan des Menschen. Die Haut ist Wahrnehmungsorgan für Temperaturen. Wie eine Klimaanlage schützt uns die Haut vor Überhitzung, indem sie Schweiß absondert, ebenso wie gegen Unterkühlung, indem die Blutgefäße bei Kälte verengt werden. An der Hautoberfläche enden die Schmerznerven, die jedoch auf direkte Reize nicht ansprechen. Die Haut ist aber auch ein wichtiges Speicher- und Ausscheidungsorgan; über sie laufen viele Stoffwechselvorgänge ab. Stoffwechselschlacken werden nicht nur über Darm und Harnwege ausgeschieden, sondern gleichermaßen durch die zahlreichen Poren der Haut.

Unsere Haut besteht aus drei Schichten: der Oberhaut (Epidermis) mit Horn- und Keimschicht, der Lederhaut (Korium) aus Bindegewebe und der fettreichen Unterhaut (Subkutis).

Die Haut, so wird deutlich, hat sehr viele, unterschiedliche Aufgaben. Sie ist ein robustes, aber auch gleichermaßen empfindsames Organ. Nicht umsonst wird sie auch als Spiegelbild der Seele bezeichnet. So vehement sie das Körperinnere vor äußeren Einflüssen schützt, so sensibel reagiert sie auf seelische Belastungen und Probleme. Dabei ist sie im Wesentlichen sichtbarer Indikator für innere Vorgänge. Die Haut zeigt, wenn im Körper etwas nicht stimmt. Aus der Fülle ihrer Aufgaben ergibt sich automatisch die Notwendigkeit, diese äußere Hülle besonders gut zu pflegen. Denn wenn sie nicht gut durchblutet ist und die Poren verstopft sind, können all die wichtigen Funktionen nicht reibungslos ablaufen. Um die optimale Pflege zu wählen, muss man zunächst einmal mehr über die Beschaffenheit der eigenen Haut wissen.

Eine makellose, glatte Haut wünscht sich jeder. Die wichtigsten Voraussetzungen dafür sind ausreichend Fett und Feuchtigkeit von innen. Daraus bildet die Haut ihren eigenen Schutzschild, die Hornhaut. Diese äußerste Hülle legt sich wie eine Plane über den Körper und sorgt so dafür, dass nicht zu viel Feuchtigkeit abgegeben wird.

Um optimal zu funktionieren, wird diese oberste Hautschicht ständig erneuert. In der Nacht, wenn der Mensch ruht, nutzt die Haut diese Ruhephase zur Erneuerung. Hautzellen werden gebildet und nehmen den Platz der alten ein. Es dauert etwa einen Monat, bis eine Hautzelle von der Neubildung im Innern bis zur äußersten Hautschicht gelangt. Auf diesem Weg werden die Zellen immer fester und stabiler – und sind sie außen angelangt, bestehen sie nur noch aus Horn.

Schlafen Sie sich schön! Wichtig ist, dass Sie das persönliche Schlafbedürfnis nicht ignorieren und zu wenig schlafen. Der wahre Schönheitsschlaf findet in den ersten Stunden nach dem Einschlafen statt, dann regeneriert sich die Haut.

Die Hornschicht bedeckt den ganzen Körper. An manchen Stellen ist sie nur hauchdünn, an anderen Körperteilen ziemlich dick. Regelrechte Hornschwielen findet man an den Fußsohlen. Täglich werden rund zwei Milliarden dieser Hornzellen abgestoßen und durch neue ersetzt. Nur so ist gewährleistet, dass genügend Feuchtigkeit in der Haut bleibt, damit sie dauerhaft schön und gesund aussieht.

Doch das Ideal gibt es nur selten, dafür aber existieren unzählige Möglichkeiten, das optimale Zusammenspiel der natürlichen Körpervorgänge zu stören. Von der genetischen Programmierung einmal abgesehen, beeinflussen auch äußere Umstände die Struktur der Haut. Belastung und Stress, der Einfluss der Sonnenstrahlung, zu viel, zu wenig oder falsche Pflege, Abgase, Zigarettenqualm und überheizte Räume – die Palette der schädigenden Einflüsse ist lang. Die ideale, gesunde Haut findet man in der Tat nur selten. Wenn, dann ist sie feinporig, glatt, rosig und glänzt wie Seide. Der Feuchtigkeitshaushalt und die Talgproduktion stehen in ausgewogenem Gleichgewicht.

Doch ideale Verhältnisse sind nicht die Regel, normal sind größere und kleinere Hautprobleme. Zwar unterteilt man heute nicht mehr so starr in unterschiedliche Hauttypen, doch ganz ohne Orientierung geht es auch nicht. Man muss einfach wissen, dass sich der Hauttyp eines Menschen im Laufe seines Lebens verändert. Und die Pflege muss auf diese Veränderungen abgestimmt sein.

Im Laufe des Alters wird die Haut automatisch trockener, also auch bei jenen, die ihr Leben lang eine eher fettige Haut hatten.

Welcher Hauttyp sind Sie?

Im Wesentlichen unterscheidet man vier Hauttypen: die trockene Haut, die fettige Haut und die empfindliche Haut. Der vierte Hauttyp ist ein Mix aus den drei vorher genannten – nämlich die Mischhaut. Mit einem einfachen Test können Sie herausfinden, zu welchem Hauttyp Sie gehören.

Reinigen Sie am Abend das Gesicht und cremen Sie es danach nicht ein. Am nächsten Morgen drücken Sie ein Zigarettenpapier auf den einen oder anderen Teil ihres Gesichts. Zeigt sich dann auf dem Papier ein sichtbarer Abdruck, haben Sie eine eher fettige Haut. Bleibt das Papier völlig sauber, kann man auf eine eher trockene Gesichtshaut schließen. Bei Mischhaut zeigt sich ein Abdruck unter Umständen an der Stirn, am Kinn oder im Nasenbereich. Bei normaler Haut lassen sich nur leichte Abdrücke von Stirn und Nase erkennen. Empfindliche Haut wird auch ohne Test durch Hautrötungen, Schüppchen und andere Irritationen offensichtlich. Am einfachsten und zuverlässigsten ist es natürlich, wenn Sie Ihren Hauttyp einmal von Ihrer Kosmetikerin feststellen lassen.

Trockene Haut braucht viel Pflege

Trockene Haut braucht aufmerksame Pflege. Sie ist feinporig, spannt oft und schuppt häufig. Dafür neigt sie zu Rötungen und ist ohne Glanz. Weil trockene Haut außerdem ziemlich dünn ist und weniger Feuchtigkeit speichern kann, zeigen sich die ersten Falten schon in jungen Jahren.

Heißes Wasser, Seife und Syndets entfetten die Haut zusätzlich, vor allem die Ober- und Unterschenkel sind davon betroffen. Wer unter trockener Haut leidet, sollte also nicht öfter als einmal pro Tag unter die Dusche und nicht zu häufig in die heiße Badewanne gehen. Wichtig ist es, die Haut nach Dusche oder Bad durch Öl, Cremes oder mit Algen-Centella-Körpermilch mit neuem Fett zu versorgen.

Trockene Haut kann man verstärkt in der kalten Jahreszeit beobachten. Sie entsteht meistens durch den Gegensatz zwischen den relativ niedrigen Außentemperaturen im Winter und der Luftfeuchtigkeit und Temperatur in den Räumen. Innen wird oft übertrieben geheizt, die Klimaanlage trocknet die Luft über Gebühr oder es wird nicht ausreichend gelüftet. Auch den

Einfluss der UV-Strahlung der Sonne im Freien darf man nicht unterschätzen, denn sie vermindert ebenfalls die Feuchtigkeit der Haut. Wenn Sie aber darauf achten, Ihre Wohnung regelmäßig zu lüften und moderat zu heizen, tun Sie bereits eine Menge für Ihre Haut. Die klimatisierte Luft in Arbeitsräumen kann man selbst leider nicht beeinflussen. Wenn Sie aber eine Klimaanlage im Auto haben, sollten Sie diese im Winter nicht benützen.

Alle Zellen des Körpers brauchen Wasser, mindestens eineinhalb Liter am Tag, besser sogar zwei Liter oder mehr. Für die Regulation des Wasserhaushalts sind die beiden Hormone Vasopressin und Aldosteron zuständig. Aldosteron kontrolliert den Natrium- und Kaliumstoffwechsel. Beide Mineralien sind unerlässlich, um Wasser im Körper richtig zu verteilen. Durch Regulation des osmotischen Drucks der Körperflüssigkeiten im Gewebe beeinflussen sie auch die Gewebespannung und den Zustand der Muskulatur. Um die Arbeit beider Hormone zu unterstützen, genügt es aber nicht, nur ausreichend zu trinken: Das Wasser muss auch fixiert werden.

Ab dem zwanzigsten Lebensjahr verliert der Körper immer mehr Wasser. Der Feuchtigkeitsverlust ist vor allem in Höhe der Oberhaut spürbar. Er ist verbunden mit einer Verminderung der Mineralsalze und Hautelektrolyten. Durch das Vorhandensein dieser Moleküle bewahrt die Haut ihre Feuchtig-

Es ist nicht einfach, das ideale Produkt für sich zu finden. Bevor Sie etwas Falsches kaufen, lassen Sie sich durch fachkundiges Personal beraten.

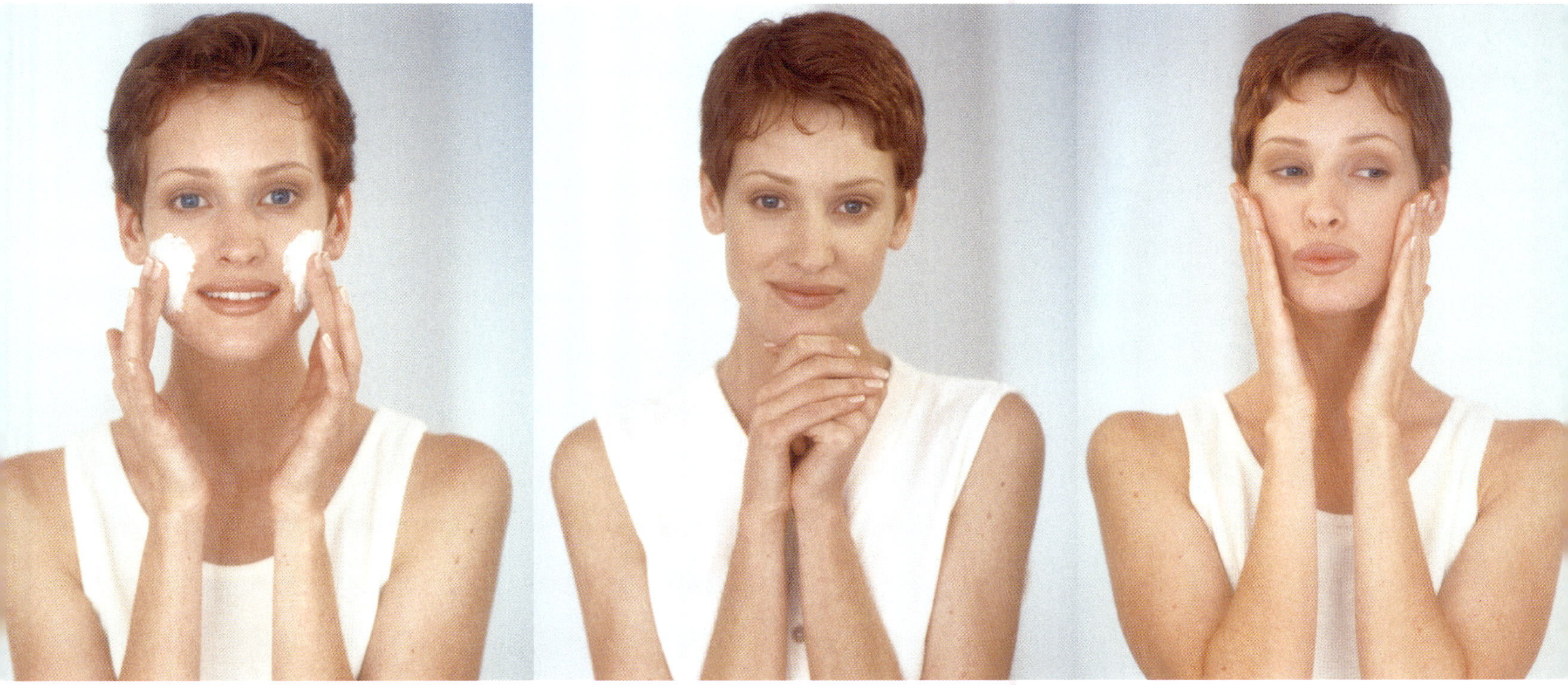

keit. Damit im Laufe der Jahre das Gewebe nun nicht verarmt, sollten Sie täglich natürliche Mineralsalze, Spurenelemente, Vitamine und Aminosäuren zusätzlich zu sich nehmen. So reicht es beispielsweise, täglich eine Kapsel Multibiane® und Oxybiane® gegen die Dehydrierung der Haut, die wiederum den Alterungsprozess beschleunigt, einzunehmen.

Vor allem im Frühling, nach einer längeren Zeit in trockener Heizungsluft, bedarf trockene Körperhaut sorgfältiger Pflege. Wenn sie sich spannt, schuppt oder rötet, sollte man eine Fettcreme bevorzugen. Die meisten Menschen mögen diese aber nicht, weil Fettcremes schlecht einziehen und zu lange glänzend auf der Haut bleiben. Für trockene Haut ist es aber fatal, wenn sie mit den leichten Feuchtigkeitscremes behandelt wird. Die Haut wird noch trockener als zuvor. Der Grund: Zu viel Feuchtigkeit lässt die Haut aufquellen, und sie fördert zusätzlich selbst Feuchtigkeit aus tieferliegenden Hautschichten, die dann nach außen abgegeben wird.

Zum Glück entwickelt sich auch die Pflegekosmetik immer weiter, und so gibt es heute Präparate, die sowohl reich an Fett sind (im Fachjargon »Wasser-in-Öl-Emulsionen«) als auch rasch einziehen (im Fachjargon »Öl-in-Wasser-Emulsionen«). Solche »überfetteten« Cremes hinterlassen keinen Glanz auf der Haut, pflegen aber trotzdem intensiv. Als hilfreich gelten Zusätze aus Borretsch- oder Traubenkernöl.

Trockene Haut lässt sich auch von innen kurieren: Kapseln mit Nachtkerzen-, Borretsch- oder Schwarze-Johannisbeeren-Öl enthalten spezielle Fettsäuren (Omega-6-Fettsäuren), die trockener Haut oft fehlen. Ein Erfolg zeigt sich allerdings erst langfristig, nach mehreren Wochen. Eine Alternative: Täglich ein Glas Karottensaft trinken und zusätzlich zwei Kapseln Weizen-

Unabhängig vom Hauttyp: Eine sorgfältige und regelmäßige Entfernung des Make-ups ist unerlässlich!

keimöl einnehmen. Es gibt auch Trinkampullen, die trockene Haut von innen durchfeuchten, beispielsweise mit Flüssigalgen. Geben Sie eine Ampulle auf eineinhalb Liter Wasser und trinken Sie diese Mischung über den Tag verteilt.

Fettige Haut ist robust und faltenfrei

Sie hat große Poren und neigt zu Mitessern. Die Haut glänzt, weil sie übermäßig viel Talg produziert, erscheint dicker, weil sie mehr Fett und Feuchtigkeit speichern kann. Das klingt alles weniger schön, doch einen großen Vorteil hat es: Fettige Haut ist robuster als beispielsweise trockene Haut und bildet nicht so schnell Falten.

Eine gründliche Reinigung ist für fettige Haut besonders wichtig. Zwar zeigt sie sich gegenüber Umwelteinflüssen robust, kann aber sensibel auf eigenen Talg und Schweiß reagieren. Das Wichtigste ist also eine gründliche Pflege, die entfettend wirkt. Dafür sind Syndets oder Reinigungsgels gut geeignet, auch wirkstoffgetränkte Pads entfernen überschüssiges Fett und Bakterien sorgfältig. Seife hingegen, vor allem wenn sie nicht gründlich abgespült wird, hinterlässt einen Film auf der Haut, der wiederum zu Pickeln führen kann. Regelmäßiges Peeling und Duschen tun der fettigen Haut gut.

Ist die Haut aber entzündet, so muss die Pflege über die Entfettung hinausgehen. Man muss die Hornschicht sorgfältig abschälen und die Poren so tief reinigen, dass der Talg abfließen kann. Mit einer Tiefenreinigungscreme werden die Poren gründlich gereinigt. Zum Öffnen der Poren tauchen Sie einen Waschhandschuh in heißes Wasser, legen ihn kurz auf und tragen die Creme sofort auf die vorher gut gereinigte Haut dick auf, massieren sie leicht ein und nehmen sie sorgfältig ab. Dann zuerst mit warmem Wasser abwaschen, danach kommt Nachreinigungslotion darauf. Jetzt verwenden Sie die am Tage übliche Pflegecreme. Nachts sollten Sie die Haut nach Möglichkeit atmen lassen, jedoch reichlich Lotion auftragen, damit das Wasserbindevermögen der Haut erhalten bleibt.

Bei starker Akne werden unter ärztlicher Kontrolle oft auch Antibiotika eingesetzt. Pusteln werden nicht selten auch mit Hormonen behandelt, was nicht risikofrei ist, da diese Therapie in die hormonelle Schaltzentrale des Gehirns eingreift. Bevor Sie zu solchen harten Waffen greifen, sollten Sie

Manchmal ist die Ursache für trockene Haut allerdings nicht ein Mangel an Fett, sondern es fehlt ein natürlicher Feuchtigkeitsbinder – der so genannte Harnstoff. Es gibt spezielle Cremes, die diese Substanz enthalten. Schon nach drei Tagen – so Experten – ist eine deutliche Verbesserung der Hautstruktur zu erkennen.

die Möglichkeiten von Naturprodukten auszuschöpfen versuchen. Oxybianekapseln mit Zink oder Zinkorotat (20 bis 30 mg pro Tag), Kürbiskernöl und Trinkampullen mit Algen-Cytofiltrat bringen oft gleichermaßen Heilung.

Übertriebene Hygiene kann aber auch fettiger Haut schaden, weil sie dann austrocknet und noch mehr eigenen Talg bildet, um den scheinbaren Verlust auszugleichen.

Doch auch fettige Haut braucht ab und zu eine Creme. Sie produziert zwar selbst ausreichend Fett, aber oft mangelt es ihr an Feuchtigkeit. Für die Pflege sind ölfreie Produkte am besten geeignet. Es gibt hochwirksame Algenprodukte, die das Hautbild in der Regel rasch verbessern.

Empfindliche Haut: Bloss nicht reizen!

Eine Haut, die schnell spannt und sich rötet, gilt als besonders sensibel. Ihr Eigenschutzsystem ist besonders anfällig und gerät schnell aus dem natürlichen Gleichgewicht. Nur eine besonders abgestimmte Pflege kann helfen, diese Balance wieder zu finden. Aber was bedeutet überhaupt empfindlich? Sensible Haut ist feinporig, dünn und trocken. Sie erscheint meist blass mit erweiterten Äderchen. Rund 70 Prozent aller Frauen behaupten, eine empfindliche Haut zu haben. Daher boomt natürlich das Geschäft mit der »sanften« Kosmetik. Tatsächlich ist es aber so, dass trockene Haut empfindlich ist und darüber hinaus auch Sensibilitäten gegenüber bestimmten Inhaltsstoffen bestehen.

Wer nun empfindliche Haut hat, braucht eine besonders reichhaltige Pflege, die dem Körper zusätzlich Fett und Feuchtigkeit zuführt. Wird sie gut durchfeuchtet, ist sie weich und geschmeidig, sodass eindringende Keime, Duftstoffe oder Bakterien keinen Schaden anrichten können.

Ganz wichtig ist es, empfindliche Haut nicht zu reizen. So können etwa Duftstoffe problematisch sein: Sind Cremes oder Badezusätze stark parfümiert, taugen sie selten für sensible Haut. Machen Sie den Schnuppertest: Was zu intensiv duftet, kann auch die Haut reizen. Auch Konservierungsstoffe können die Haut reizen: Was nämlich Keime in Pflegeprodukten abtötet (um diese möglichst lange haltbar zu machen), kann auch der Haut schaden. Informieren Sie sich deshalb über die Inhaltsstoffe der betreffenden

Allergisch? Testen Sie!
Bei allen natürlichen Schönheitsmitteln kann es zu allergischen Reaktionen kommen. Deshalb ist es besser, selbst hergestellte Pflegeprodukte vorab zu testen. Tragen Sie dazu die fertigen Zubereitungen – bevor Sie sie großflächig anwenden – in der Armbeuge auf und lassen Sie diese über Nacht einwirken. Wenn sich am nächsten Morgen keine Rötung und kein Juckreiz (oder eine andere Hautirritation) zeigt, können Sie das Rezept unbesorgt anwenden.

Pflegeprodukte und was diese bewirken können. Emulgatoren sind den Tensiden – also Reinigungsmitteln – verwandt und können die Haut trocken und rau machen. Achten Sie beim Kauf darauf. Unbedenklich dagegen sind die Emulgatoren Cephaline, Lecithine und Alginate. Ätherische Öle werden in Naturkosmetika häufig eingesetzt, haben aber den Nachteil, dass sie oft tief in die Haut eindringen und dadurch unerwünschte Reaktionen auslösen. Fruchtsäuren machen die Haut dünner – und damit auch empfindlicher. Man sollte sie nicht zu oft einsetzen.

Eine empfindliche Haut zu haben muss nicht gleichbedeutend mit einer allergischen Reaktion sein. Ein allergischer Typ zu sein bedeutet aber, dass die Haut oft empfindlich reagiert. Wer also eine sichere Pflege gefunden hat, die die Haut nicht reizt, sollte keine Experimente wagen.

Normale Haut – ein Glücksfall

Sie ist feinporig, glatt und rosig. Keine Fettstellen trüben das makellose Bild. Feuchtigkeitshaushalt und Talgproduktion sind im harmonischen Gleichgewicht. Solch ideale Verhältnisse findet man allerdings nur bei jungen Menschen. Mit zunehmendem Alter wird auch die normale Haut trockener und somit ergeben sich neue Probleme. Besondere Vorsicht muss man bei der Pflege normaler Haut nicht walten lassen, in jedem Fall aber sollte man dem natürlichen biologischen Alterungsprozess entgegenwirken.

Peeling macht die Haut frei

Die Haut erneuert sich etwa alle 28 Tage. Mit zunehmendem Alter verlangsamt sich dieser Prozess jedoch und so sammeln sich an der Hautoberfläche immer mehr abgestorbene Hautschüppchen, die die Haut rau und glanzlos wirken lassen. Diese Auflagerungen muss man sanft entfernen. Die Methode dazu heißt Peeling. Regelmäßiges Peeling unterstützt die Haut so in ihrem natürlichen Regenerationsprozess.

Zarte Peelings können und sollen nicht so tief wirken.

Es gibt unterschiedliche Peelingvariationen, die dem jeweiligen Hauttyp angepasst sein sollten. Grundsätzlich unterscheidet man zwischen Ge-

Biologische Peelings arbeiten mit Fermenten und Enzymen. Sie sind hochwirksam und sollten nur von Fachpersonal durchgeführt werden.

sichtspeeling und Körperpeeling. Während der ganze Körper am besten vor einem Bad behandelt wird, sollte man das viel empfindlichere Gesicht erst danach peelen.

Die einfachste Peelingmethode ist die mechanische Variante. Dabei befinden sich in der Lotion winzige Schleifteilchen, die in kreisenden Bewegungen auf der Hautoberfläche massiert werden. Die abgestorbenen Hautzellen werden dadurch gelöst. Dazu kann man fertige Produkte verwenden, deren Schleifpartikel beispielsweise aus Wachs sind. Ein einfaches und schnelles Körperpeeling ist eine Seife, die mit Algenpartikeln schonend schält.

Bürsten Sie Ihre Haut rein!

Die angefeuchtete Haut kann auch mit einer Körperbürste, einem Massageschwamm oder -handschuh gepeelt werden. Dabei wird der Körper mit kleinen, kreisenden Bewegungen bearbeitet und so die überflüssigen Hautschüppchen abgetragen. Bei empfindlicher Haut sollte man allerdings nur mit einem Handtuch oder einem sanften Schwamm arbeiten, um die Haut nicht zu reizen. Empfehlenswert ist das so genannte »indische Seidenpeeling«, wobei winzig kleine Seidenschlaufen auf einem Massagehandschuh die Haut behandeln.

Die gründlichste, aber zugleich auch anstrengendste Variante des Körperpeelings ist die trockene Bürstenmassage, die ausnahmsweise auf trockener Haut durchgeführt wird. Dabei werden nicht nur die überflüssigen Hautpartikel abgetragen, sondern gleichzeitig auch der Lymphfluss stimuliert. Trockenbürsten wirkt auf den Körper ebenso wie 20 Minuten Gymnastik oder eine Massage.

Man beginnt mit der Bürstenmassage immer an den Fußsohlen und massiert von dort aus die Beine entlang nach oben. Sie bearbeiten dabei die einzelnen Körperpartien mit großen streichenden Bewegungen. Nach den Beinen werden die Arme und der Oberkörper massiert. Die Massagerichtung zeigt immer zum Herzen hin.

Zum Schluss kommt der Bauch an die Reihe, der kreisförmig und im Uhrzeigersinn massiert wird. Danach geht es unter die warme Dusche, und nach dem Abtrocknen wird die Haut mit einer Feuchtigkeitsemulsion versorgt.

Das Gesicht – Visitenkarte des Menschen

Ein gepflegtes Gesicht ist die Visitenkarte eines Menschen. Wie kaum ein anderer Körperteil ist das Gesicht jedoch ständig Wind und Sonne ausgesetzt, muss Abgase und Umweltgifte ertragen. Aus diesem Grund braucht die Gesichtshaut ganz besondere Pflege, Reinigung und Schutz.

Nach einem entspannten Bad kann man sich der Schönheitspflege en detail widmen. Beispielsweise ist jetzt genau der richtige Zeitpunkt für eine intensive Gesichtspflege. Eine gründliche Reinigung ist dabei das A und O, wobei durch das vorangegangene Bad dafür die besten Voraussetzungen geschaffen sind: Die Haut ist gut durchblutet und angewärmt, also bereit, alle pflegenden Substanzen besonders gut aufzunehmen. Nun beginnt man mit dem Gesichtspeeling und wählt dann aus dem hochwertigen Angebot an hautgerechten Pflegeprodukten das passende aus.

Waschpaste für fettige Haut

Mischhaut und fettige Gesichtshaut brauchen eine andere Pflege. Hilfreich ist eine Waschpaste, die man mit Mandelkleie und Milch herstellen kann. Sie wird einmal pro Woche angewendet. Mischen Sie dazu 250 ml Vollmilch mit 1 Tasse Mandelkleie und 30 ml

Mandelöl. Diese Paste wird sofort auf das Gesicht – sparen Sie die Augen aber bitte aus! – aufgetragen. Mit kleinen, kreisenden Bewegungen wird die Paste einmassiert und dann mit warmem Wasser abgespült. Bei einer gründlichen Reinigung soll die Haut von Schmutzpartikeln und Kosmetikresten befreit werden, zugleich soll die Pflege schonend und mild sein.

Gesichtspeeling

Eine andere Möglichkeit der tiefen Reinigung ist das Gesichtspeeling. Je nach Hauttyp kann es bis zu dreimal pro Woche durchgeführt werden. Dabei gilt: Je empfindlicher und trockener die Haut, desto seltener und schonender müssen Sie vorgehen.

Verteilen Sie einen erbsengroßen Klecks Peelinggel oder -creme im angefeuchteten Gesicht und massieren Sie das Gel oder die Creme mit kleinen, kreisenden Bewegungen ein. Besonders die Gesichtspartien mit großen Poren und den meisten Talgdrüsen – an der Stirn, dem Kinn und auf der Nase – werden damit behandelt.

Für die Pflege: Cremes, Packungen und Masken

Tupfen Sie Ihr Gesicht mit einem weichen Tuch trocken und verwöhnen Sie es mit einer sanften Creme oder Lotion. Natürliche Substanzen sind besonders gut dazu geeignet, die Haut mit Feuchtigkeit und Nährstoffen zu versorgen. Fertige Cremes lassen sich auch durch die Zugabe von Nahrungsmitteln veredeln. Mischen Sie beispielsweise einen großen Esslöffel Ihrer Nährcreme – möglichst auf Naturbasis – mit der gleichen Menge Joghurt, Quark, Zitronensaft oder Honig. Wählen Sie die Zutaten entsprechend dem Hauttyp.

Für fettige Haut eignet sich eine Mischung aus Ausgleichscreme und Joghurt. Für trockene Haut bietet sich eine Bananen-Variation an: dazu ein Viertel einer reifen Frucht zerdrücken und mit einem Teelöffel Nährcreme verrühren. Geben Sie dann noch je einen Teelöffel Olivenöl und einen Spritzer Zitrone hinzu. Empfindliche Haut kann durch eine Avocado-Schaumcreme gepflegt werden: dazu ein Ei trennen und das Eiweiß zu einem steifen Schnee schlagen. Die Eigelb mit 30 ml Avocadoöl verrühren, dann eine Prise Salz und jeweils einen Teelöffel Zitronensaft und Apfelessig zugeben. Vorsichtig unter den Eischnee heben. Kühl in sauberen Tiegeln lagern.

Packungen und Masken richtig auftragen!

- Vor jeder Maskenbehandlung muss das Gesicht gründlich gereinigt werden. Das macht die Haut aufnahmefähiger. Noch besser ist es, wenn die Gesichtshaut zuvor mit warmen Kompressen angewärmt wurde.
- Cremes und Pasten werden mit einem weichen Spachtel oder breiten Pinsel aufgetragen, jedoch niemals auf die Augen, den Mund und den Hals. Diese empfindsamen Regionen bekommen eine spezielle Behandlung: So kann man zur Entspannung feuchtwarme Kamillenteebeutel auf die geschlossenen Augen legen und die Lippen mit Lippenpomade eincremen. Die Haare hält am besten ein Haarband aus dem Gesicht.
- Die Maskencreme trägt man stets vom Kinn ausgehend über die Wangen hinauf bis zur Stirn auf. Dann von der Nase aus unterhalb der Augenpartie entlang und zum Schluss den Nasenrücken einstreichen. Soll der Hals mitbehandelt werden, so streicht man nur die seitlichen Halspartien ein.
- Die Maske oder Packung bleibt etwa 10 bis 20 Minuten auf dem Gesicht. Während sie einwirkt, sollten Sie sich entspannen.
- Danach weicht man die Maske zunächst mit einem in lauwarmem Wasser getränkten Naturschwämmchen auf und reinigt anschließend das Gesicht ebenfalls mit lauwarmem Wasser. Zum Abschluss tupft man die Haut mit einem Tuch trocken.

Eine Alternative zu Cremes sind Gesichtsmasken und Packungen, die die Haut mit all den Stoffen versorgen, die sie dringend braucht. Auch dabei kann man viel mit natürlichen Zusätzen arbeiten und Pflegeprodukte selbst herstellen – oder man greift auf bewährte Fertigprodukte zurück.

Masken und Packungen sind klassische Schönmacher mit Sofortwirkung. Sie zeigen jedoch nur lang anhaltenden Erfolg, wenn man sie regelmäßig anwendet. Sie wirken als Film auf der Haut und sollten deshalb nie während des Bads aufgetragen werden. Ein guter Zeitpunkt ist vor oder nach dem Bad. Früher legte man sich auch mit einer Maske schlafen, die modernen Masken sind aber derart hoch aktiv, dass dies nicht mehr notwendig ist.

Gurkenmaske

Zu den absoluten Klassikern gehört die Gurkenmaske. Dabei hat man nicht viel mehr zu tun, als 20 Minuten lang Gurkenscheiben auf die Gesichtspartien zu legen. Diese belebende und erfrischende Methode ist jedoch nur für fettige Haut geeignet. Bei Mischhaut sollten jene Partien ausgespart werden, die eher trocken sind.

Express-Maske für Mischhaut

1 Tropfen ätherisches Lavendelöl
1 Tropfen ätherisches Rosmarinöl
15 ml reiner Imkerhonig

Vermischen Sie jeweils einen Tropfen der ätherischen Öle von Lavendel und Rosmarin mit 15 Milliliter reinem Imkerhonig. Tragen Sie diese Substanz in dünner Schicht auf das Gesicht auf. Die Augen müssen natürlich ausgespart werden! Nach 15 bis 20 Minuten nehmen Sie die Maske ab und besprühen das Gesicht mit *Embrun de mer* (Meeresspray). Lassen Sie das Gesicht von alleine trocknen, nicht abtupfen.

Nährende Duftmaske

4 Scheiben Banane
5 ml verdünntes Jasminöl

Zerdrücken Sie mit einer Gabel vier Scheiben einer reifen Banane und fügen Sie dann tropfenweise fünf Milliliter verdünntes Jasminöl dazu. Mischen Sie diese Masse so lange, bis sie eine homogene Konsistenz erreicht hat.

Diese Gesichtsmaske nährt und durchfeuchtet die Haut, sie hellt den Teint auf und der Jasminzusatz tonisiert. Die Maske wird nach 15 bis 20 Minuten mit zwei Naturschwämmchen, die in lauwarmem Wasser getränkt werden, abgenommen.

Beachten Sie bitte, dass Jasmin während Schwangerschaft und Stillzeit nicht verwendet werden darf, auch nicht als Tee. Jasmin stimuliert nämlich die Gebärmutter und kann die Milchproduktion reduzieren.

Honig-Sahne-Maske

2 TL Honig
2 EL saure Sahne
1/2 Tasse Weizenkeimflocken

Einfach ist oft am besten, vor allem wenn man eine trockene oder empfindliche Gesichtshaut behandeln möchte. Die Zutaten dafür findet man im Kühlschrank: zum Beispiel die Honig-Sahne-Maske. Dazu vermischen Sie zwei Teelöffel Honig mit zwei Esslöffeln saurer Sahne. Fügen Sie dann noch einige Weizenkeimflocken hinzu, sodass eine dickflüssige Paste entsteht. Eine Viertelstunde einwirken lassen, dann lauwarm abspülen.

Feuchtigkeitsmaske mit Avocado

Hier eine Feuchtigkeitsmaske für trockene Gesichtshaut aus Ei und Avocado: Lösen Sie das Fruchtfleisch aus einer halben Avocado und zerdrücken Sie es mit einer Gabel. Nun trennen Sie ein Ei und mischen das Eigelb unter das Avocadomus. Gut unterarbeiten und mit einigen Spritzern Zitronensaft verfeinern. Die Paste gleichmäßig auf dem Gesicht verteilen und etwa 20 Minuten einwirken lassen. Danach mit lauwarmem Wasser abspülen.

$^1/_2$ Avocado
1 Eigelb
1 TL Zitronensaft

Petersilienmaske

Empfindsame Haut mag Petersilie. Mischen Sie für eine Maske einen Bund frisch gehacktes Grün mit drei bis vier Esslöffeln Quark. Die Paste auftragen. 30 Minuten einziehen lassen und dann lauwarm abspülen.

1 Bund Petersilie
3–4 EL Quark

Kartoffelmaske

Natur pur bietet diese Maske: Verkochen Sie drei junge Kartoffeln zu einem Püree. Vermischen Sie dazu drei Teelöffel Bierhefe, zwei Teelöffel Naturjoghurt und 5 ml verdünntes Wacholderöl. Die Paste auftragen und 15 bis 20 Minuten einwirken lassen. Dann abwaschen.

3 junge Kartoffeln
2 TL Bierhefe
2 TL Naturjoghurt
5 ml verdünntes Wacholderöl

Hoch wirksam: Relax-Packungen

Die Relax-Masken sind hoch wirksam und werden in der Regel von erfahrenen Kosmetikerinnen angeboten. Einige Präparate kann man aber auch für den Hausgebrauch kaufen.

Peloide sind organische und anorganische Stoffe, die über Jahrtausende auf der Erde und unter Wasser entstanden sind. Dazu gehören Schlick und Torf, Moore und Heilerde, Lehm und Ton. Eine Peloid-Maske ist aber nur die Basis, in der je nach Hauttyp und individuellen Hautproblemen Früchte eingerührt werden. So nimmt man beispielsweise gerne die Kiwi, weil diese gewebemineralisierend wirkt, oder auch Heidelbeeren wegen ihrer desinfizierenden Eigenschaften. Die Peloid-Packungen – als Fertigprodukte – werden mit warmem Wasser angerührt, die Früchte zugegeben und dann auf das Gesicht aufgetragen.

Die Anti-Stress-Maske: Sie kühlt und entspannt. Über eine Basis aus verschiedenen essenziellen Ölen – die Zusammensetzung wird auf den Hauttyp abgestimmt – kommt eine Maske aus Alginaten.

Die Meeresmaske: Sie riecht nach Urlaub am Meer und wirkt ebenso: Muschel- und Austernextrakte werden in einen Algenbrei eingerührt. Dadurch entsteht eine hochwirksame Paste mit unvergleichlicher Wirkung für die Haut. Die Kombination ist eine einzigartige Mischung von natürlichen Stoffen, so wie sie nur das Meer zu bieten hat.

Schönheitstipps rund ums Gesicht

Von A wie Augen bis Z wie Zähne – um die perfekte Gesichtspflege abzurunden, hier die wichtigsten Tipps im Detail.

Augenpflege – so schonend wie möglich!

Augen sind im wahrsten Sinne des Wortes »Hingucker« und deshalb bedürfen sie auch besonderer Aufmerksamkeit. Die Augenpartie gehört zu den sensibelsten Regionen des Gesichts. Bei Cremes, Packungen und Masken müssen sie häufig ausgespart werden, um Reizungen zu vermeiden. Eine sanfte Pflege ist trotzdem ein Muss.

Geschwollene Ober- und Unterlider haben ihre Ursache häufig in einem schwachen Bindegewebe, bei dem sich leicht durch Einstauen der Lymphe ein Ödem bilden kann. Die Ursachen können vielfältig sein. Infrage kommen hormonelle Schwankungen. Auch kann durch die zwangsläufige Bewegungsarmut in der Nacht der Lymphabfluss behindert sein: Je länger man schläft, desto stärker kann die Schwellung ausfallen. Dagegen hilft nur eins: Tragen Sie keine Fettcremes auf, sondern Augengel, essen Sie salzarm und trinken Sie nach 17 Uhr nicht mehr viel. Den Lymphabfluss fördern Sie, indem Sie sich im Bett hoch lagern. Sollte die Schwellung Tag und Nacht unverändert sein, hat sich in die Augenlider bereits zu viel Fettgewebe eingelagert; in diesem Fall kann nur noch der plastische Chirurg helfen.

Ebenso sollte man entzündliche Veränderungen am Auge in Betracht ziehen. Sind die Augen zusätzlich gerötet und tritt Sekret aus den Augenwin-

So behandeln Sie geschwollene Unterlider: Nach sorgfältiger Reinigung – auf der Haut dürfen keine Fettreste der Reinigungsmilch sein – gibt man den flüssigen Entlymphungsextrakt auf eine dünne Mull- oder Wattekompresse und legt sie mindestens fünf Minuten auf die abzuschwellenden Stellen des Unterlids auf. Danach den Rest zart einmassieren.

keln, muss man zum Augenarzt.
Selbst kann man Folgendes tun:

Kühle Auflagen tun gut. Schlagen Sie Eiswürfel in ein Tuch und legen Sie diese Kompresse auf die Augenpartie. Dann damit sanft kreisend massieren. Den gleichen Effekt haben Augenringe, die man in der Apotheke erhält. Dies sind gelgefüllte Kunststoffbeutel, die im Kühlfach gelagert werden.

Hilfreich sind Kompressen mit Teebeuteln. Überbrühen Sie dazu jeweils zwei Beutel schwarzen oder Kamillentee mit wenig heißem Wasser. Abkühlen lassen und zehn Minuten auf die Lider legen. Heben Sie in Zukunft Ihre gebrauchten Teebeutel für Augenkompressen auf! Belebend wirken Augengels mit natürlichen Wirkstoffen wie Algen, Rosskastanie, Hamamelis oder Ginkgo. Sie werden sanft rund ums Auge eingeklopft.

Um das Bindegewebe zu entlasten, sollte man auf übermäßigen Alkoholgenuss verzichten. Alkohol hält nämlich Wasser im Gewebe. Bier und Weißbier hingegen entwässern. Gesünder sind natürlich mild entwässernde Tees wie Birkenblätter, Brennnessel, aber auch grüner Tee und Pu-Erh-Tee tragen zur Entwässerung bei. Ein Glas Rotwein freilich schadet nicht, im Gegenteil, denn es ist reich an Antioxidanzien.

Die Spuren einer langen Nacht oder eines anstrengenden Arbeitstages zeigen sich häufig in Augenringen. Selbst dunkelste Augenringe verblassen, wenn man sie mit gekühltem Quark bestreicht und diesen 20 bis 30 Minuten einwirken lässt. Ein weiteres bewährtes Hausrezept gegen die verräterischen Augenringe sind rohe, geschabte Kartoffeln. Man legt sie auf die geschlossenen Augen, lässt sie aber nur drei bis fünf Minuten einwirken.

Wer unter Augenringen leidet, sollte dem Körper von innen helfen und jeden Morgen auf nüchternen Magen einige Stängel frische Petersilie kauen.

Die Lachfältchen rund ums Auge werden im Volksmund wenig charmant als Krähenfüße bezeichnet, sie lassen sich aber durch Kompressen mildern. Sie können es einmal mit einem Hausmittel versuchen: Übergießen Sie fünf Gewürznelken mit einer Tasse kochendem Wasser und lassen sie das Ganze zugedeckt zehn Minuten lang ziehen. Der abgekühlte Sud wird mit einem Wattepad auf die betroffenen Augenpartien getupft. Schnelle Resultate erzielen Sie mit hochmodernen Präparaten wie beispielsweise *Biogyne Lift patch* oder dem *Anti-Falten-Pflaster.*

Couperose – bitte nicht reizen!

Die Couperose ist das große Problem vieler Frauen. Feine Haargefäße, die so genannten Kapillaren, durchziehen die Haut. Ihr Durchmesser ist so gering, dass die roten Blutkörperchen gerade noch durchtreten können. Es kommt zum kapillaren »Geldrollenschlamm«, der sich als rotes Netz meist an den exponiertesten Stellen des Gesichts wie Nase, Wangen oder Kinn zeigt. Dieser Schönheitsmakel reicht aber bis zur entzündlichen Form, der Rosazea. Die möglichen Ursachen sind eine angeborene Bindegewebeschwäche und labile Gefäßwände. Deutliche Anzeichen, dass Sie zu einer Couperose neigen, sind hochrote »Apfelbäckchen« nach dem Genuss von heißen Getränken, Alkohol oder bei großer Kälte. Die Empfindlichkeit lässt sich auch testen, wenn man die Gesichtshaut zwischen den Fingern spannt und dabei die Äderchen deutlich zu sehen sind.

Wer unter Couperose leidet, sollte auf heiße Bäder und Saunabesuche verzichten.

Wenn Sie mit Couperose Probleme haben, sollten Sie alles vermeiden, was Ihre Haut zu stark durchblutet. Auf die Verbotsliste gehören Gesichtswässer mit Alkohol, grobkörnige Peelings, fest antrocknende Masken und Gesichtsdampfbäder. In der Sonne müssen die betroffenen Hautpartien durch eine Creme mit hohem UV-Schutzfaktor und Infrarotfilter gegen die Wärmestrahlung geschützt werden. Auch extreme Kälte und scharfer Wind sollten durch Kälteschutzcremes abgewehrt werden.

Die Behandlung muss gleichzeitig von außen und innen ansetzen. Auf der Haut wirken Pflegeprodukte wie beispielsweise die der Serie Couperosal, für die innere Regulierung der Flüssigkeitszirkulation sollten Sie es mit Algendrinks und einem Mix aus wertvollen Flavonoiden, Antioxidanzien und Vitaminen (Angiobiane) versuchen.

Frühe Falten: Nur nicht verzweifeln!

Wer trockene Haut hat, muss leider mit einer frühen Faltenbildung rechnen. Ebenso können sich auf diese Weise ausgedehnte Sonnenbäder rächen. Im Fachjargon spricht man bei diesen frühzeitigen Sonnenfältchen vom Photo-Aging. Die Haut verliert, wenn sich Falten bilden, an Elastizität und Feuchtigkeit. Mit der richtigen Pflege lässt sich das Voranschreiten der Faltenbildung hinauszögern. Straffungsmasken und -ampullen wirken wie kleine Energiespritzen, die Falten schnell kleiner, feiner und unsichtbarer machen. Zahlreiche Anti-Aging-Produkte bieten heute Hilfe an und sind sehr wirkungsvoll. Ob nun zusätzlicher Sauerstoff oder pflanzliche Nährstoffe den Erfolg bringen, bleibt dem persönlichen Geschmack vorbehalten. Feine Linien werden flacher, der Teint wirkt frischer und die Haut insgesamt glatter.

Rauchen wirkt sich auf den Stoffwechsel und besonders auf die Haut nachteilig aus, weil Nikotin ein intensives Gefäßgift ist. Die Krebs erregenden Teerstoffe verschlacken das Bindegewebe welches nach dem Fettgewebe als Mülldeponie des Körpers genutzt wird. Die Haut wird grau, fahl und faltig. Am besten ist es natürlich, mit dem Rauchen aufzuhören. Alternativ sollte man aber als Raucher(in) die Haut unterstützen, zum Beispiel mit antioxidativen Vitaminen und Pflanzenstoffen, vor allem mit Vitamin C – Sie können bis zu 100 mg davon am Tag zu sich nehmen (wenn der Arzt dies für gut hält). Auch einfache Hausmittel helfen: Tupfen Sie das Gesicht regelmäßig mit frisch gepresstem Karottensaft ab. Oder reiben Sie einen Apfel ganz fein und verrühren Sie das Mus mit einem Esslöffel Honig. Diese Mischung tragen Sie wie eine Gesichtsmaske auf und lassen sie 20 Minuten einwirken. Dann mit lauwarmem Wasser abspülen.

Eine wirklich effiziente und fachgerechte Faltenbehandlung sollten Sie Ihrer Kosmetikerin überlassen. Neben Ernährungstipps und speziellen Ampullenkuren arbeiten diese auch mit Spezialmasken auf Algenbasis und setzen Antifaltenpflaster zur Unterstützung ein. Weitere effiziente Behandlungsmethoden arbeiten mit Ultraschall und der Iontophorese.

Grosse Poren – Tipps für zarten Teint

Großporige Haut zu haben bedeutet nicht unbedingt, dass die Poren tatsächlich größer oder gröber sind als normal. Erweitert ist lediglich der sichtbare Teil, der so genannte Porenausgang, weil die Hornschicht der

Haut an dieser Stelle durch Talg und Feuchtigkeit aufgequollen ist. Meistens glänzt deshalb auch grobporige Haut fettig.

Die wichtigsten Pflegetipps bei großporiger Haut: öfter einmal ein Peeling, vielleicht zweimal die Woche, im Winter seltener. Dabei sollte die Haut aber nicht gerubbelt, sondern nur zart massiert werden.

Zweimal in der Woche zeigt eine zusätzliche Meeresschlamm- und Tonerdemaske gute Wirkung. Was man auch probieren kann, ist eine regelmäßige Auflage mit Papaya. Man löst das Fruchtfleisch aus, püriert es, mischt es dann mit drei bis vier Esslöffeln süßer Sahne und trägt die Masse auf die betroffenen Hautpartien auf. Eine halbe Stunde einwirken lassen, dann lauwarm abspülen.

Für die Tagespflege gibt es Cremes mit Fruchtsäuren. Sie unterziehen die Haut sozusagen einem permanenten Peeling und machen sie so zarter.

Hektische Flecken – bloss nicht nervös werden!

Schuld daran sind zumeist ein gestresstes Nervensystem und eine gewisse Schwäche der Blutgefäße. So wie manche Menschen unter Anspannung in Schweiß ausbrechen oder unter Magenschmerzen leiden, bekommen andere ein rot geflecktes Gesicht. Die Pflege muss also darauf abzielen, die Sensibilität der Nerven zu dämpfen und die Durchblutung nicht zusätzlich anzukurbeln.

Folgende Tricks können helfen, das Problem in den Griff zu bekommen: Zuerst sollten Sie auf dickes, abdeckendes Make-up verzichten und leichte und frische Präparate bevorzugen. Anregende Getränke, wie Kaffee, Tee und Alkohol, sind zu meiden, wenn man die hektische Röte in den Griff bekommen will.

Wirksam und unschädlich zur Beruhigung der Nerven – ohne dass die Konzentration beeinträchtigt wird – sind Baldrian und Johanniskraut. Noch besser ist es, eine Entspannungstechnik wie beispielsweise autogenes Training zu erlernen.

Wenn es wieder einmal heiß hergeht, sorgen Gesichtssprays *(Embrun de Mer)* mit beruhigenden Wirkstoffen für einen kühlen Kopf. Einfach aufsprühen – es entstehen keine Flecken auf dem Make-up.

Andere Gesichtsflecken – solche, die zum Beispiel durch Pigmentstörungen hervorgerufen werden – lassen sich durch Hautmittel beheben. Zum Beispiel tupft man sie regelmäßig mit einer Mischung aus Zwiebelsaft und Apfelessig im Verhältnis 1:2 ab, so verblassen sie merklich.

Lippenpflege: ganz zarter Schutz

Am liebsten mag man sie voll und üppig, doch die Realität sieht oft anders aus: spröde und blass, rissig und gespannt. Die Lippen sind äußerst empfindlich und dennoch schutzlos Wind und Wetter ausgesetzt, müssen intensive Sonne und klirrende Kälte, überheizte Räume und scharfe Gewürze gleichermaßen ertragen.

Trockene und spröde Lippen brauchen Fett und Feuchtigkeit. Am besten pflegt man sie regelmäßig mit Lippenpomade. Probieren Sie einmal diese hausgemachte Packung für Ihre trockenen Lippen: Mischen Sie zu gleichen Teilen Quark und Honig. Tragen Sie die Paste auf die Lippen auf und lassen Sie sie eine halbe Stunde einwirken. Aufgesprungene Lippen bestreicht man am besten mit Sahne oder ungesalzener Butter.

Mehr ein medizinisches Problem, aber nicht minder ein kosmetisches ist der Lippenherpes. Wer den Erreger einmal in sich trägt, und das ist der überwiegende Teil der Bevölkerung, kann immer wieder darunter leiden. Intensive Sonnenbestrahlung, Stress und fiebrige Infekte können einen Herpes-Schub auslösen. Hier hilft ein Extrakt aus Sonnenhut und Tüpfel-Johanniskraut oder Zitronenmelisse, welcher als das beste Mittel gilt. Starken Juckreiz können Sie durch einige Tropfen Teebaumöl lindern.

Mischen Sie sich Ihren eigenen Lippenbalsam à la Rose. Schmelzen Sie im Wasserbad das Bienenwachs, das Jojobaöl und den Imkerhonig unter in-

1 TL Bienenwachsgranulat
4 TL Jojobaöl
$^1/_2$ TL flüssiger Imkerhonig
1 Tropfen reines ätherisches Rosenöl

tensivem Rühren. Nehmen Sie dann den Topf vom Feuer und rühren Sie das Rosenöl ein. Den Balsam sollten Sie in einen hermetisch schließenden Glastopf füllen. Massieren Sie damit mehrmals täglich die Lippen ein. Wenn Sie eine Portion Balsam aus dem Gefäß nehmen, dann nur mit einem Spatel, um eine Verunreinigung der Substanz zu vermeiden.

Pickel, Mitesser und Co.

Drücken Sie an Pickeln und Mitesserherden nicht herum. An den Fingern haften Keime, die in die Haut eindringen können und alles nur noch schlimmer machen. Besonders geplagt sind mit diesem Schönheitsproblem eher junge Menschen, aber auch jene, die fettige und unreine Haut haben.

Das ultimativ wirksame Mittel gegen Pickel gibt es bis heute nicht. Aber dafür jede Menge Tipps, wie man Pickel und Mitesser richtig behandelt.

Ein Gesichtsdampfbad ist immer noch die beste Möglichkeit, Hautunreinheiten zu Leibe zu rücken. Durch den warmen Wasserdampf werden die Poren noch etwas mehr geweitet und der harte Talgpropf aufgelöst, der die Pore verschließt. Gut sind für ein solches Dampfbad desinfizierende Zusätze wie beispielsweise Kamille, Ringelblumenblüten, Salbei und Thymian. Auch wer acht Esslöffel Salz auf zwei Liter heißes Wasser gibt, hat einen reinigenden Effekt. Nach dem Dampfbad umwickeln Sie die Fingerspitzen mit Zellstofftüchern und schieben einzelne Mitesser mit sanftem Druck von unten heraus. Unterstützend kann man nach einem Dampfbad oder einer heißen Kompresse drei- bis viermal wöchentlich eine Tiefenreinigungscreme auftragen, beispielsweise diese *Relaxmaske natur total.*

$^1/_4$ TL grüne Tonerde
$^1/_2$ TL gemahlenes Mandelpulver
$^1/_4$ TL Haferflockenpulver
3 EL Rosenwasser
1 Tropfen ätherisches Kamillenöl
6 Tropfen Weizenkeimöl

Mischen Sie in einer Glasschüssel Tonerde, Mandel- und Haferflockenpulver. In einen kleineren Topf geben Sie Rosenwasser, Kamillen- und Weizenkeimöl und erwärmen die Mischung vorsichtig, dann lassen Sie sie erkalten. Jetzt geben Sie nach und nach fünf bis zehn Milliliter der Flüssigkeit in die Trockenmasse, rühren sie, bis Sie eine homogene Paste erzielt haben. Diese tragen Sie in dünner Schicht auf Gesicht, Hals und Dekolleté auf. Die Augen bleiben ausgespart. Lassen Sie die Maske zehn Minuten einwirken. Dann geben Sie auf zwei Wattepads etwas von dem Rosenwassergemisch als Augenkompresse. Nehmen Sie die Maske mit Quellwasser ab.

Ein wirkungsvolles, natürliches Mittel gegen Hautunreinheiten ist das Teebaumöl. Entweder man gibt immer einige Tropfen davon ins Waschwasser oder betupft einzelne Pickel mit einem Wattestäbchen, das mit Teebaumöl getränkt ist. Versuchen können Sie es auch einmal damit: Tragen Sie am Abend vor dem Schlafengehen auf die betroffenen Hautstellen eine Mischung aus Honig und Weizenkleie, jeweils zu gleichen Teilen, auf. Am nächsten Morgen waschen Sie die Maske mit lauwarmem Wasser ab.

Zähne zeigen: Tipps für ein strahlendes Lächeln

Die Zähne richtig zu pflegen ist ein wichtiger Beitrag zur Gesunderhaltung – aber auch ein kosmetisches Plus. Ein strahlendes Lächeln kann man ja nur schenken, wenn man sich seiner Zähne nicht zu schämen braucht.

Schöne Zähne bekommt man durchs Zähneputzen – zum Beispiel mit warmem Salbeitee. Er festigt auch das Zahnfleisch. Weiß werden Zähne auch, wenn man statt Zahncreme Salz benutzt. Wesentlich wohlschmeckender sind natürlich Erdbeeren statt Zahncreme: Eine zerdrückte Erdbeere auf die Zahnbürste streichen und damit putzen. Diese Hausmittel sollten aber nur Extras sein. Verwenden Sie regelmäßig eine erstklassige Zahncreme. Lassen Sie sich dabei von Ihrem Zahnarzt beraten.

Vor allem Teetrinker haben unter verfärbten Zähnen zu leiden. Sie sollten nach jedem Zähneputzen den Mund mit einem Teelöffel Apfelessig spülen. Dabei den Essig so richtig durch die Zähne hin- und herziehen. Gesunde Zähne und guter Atem gehen nicht immer Hand in Hand. Gegen Mundgeruch hilft ein frischer Apfel – auch vorbeugend am Abend vor dem Schlafengehen. Kaut man gleich morgens einige Stängel Petersilie, verschwindet lästiger Mundgeruch. Und gegen Knoblauchduft helfen ein paar Aniskörner am besten.

Schönes Haar – gesundes Haar

Gesundes Haar ist die wichtigste Voraussetzung für eine schöne Frisur. Leider gehen viele Menschen recht sorglos mit ihrer Haarpracht um. Fatal, denn am Zustand der Haare lässt sich die körperliche und seelische Verfassung eines Menschen erkennen. Damit das Haar kräftig und gesund bleibt, muss in erster Linie die Ernährung stimmen. Vitamine, Mineralstoffe und Spurenelemente sind für Aufbau und Struktur des Haares wichtig. Mangelerscheinungen in diesem Bereich rächen sich am Haar: Es wirkt stumpf und glanzlos, hat wenig Fülle und ist leicht brüchig. Auch Haarausfall kann ernährungsbedingte Ursachen haben.

Haarprobleme

Das Haar, ein biegsamer Hornfaden, besteht zu 90 Prozent aus elastischem Protein, dem Keratin, weiter aus Mineralstoffen und Feuchtigkeit. Der lebende Teil ist die Wurzel, Haarfollikel genannt. Hier setzt die wirkungsvolle Pflege an, denn das Haar verfügt weder über ein Enzym noch über ein Stoffwechselgeschehen, wie etwa die Haut. Es kann nur über den Blutkreislauf ernährt werden. Eiweißbausteine, Aminosäuren, Mineralien, Spurenelemente, Vitamine und mehrfach ungesättigte Fettsäuren gelangen in die Wurzel und bauen von hier über eine tägliche gesunde Nahrung oder mithilfe von Nährstoffsupplementen das Haar auf.

Der äußere sichtbare Teil ist der aus drei Schichten bestehende Haarschaft. Auf die äußere Schicht, die Kutikula, müssen wir besonders achten! Ihre dachziegelartig angelegten, verhornten Gewebeteilchen sind der Schutz des Haares und sollen flach anliegen. Werden sie beispielsweise durch chemische Mittel und bei erhöhter Temperatur beschädigt, wird das Haar rau, stumpf, spröde und glanzlos.

Unter der Kutikula liegt die Rinde, verantwortlich für Elastizität, Stärke des Haares und die Verteilung des Pigments Melanin. Die dritte, innere Schicht, das Haarmark, gibt Nährstoffe an Rinde und Kutikula ab. Beteiligt ist noch

das Haarfett, Sebum genannt, das in den Talgdrüsen der Haut gebildet und an der Haarwurzel abgesondert wird. Es sorgt dafür, dass die äußere Schuppenschicht fest anliegt, glatt und geschlossen ist und so nicht austrocknen kann. Produzieren die Talgdrüsen zu wenig Sebum, ist das Haar trocken, es kann brüchig werden.

Die Überproduktion von Talg ist Ursache für fettiges, strähniges und schweres Haar. Wenn Sie trockenes Haar und fetten Haarboden haben (Seborrhoe), sind zwei getrennte Behandlungen erforderlich. Die fette Wurzel ist meist hormonell bedingt und durch den Gynäkologen mit zu behandeln.

Haarbruch und Spliss sind nicht nur Probleme des langen Haares. Auch kurze spröde Haare können eine verringerte Festigkeit haben. Ursachen können zu häufiges Shampoonieren, chemische Einflüsse bei Blondierung, Färben oder durch Dauerwellen sein, auch zu intensive Sonneneinwirkung oder eine Unterversorgung der Haarwurzeln mit Nährstoffen.

Haarausfall kann viele Ursachen haben: Er kann vererbt oder erworben, beispielsweise auch Folge einer Krankheit, eines Medikaments oder einer medizinischen Behandlung sein. Wichtig ist in jedem Fall, dass Sie die Ursachen vom Haarexperten klären lassen. In schweren Fällen müssen Sie sich an Ihren Hautarzt wenden.

Die optimale Haarpflege

Nehmen Sie nicht irgendein Shampoo, denn die Haarpflege beginnt mit dem richtigen Haarwaschmittel. Wählen Sie neutrale oder schwach saure Präparate mit einem ph-Wert zwischen fünf und sieben. So riskieren Sie keine Strukturveränderung der Schuppenschicht. Wasser mit einem ph-Wert über sieben lässt bereits das Haar anquellen! Dauerwell-, Blondier- und Färbemittel haben sogar einen ph-Wert von acht bis elf!

Beherzigen Sie beim Haarewaschen folgende Spielregeln: Zuerst werden immer mit einer weichen Bürste Haarlack und Schmutzpartikel aus dem Haar entfernt. Waschen Sie danach sofort Kamm und Bürste. Lesen Sie die Anwendungshinweise Ihres Shampoos sorgfältig durch; Shampoos haben unterschiedliche Einwirkzeiten. Nehmen Sie diese Angaben ernst.

Wechseln Sie öfter Ihr Shampoo, um dem Haar ein Maximum an Wirkstoffen zuzuführen. Und denken Sie daran: Gute Haarwaschmittel reinigen, ohne dass ein Schaumberg auf dem Kopf erzeugt wird.

Waschen Sie unter lauwarmem Wasser mit sanft kreisenden Fingerkuppen. Tun Sie dies besonders sorgfältig am Haaransatz, um Creme- und Make-up-Reste zu entfernen. Spülen Sie reichlich aus, ohne das Haar zu zerren; nasse Haare brechen nämlich leichter. Zum Auskämmen sollten Sie einen breitmaschigen Kamm benützen.

Beim Trocknen mit dem Föhn halten Sie unbedingt einen Abstand von mindestens zwölf Zentimetern, um zu viel Hitze und das Durcheinanderwirbeln der Haare zu vermeiden.

Damit sich die Schuppenschicht des Haarschaftes wieder schließt, ist eine saure Spülung beispielsweise mit einem Esslöffel Obstessig oder dem Saft einer halben Zitrone zum Abschluss zu empfehlen. Bei stark dauergewelltem Haar und Spliss ist ein Haarbalsam (zum Beispiel *Baume Démêlant*) unerlässlich, da man sonst beim Auskämmen zu sehr zerren müsste und Bruchstellen im Haarschaft entstehen können.

Empfehlenswert ist eine Kopfhautmassage zur Anregung der Durchblutung und damit zur besseren Sauerstoffversorgung und Ernährung des Haarfollikels. Massieren Sie in Richtung Kopfmitte, ohne zu viel Druck. Vermeiden Sie es zu reiben. Ein hochwertiges Haarwasser ist selbstverständlich. Die mechanische Massagewirkung können Sie innerlich mit einem Algendrink unterstützen. Der wässrige Auszug der Alge Delesseria sanguinea eignet sich besonders für die Haarwurzel als Stimulans zum Zellwachstum.

Spülungen, Packungen, Ölbäder

Je nach der Zeit, die Sie sich nehmen wollen, und nach dem Zustand Ihres Haares wählen Sie zwischen einfachen Kräuterspülungen, Intensivspülungen für fransiges, widerspenstiges Haar (unentbehrlich bei chemisch behandeltem Haar und häufigem Haarstyling), dem Aufbauspray als Schutz vor statischer Aufladung und warmen Ölbädern (aufpassen bei wasserlöslichen Ölen oder Lösungsvermittlern, sonst ist Zerren oder ein Nachshampoo notwendig). Weiterhin gibt es Repair-Schaum für gespaltene Spitzen: Hier bleibt auf dem frisch gewaschenen Haar ein mikroskopisch feiner, glättender Film zurück. Das Gleiche kann man mit einer Packung für dauergewelltes und gefärbtes Haar erreichen: Die Substanzen bleiben im Haar und überziehen die brüchigen Stellen des Haarschaftes. Die Forschung hat heute wertvolle Produkte gefunden, doch auch die Naturkosmetik wirkt noch wie bei unseren Großmüttern.

Bei fettem Haar kann die Bierspülung als Festigerersatz vor dem Einwickeln mit viertel Liter hellem Bier eingesetzt werden. Zahlreiche Kräuterspülungen sind preiswert und schnell verfügbar bis zur bekanntesten pflanzlichen Substanz, der Henna. Damit erzielt man bei dunklem Haar einen warmen, rötlichen Glanz, helleres Haar kann tizianrot werden. Für weißes und blondes sowie aufgehelltes Haar ist Henna wenig geeignet. Ohnehin sollte man mit Henna einen Vorabtest machen und den Herstellerhinweis beachten.

Natur-Rezepte für das Haar

Gegen Schuppen hilft bei trockenem oder normalem Haar ein einfaches Hausrezept: Mischen Sie Olivenöl und verdünntes Rosmarinöl mit zwei Tropfen ätherischem Öl der Kamille und einem Tropfen ätherischem Lavendelöl. Dazu kommen noch zwei Kapseln Vitamin E oder Nachtkerzenöl. Die Mischung wird in getönte Flaschen gefüllt. Das Rezept reicht für zwei Behandlungen pro Woche nach einer milden Haarwäsche. Massieren Sie die Lösung sorgfältig auf der Kopfhaut ein, Strähne für Strähne. Ein wenig kommt ebenfalls auf die Haarlängen. Unter einem Häubchen etwa 30 Minuten einwirken lassen, dann mit mildem Shampoo auswaschen.

20 ml natives Ölivenöl aus erster Pressung
10 ml verdünntes wasserlösliches Rosmarinöl
2 Tropfen ätherisches Kamillenöl
1 Tropfen ätherisches Lavendelöl
2 Kapseln Vitamin E oder Nachtkerzenöl

15 ml Cidre- oder Apfelessig
4 Tropfen ätherisches Rosmarinöl
2 Tropfen ätherisches Lavendelöl
200 ml destilliertes Wasser

Für eine Lotion für normales Haar mit Fetttendenz nehmen Sie Cidre- oder Apfelessig. Nachdem Sie die ätherischen Öle zugegeben haben, kommt alles in eine getönte Flasche. Nach kräftigem Schütteln geben Sie das destillierte Wasser dazu und schütteln nochmals. Behandeln Sie Ihr Haar damit ein- bis zweimal die Woche, besonders fettiges Haar dreimal.

2 Eier
2 TL Flüssighonig
3–4 TL Distelöl
alternativ:
2 EL Avocadoöl
1 EL Rizinusöl
1 Ei

Für die Pflege bei trockenem Haar mit oder ohne Haarspliss empfiehlt sich vor der regulären Haarwäsche dieses Vorshampoo. Die Mischung reicht – je nach Länge der Haare – für ein bis zwei Anwendungen. Vermengen Sie Honig und Öl und fügen Sie dann die Eier hinzu. Massieren Sie diesen Cocktail in die Haare ein, geben Sie ein vorgewärmtes Frotteehäubchen oder eine Duschhaube darüber und lassen alles 30 Minuten einwirken. Danach mit mildem Shampoo waschen. Sie können diese Rezeptur auch variieren und das Vorshampoo aus einem Ei, Avocado- und Rizinusöl komponieren.

Naturshampoos gibt es auch als wertvolle Fertigprodukte auf Algenbasis. *Algologie Shampooing aux Algues* für normales Haar enthält mikro zerkleinerte Algen (Fucus vesiculus), tensio aktive Substanzen, Seidenproteine und essenzielles Lavendelöl. Das Haar erhält so alle Wirkstoffe der Urkraft des Meeres. Gegen fettendes Haar sollten Sie das *Algologie Shampooing au Ghassoul* einsetzen, das durch die ausgleichende Wirkung der afrikanischen Tonerde fettabsorbierend wirkt. *Algologie Shampoing au Monoi* eignet sich besonders für feines und trockenes Haar, denn es reinigt und nährt gleichzeitig, wirkt der Austrocknung entgegen und gibt dem Haar seidenen Glanz.

Algenextrakte wirken bei allen Haarproblemen eingesetzt werden. Unterstützend wirkt eine innere Haarkur mit Algen-Vital-Kapseln oder einem Algendrink.

Das Monoiöl wird aus der geraspelten Kokosnuss gewonnen und mit kostbaren Blüten mazeriert. So entsteht ein Öl von höchster Qualität, das die Haut zart und geschmeidig macht. Monoi ist das ideale Produkt bei trockenem Haar, Haarspliss und gespaltenen Spitzen. Es wird in Shampoos oder Haarpackung zusammen mit Algen eingearbeitet. Bei der Behandlung sollten Sie die Haare sorgfältig mit Naturborsten durchbürsten, damit Schmutzpartikel und Haarlack entfernt werden, dann erst die Ölpackung auftragen, unter einer warmen Frotteekompresse 15 Minuten einwirken lassen und danach mit Monoishampoo waschen, wenn nötig zweimal.

Es ist auch wichtig, das Haar kunstgerecht zu waschen. Auf das angefeuchtete Haar geben Sie ein nussgroßes Stück Shampoo, massieren es, ohne zu reiben, intensiv ein und lassen es ein bis zwei Minuten einwirken. Dann wird sorgfältig ausgespült. Wenn nötig, können Sie eine weitere Haarwäsche vornehmen. Sorgfältig ausspülen bedeutet, das shampoonierte

Haar jeweils sieben- bis neunmal mit klarem Wasser zu spülen. Bei schlecht kämmbarem Haar nehmen Sie im Anschluss an die Haarwäsche unbedingt etwas Haarbalsam, beispielsweise *Baume Démêlant*, und massieren diesen in die Haarlängen ein. Spülen Sie gut nach.

Bei trockener Kopfhaut empfiehlt sich ein Postshampoo: Mischen Sie für ein bis zwei Anwendungen eine halbe reife, mit der Gabel zerdrückte Avocado, einen Teelöffel Avocadoöl und ein Eigelb und schlagen Sie dies mit dem Schneebesen kräftig durch. Auf der Kopfhaut einmassieren, dann nach zehn Minuten mit warmem Wasser ausspülen.

$^1/_2$ reife Avocado
1 TL Avocadoöl
1 Eigelb

Ein Postshampoo bei fettigem, feinem Haar mischen Sie aus fünf Esslöffeln Natur-Bio-Joghurt und einem Ei. Das Shampoo auf der Kopfhaut einmassiert und nach fünf bis zehn Minuten ausgespülen.

5 EL Natur-Bio-Joghurt
1 Ei

Für graue Haare können Sie eine wirkungsvolle Naturpackung zubereiten. Geben Sie zwei Esslöffel getrockneten Salbei und ein Esslöffel indischen Tee in eine Teekanne und füllen Sie diese mit frisch gekochtem Wasser auf. Lassen Sie den Tee zehn Minuten zugedeckt ziehen. Danach wird der Absud mit Kaolinpulver zu einem Brei verrührt und auf die Haare verteilt. Nach 20 Minuten Einwirkzeit spülen Sie die Packung aus.

2 EL getrockneter Salbei
1 EL indischer Tee
5 EL Kaolinerde
500 ml Wasser

Um das Haar vor Sonneneinstrahlung, Chlor im Schwimmbad oder bei ausgedehntem Baden im Meer zu schützen, gibt man auf Kopfhaut und Haare eine Mischung aus drei Teelöffeln Kokosöl und vier Tropfen reinem ätherischem Ylang-Ylang-Öl. Diese Komposition eignet sich auch vorzüglich als 30-Minuten-Packung für ausgelaugtes Haar. Im Anschluss daran empfiehlt sich eine milde Haarwäsche.

3 TL Kokosöl
4 Tropfen ätherisches Ylang-Ylang-Öl

Am Ende jeder Haarwäsche sollten Sie ein gutes Haarwasser benützen, beispielsweise das Algen-Vital-Haarwasser R oder AF. Man gibt es auf den Haarboden und massiert es in kreisenden Bewegungen mit den Fingerkuppen ein. Algen-Vital-Haarwasser kann täglich – auch vorbeugend beim männlichen Haarausfall – verwendet werden. Da wertvolle, natürliche Wirkstoffe bei der Herstellung nicht gefiltert werden, sollten Sie das Haarwasser vor Gebrauch immer schütteln.

Der Nährstoffbedarf des Haares ist umso höher, je geschädigter, poröser, trockener das Haar ist; die notwendige Dosis sollten Sie nach Haarzustand selbst bestimmen. Ein feuchtwarmes Frotteehandtuch oder ein Plastikhäubchen (Duschhaube) garantiert ein tieferes Eindringen der Wirkstoffe.

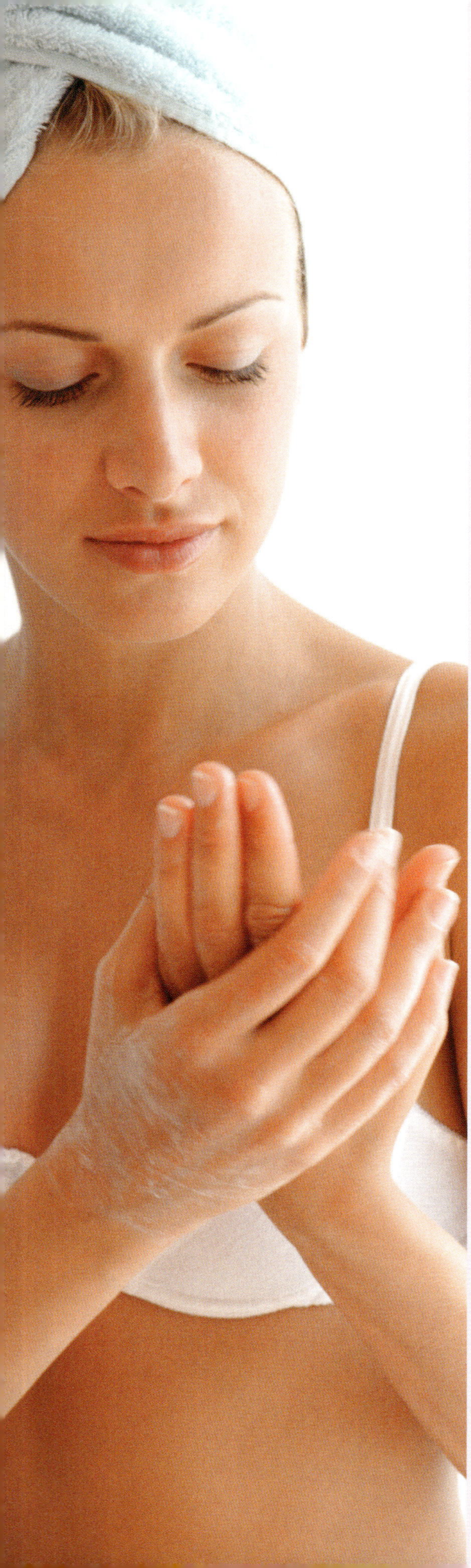

Vor dem gründlichen Ausspülen mit lauwarmem Wasser zuerst mit wenig Wasser beginnen. Am Schluss das Haar gut abtrocknen, nur mit Horn- oder Holzkamm (keine statisch aufladenden Synthetikkämme!) auskämmen und Algen-Vital-Haarwasser in einen Eierbecher oder ein Likörglas geben und mit etwas Watte das wertvolle Haarwasser Strähne für Strähne auf den Haarboden auftragen.

Man sollte jedoch nie vergessen, dass eine äußerliche Behandlung allein nicht ausreicht, um schönes, gesundes Haar zu bekommen und zu erhalten. Eine ausgeglichene Ernährung ist dabei sehr wichtig. Sie können Ihrem Haar jedoch durch die zusätzliche Einnahme von Tonerde etwas Gutes angedeihen lassen. Tonerde gilt als das Kosmetikum für innen und außen. Dieses vollwertige Mineralprodukt, das noch nicht, da es aus tiefen Erdschichten kommt, zahlreichen schädlichen Umwelteinflüssen ausgesetzt ist, hat für die innere Behandlung deshalb eine so große Bedeutung, weil der Gehalt an kieselsauren Salzen (wichtig für Bindegewebe und Blutgefäße) besonders hoch ist. Tonerde enthält auch Magnesium, Eisen und weitere organische Mineralien und Spurenelemente. Die tägliche Einnahme von drei bis sechs Tonerdekapseln mit reichlich Flüssigkeit bringt das Stoffwechselgeschehen rasch wieder ins Gleichgewicht.

Die Hände: Pflege macht sie schön

Die Hände sind unser wichtigstes Werkzeug und doch widmen wir ihrer Pflege oft viel zu wenig Aufmerksamkeit. Auch das Altern lässt sich oft zuerst an den Händen erkennen und man sollte Sorgfalt darauf verwenden, gerade hier die Zeichen der Zeit zu mildern. Und: Hände kann man nicht liften lassen. Deshalb sollte man sie sorgsam pflegen, solange sie noch frisch und jung aussehen. Am Anfang steht wieder die richtige Reinigung. Zum Händewaschen sollte man stets eine milde Seife verwenden. Das anschließende Eincremen darf dabei nicht vergessen werden. Einmal in der Woche dürfen auch Hände eine Spezialbehandlung bekommen. Und diese könnte beispielsweise so aussehen:

Reinigen Sie Ihre Hände mit einem sanften Peeling, so wie Sie es auch für das Gesicht verwenden. Gut sind Enzympackungen, die es zu kaufen gibt und die nur angerührt werden müssen. Eine Packung, die strapazierte Gesichtshaut verwöhnt, tut auch den gestressten Händen gut.

Raue Haut, auch an den Unterarmen, bekommen Sie mit einem speziellen Handöl in den Griff, das Sie leicht selbst herstellen können. Übrigens ist diese Rezeptur auch erfolgreich bei müden Händen anzuwenden. Vermischen Sie jeweils einen Teelöffel verdünntes Palmarosaöl und süßes Mandelöl mit jeweils einem Tropfen reinen ätherischen Öl der Kamille und von Lavendel.

1 TL verdünntes Palmarosaöl
1 TL süßes Mandelöl
1 Tropfen ätherisches Öl der Kamille
1 Tropfen ätherisches Öl von Lavendel

An dieser Stelle sei Ihnen eine spezielle Schutzcreme für die Hände empfohlen. Sie ist etwas aufwendiger herzustellen. Schmelzen Sie 15 Gramm geraspeltes Bienenwachs in einem Wasserbad und mischen Sie einen Teelöffel Honig und 160 Milliliter süßes Mandelöl bei. In die geschmolzene Mischung kommt der Inhalt der vier mit einer Nadel angepieksten Kapseln von Nachtkerzenöl. Fügen Sie jetzt – anfangs nur tropfenweise – das destillierte Wasser hinzu. Verwenden Sie einen Rührstab oder einen Schneebesen. Wichtig für die Hygiene ist, dass Sie Gefäß und Instrumentarium vorher gut mit Alkohol (70 %) desinfizieren. Sobald zwei Teelöffel destilliertes Wasser in die Mischung eingebracht sind, nehmen Sie den Topf von der Feuerstelle und rühren das restliche Wasser langsam ein. Zum Schluss fügen Sie, während Sie weiterrühren, die ätherischen Öle – jeweils fünf Tropfen Palmarosa-, Neroli- und Lavendelöl – hinzu. Rühren Sie so lange, bis die Mischung andickt. Die fertige Creme muss sofort in ein steriles Glasgefäß mit verschließbarem Deckel gegeben werden. Kleben Sie unbedingt ein Etikett mit dem Herstellungsdatum auf den Topf, denn die Creme darf nur etwa drei Monate lang verwendet werden.

15 g Bienenwachs, geraspelt
1 TL Flüssighonig
160 ml süßes Mandelöl
4 Kapseln Nachtkerzenöl
350 ml destilliertes Wasser
5 Tropfen ätherisches Palmarosaöl
5 Tropfen ätherisches Neroliöl
5 Tropfen ätherisches Lavendelöl
Alkohol zum Desinfizieren

Zur Behandlung tragen Sie die Creme abends auf die Hände auf. Anschließend ziehen Sie alte Lederhandschuhe über. Nehmen Sie zusätzlich täglich eine Kapsel Borretsch- und Kapelanöl zu sich. So wird die äußere Wirkung durch die innere unterstützt.

Straff statt schlaff: Trockene Hände und rissige Haut freuen sich über ein warmes Ölbad pro Woche. Nehmen Sie dazu Palmarosa- und Borretschöl. Ganz wichtig ist dabei, Lederhandschuhe über Nacht anzuziehen!

Rosig statt rot: Bäder in warmer Milch – zweimal in der Woche – lassen die hässliche intensive Rötung an den Händen verschwinden.

Trocken statt nass: Ein feuchter Händedruck ist nur im symbolischen Sprachgebrauch eine nette Geste. Schweißnasse Hände kann man aber behandeln: Gegen Handschweiß helfen manchmal Waschungen mit Kampferspiritus.

Sauber statt fleckig: Arbeitende Hände können selten immer sauber und gepflegt erscheinen. Gerade im Haushalt hinterlässt die Arbeit manchmal sichtbare Spuren. Hände, die nach dem Kartoffelschälen schmutzig aussehen, reinigt man am besten durch Abreibungen mit Essig oder Zitronensaft. Nikotinflecken werden blasser, wenn man etwas Puderzucker mit Zitronensaft befeuchtet und die Hände damit abreibt. Optimalen Schutz bieten aber nur Handschuhe, deshalb sollte man sich angewöhnen, bei bestimmten Küchenarbeiten stets Handschuhe zu tragen.

Duftend statt riechend: Küchendünste setzen sich auch an den Händen fest und bleiben manchmal lange haften. Wer beispielsweise Zwiebeln hacken will, sollte seine Hände vorab mit Olivenöl einreiben, dann nehmen sie den Geruch nicht an. Auch feuchtes Salz hilft gegen Zwiebel- und Fischgeruch – allerdings im Nachhinein.

Gesunde Fingernägel

Feste Fingernägel gehören unabdingbar zu einer gepflegten Hand. Die Nägel jedoch gesund und stark zu halten ist gar nicht so leicht. Sie reagieren nämlich sehr empfindlich auf Umwelteinflüsse, auf falsche Behandlung und fehlerhafte Ernährung. Gesunde Fingernägel brauchen stete Pflege. Im Winter beispielsweise sind sie besonders anfällig. Da harte Nägel auch trockene Nägel sind, freuen sie sich über etwas Feuchtigkeit. Wählen Sie eine Handcreme, die mit natürlichen Ölen, zum Beispiel süßem Mandelöl, angereichert ist. Auch lackierte Nägel sollten damit zweimal täglich eingerieben werden.

Nagelverfärbungen sind normal, wenn man bei kräftigen Nagellackfarben den schützenden Unterlack vergisst. Die hässlichen gelben Flecken, die dann zurückbleiben, lassen sich mit einem Nagelpeeling beseitigen. Dabei wird die oberste Nagelschicht abgerubbelt.

Das häufigste Problem sind brüchige Fingernägel. Sie entstehen, wenn die Kittsubstanz zwischen den einzelnen Nagelschichten geschädigt ist. Die folgende Nagelpackung kann das Problem lösen: Mischen Sie zwei Teelöffel Olivenöl mit zwei Teelöffeln Lecithinpulver zu einer Paste und massieren Sie etwas davon auf die Nägel und das Nagelbett ein. Der Rest wird dann dick aufgetragen und nach einer halben Stunde mit lauwarmem Wasser abgespült. Zu kaufen gibt es auch Nagelkuren, die aufbauende Substanzen enthalten. Hefe hilft brüchigen Nägeln ebenso. Allerdings zeigt sie nur bei langfristiger Anwendung den gewünschten Erfolg.

Auch das Drumherum muss stimmen: Nagelhaut sollte nicht geschnitten, sondern nur mit einem Holzstab zurückgeschoben werden. Ist die Nagelhaut rissig und spröde, helfen Ölbäder mit warmen Mandel- oder Olivenöl.

Ein spezielles Nagelöl für Nägel und Nagelhaut kann man auch leicht selbst herstellen: Geben Sie 100 Milliliter Mandelöl, 50 Milliliter Rizinusöl und 50 Milliliter Avocadoöl zusammen mit zwei Tropfen Bittermandelöl und 50 Gramm Vaseline in eine feuerfeste Form und erwärmen Sie die Substanzen im Wasserbad. Ist die Vaseline geschmolzen und haben sich die Öle damit verbunden, lässt man die Masse auskühlen und füllt sie in saubere Gefäße ab. Die Finger sollten mit dieser Mischung regelmäßig eingerieben werden.

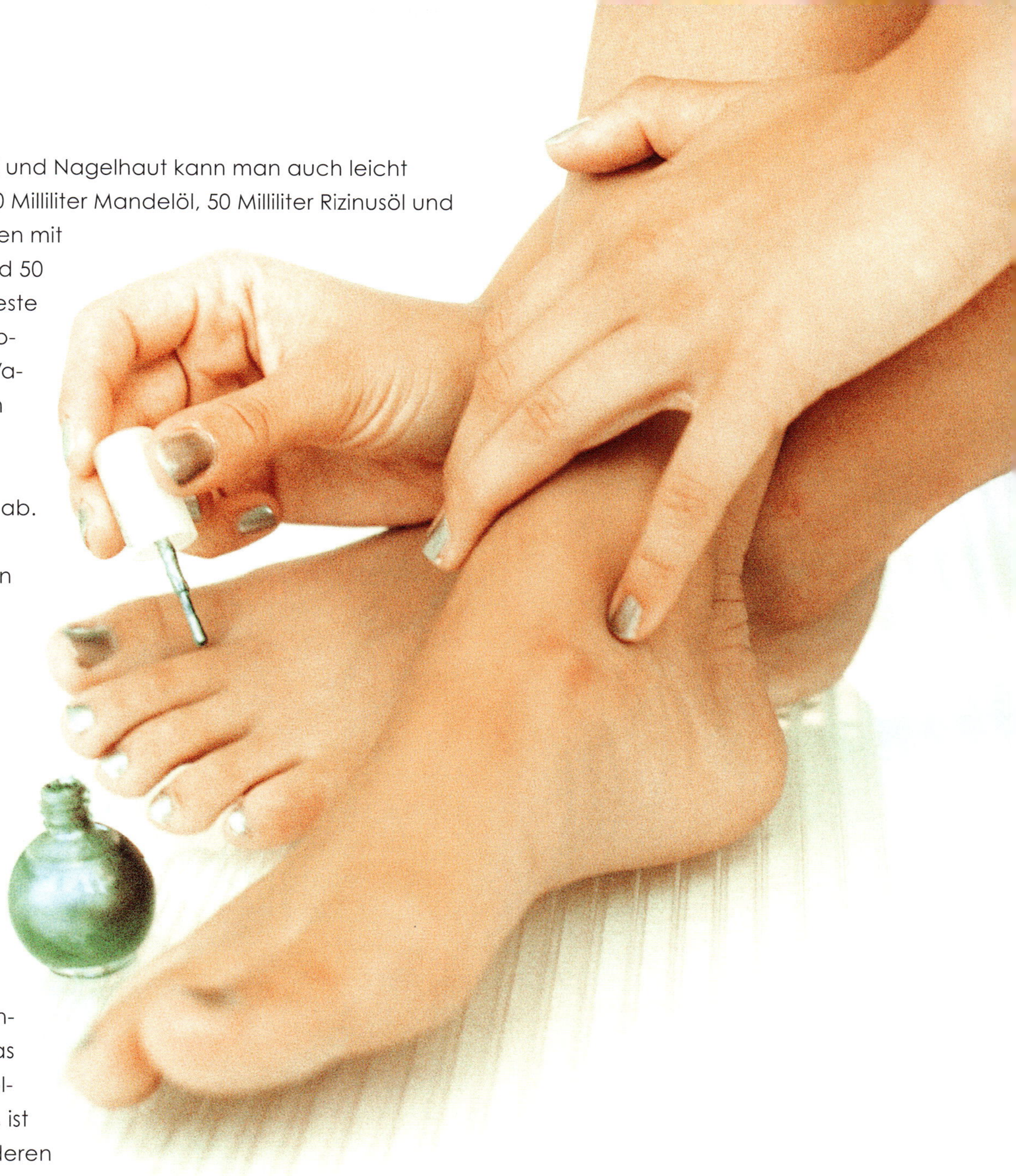

Die Füsse

Mit den Füßen und Fußnägeln ist es ähnlich wie mit den Händen, sie finden in der Pflege oft noch zu wenig Beachtung. Ihr Wohlergehen und ihre Leistung werden sprichwörtlich mit Füßen getreten. Das sollte nicht sein, denn wer regelmäßig eine Fußpflege besucht, ist auf der sicheren Seite. Alle anderen sollten sich aber selbst um die Füße bemühen – 20 Minuten pro Woche genügen.

Häufigste Ursache für deformierte Füße sind zu enge Schuhe. Druckstellen führen zu Hornhaut, schmerzhaften Blasen, lästigen Hühneraugen und Nagelentzündungen. Nachmittags sind die Füße bei allen Menschen etwas dicker als am Vormittag. Das ist dann der richtige Zeitpunkt – nach 16 Uhr – für den Schuhkauf.

Bei der Wahl sollten modische Aspekte stets hinter Bequemlichkeit zurückstehen, auch wenn diese Aussage nicht beliebt ist. Übrigens stimmt es nicht, dass hohe Absätze für Fuß- und Rückenprobleme verantwortlich sein müssen. Im Gegenteil, wer abwechselnd hohe und flache Schuhe trägt, betreibt gesundes Muskeltraining.

Nach einem warmen – möglichst basischen – Fußbad, das etwa eine Viertelstunde dauern sollte, werden zunächst raue Stellen mit einem Bimsstein oder einer Hornraspel geglättet. Weiche Nägel kürzt man mit der Schere; für härtere Nägel sind Zange oder Knipser die bessere Wahl. Mit Kristallfeilen (Diamant, Saphir oder Keramik) bekommen die Nägel den letzten Schliff. Die Nagelhaut wird mit einem Holzstäbchen zurückgeschoben.

Zu den häufigsten Fußnagelproblemen gehören Rillen, die auf einen Vitaminmangel oder eine Infektion hinweisen können. Beides sollte man durch den Hautarzt abklären lassen. Ist die Ursache behoben, kann man die Rillen mit einer Polierfeile mildern, bis die Nägel wieder natürlich nachgewachsen sind.

So wie bei den Fingernägeln leiden viele Menschen auch an den Füßen unter brüchigen und spröden Nägeln. Um dieses Problem zu lösen, sollte man die Zehen öfter einmal mit einer Fußmaske verwöhnen. Dazu braucht man kein aufwendiges Zubehör, denn man massiert die Zehen und Nägel einfach vor dem Schlafengehen mit einer speziellen Massageölmischung (plus fünf Milliliter Lemongrasöl, einem Tropfen Geraniumöl und zwei Tropfen Santalöl) und schlüpft über Nacht in Baumwollsocken. Am Morgen danach sind die Füße weich und glatt.

Fussbäder lindern

Um die Füße für die Pflege vorzubereiten, gibt man in das Fußbad einige Tropfen ätherisches Lavendel- oder Mandelöl.

Geschwollene Füße und müde Beine sind nach einem anstrengenden Tag ganz normal. Auch Fußbäder machen sie wieder fit: So regeneriert Pfefferminze müde Füße in kurzer Zeit. Überbrühen Sie dazu eine Hand voll Pfefferminzblätter mit einem Liter kochenden Wasser und lassen Sie den Aufguss 15 Minuten ziehen. Dann die Flüssigkeit abseihen und die Füße nochmals zehn Minuten darin baden.

Gegen Schweißfüße hilft Apfelessig. Das lästige Übel lässt sich nämlich durchaus langfristig kurieren, wenn man die Füße regelmäßig in einer Mischung aus Wasser und Apfelessig badet (Verhältnis 1:2). Das warme Wasser mit Apfelessig vermischt, zeigt bei täglicher Anwendung bereits nach einer Woche Wirkung.

Gegen verhornte Stellen an den Füßen hilft dieses Rezept: Geben Sie drei Teelöffel Cidreessig in eine dunkle Flasche, die 30 Milliliter fasst, und fügen Sie zwei Tropfen reines ätherisches Santalöl hinzu. Danach die Flasche schließen und kräftig schütteln. Anschließend zehn Milliliter verdünntes Lemongrasöl und fünf Milliliter Traubenkernöl hinzufügen. Wieder schütteln. Die Flasche sollten Sie kühl und dunkel aufbewahren und den Inhalt innerhalb von zwei Wochen verbrauchen. Zuerst badet man die Füße zehn Minuten lang in warmem Seifenwasser, um die Hornhaut aufzuweichen. Dann die Füße abtrocknen und mit der gerade beschriebenen Mischung massieren. Diese Prozedur sollte man zwei Wochen lang täglich wiederholen.

Lästige Druckstellen können ebenfalls über Nacht verschwinden, wenn man am Abend ein Kräuter- oder Basenfußbad nimmt. Danach Olivenöl im Wasserbad erwärmen und die Füße damit einmassieren. Zum Schlafengehen zieht man Socken an.

Die Beine

Kurze Röcke, knappe Shorts, verführerische Schlitze im Kleid – für all das braucht man schöne Beine. Diese jedoch zu bekommen oder gar zu halten, ist nicht nur Gottesgabe, sondern vor allem intensiver Pflege zu verdanken.

Die meisten Frauen sind fest überzeugt, dass ihre Beine nicht dem gängigen Schönheitsstandard entsprechen. Zu kurz oder zu lang, zu dick oder zu dünn, mal ist es Zellulitis und mal sind es Besenreiser, die den Blick trüben. Am weitesten verbreitet ist die Angst vor Cellulite. Etwa 80 Prozent der Frauen leiden daran. So ist es verständlich, dass die Forschung und Kosmetikindustrie immer wieder neue Behandlungsmethoden und Präparate vorstellen. Freilich sollte man den oft vollmundigen Versprechungen kritisch gegenüber stehen, denn ein Wundermittel gibt es bis heute nicht, das die Cellulite sozusagen über Nacht wegzaubern könnte. Die Ursachen der Cellulite sind vielschichtig: Blutzirkulationsstörungen, Veränderungen im Hormonhaushalt, falsche Ernährung und Bewegungsmangel.

Man sollte selbst auch vorsichtig mit der Diagnose Cellulite sein. Am besten überlässt man dies, wenn man den Verdacht auf Zellulitis hegt, der erfahrenen Kosmetikerin, die per Fragebogen und Diagnosegespräch eine ganze

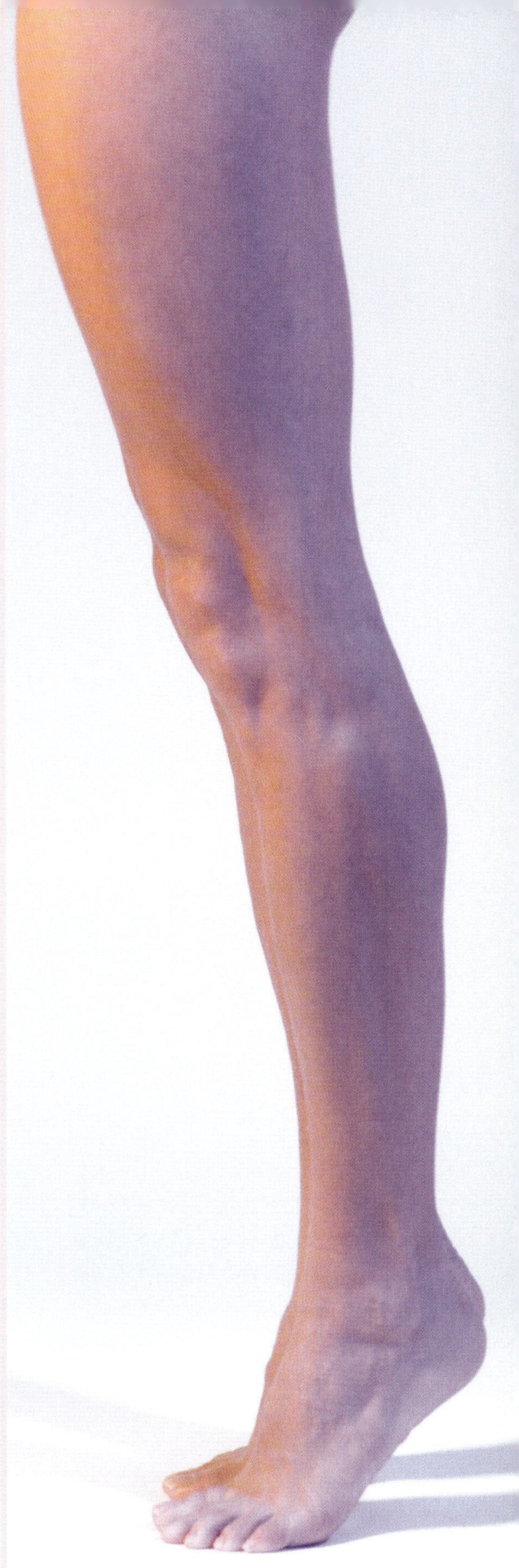

Reihe von Faktoren zusammenträgt und darauf basierend eine verlässliche Diagnose stellt. Dabei spielen nicht nur Tests, die den Zustand der Haut untersuchen – Orangenhauttest und Kneiftest – eine Rolle, sondern auch Informationen über den Zustand des gesamten Organismus. Wie steht es um die Verdauung? Sind bestimmte Erbfaktoren festzustellen? Gibt es andere Erkrankungen wie der Leber oder Nieren, die für die Zellentzündung verantwortlich sein könnten? Selbst Wirbelsäulenschäden, Bindegewebsschwäche, Beinleiden, Thrombosen oder Weichteilrheumatismus können eine Rolle spielen.

Eine verlässliche Methode, das Ausmaß einer Cellulite festzustellen, ist die Echographie. Im Liegen untersucht man mit einem Ultraschallkopf das cellulitische Infiltrat. Ist das Fettgewebe unter 15 mm, reichen meist lokale kosmetische Maßnahmen. Erreicht das Fettgewebe eine Dicke zwischen 15 und 45 mm, ist eine intensivere Behandlung von innen und außen nötig. Überschreitet das Fettgewebe 45 mm, ist eine aufwendige ganzheitliche Therapie angezeigt.

Wichtig ist bei der erfolgreichen Behandlung der frühe Beginn. Um allerdings einen Erfolg zu sehen, braucht man Geduld und Disziplin. Im Wesentlichen geht es bei der Therapie darum, die Durchblutung anzuregen, das Gewebe zu straffen und Fett zu verbrennen. Als sehr wirksam haben sich in diesem Zusammenhang Algen erwiesen. Sie werden kombiniert äußerlich (durch Algenbäder, Algenextrakte, Algenmazerationen, Algengels und Algenpackungen) und innerlich angewendet. Sie straffen das Gewebe, binden Feuchtigkeit und bauen Fettzellen ab.

Wer einer Cellulite nachhaltig zu Leibe rücken will, muss auch auf das Gewicht achten. Modische Radikaldiäten bringen nichts, der einzige Weg ist es, sich selbst bewusst zu machen, was es heißt, sich gesund, also ausgeglichen zu ernähren. So gehört dazu auch das Wissen, dass die Sauerstoffaufnahme oder der Sauerstoffmangel zum größten Teil von der Beschaffenheit der Fettzellen abhängt und die Verbrennung der Nährstoffe ein wichtiger Teil des gesamten Stoffwechsels ist. Unter Umständen ist auch die Mithilfe des Arztes gefragt, wenn der Fettstoffwechsel nachhaltig gestört zu sein scheint. Außerdem sollte man viel trinken, täglich ungefähr drei Liter stilles Mineralwasser oder frische Gemüsesäfte, davon mindesten einen viertel Liter am Morgen.

Regelmäßige Bewegung ist ein weiterer wichtiger Faktor bei der Behandlung. In Fitnessstudios gibt es heute spezielle Gymnastikangebote, die sich den Problemzonen an Oberschenkeln und Po widmen. Darüber hinaus ist alles gut, was die Beine fordert: also Radfahren, Schwimmen, Laufen oder Seilspringen.

Ein anderes, weit verbreitetes Beinproblem sind die so genannten Besenreiser. Das sind erweiterte Äderchen, die wie ein feines, bläuliches Netz

Lästige Beinhaare entfernen

Körperhaare an den Beinen sind mehr ein optisches Problem, das sich beim besten Willen nicht wegpflegen lässt. Welche Methode Sie wählen, um lästige Beinhaare loszuwerden, hängt von der eigenen Schmerzempfindlichkeit ab und wie lange das Ergebnis halten soll. Folgende Möglichkeiten stehen zur Wahl:

Einfach »wegcremen«

Enthaarungsprodukte, die als Creme oder Schaum auf dem Markt sind, arbeiten mit Wirkstoffen, die das Haarkreatin unter der Hautoberfläche auflösen. Kurz nach dem Auftragen kann man die Paste mit einem Spachtel abschaben und hat glatte Beine. Das Verfahren muss aber etwa einmal pro Woche wiederholt werden.

Schnell rasieren

Nass oder trocken – der Effekt ist gleich. Vorteil der Haarrasur: Es geht schnell und tut nicht weh. Von Nachteil ist allerdings, dass die Haare schnell innerhalb weniger Tage nachwachsen und noch dazu dann ziemlich stoppelig sind.

Gründlich zupfen

Das nennt man Epilieren. Elektrische Epiliergeräte zupfen die Härchen mit rotierenden Pinzetten aus der Haut. Beim ersten Mal ist das relativ schmerzhaft, weil es ziept – doch daran gewöhnt man sich schnell. Der eindeutige Vorteil dieser Methode: Die Härchen wachsen erst nach drei bis vier Wochen ganz fein nach.

Traditionell enthaaren

Gründlich und etwas schmerzhaft ist die traditionelle Enthaarungsmethode mit Wachs oder Halawa. Es fühlt sich in etwa so an, als würde man ein Pflaster von der Haut ziehen. Am einfachsten ist die Enthaarung mit Kaltwachs. Da gibt es fertige Streifen, die man auf die Haut legt. Warmwachs hingegen muss exakt aufgetragen werden, um alle Härchen auch zu erfassen. Wichtig: Das Wachs muss in Wuchsrichtung angedrückt werden und wird in der Gegenrichtung abgezogen. Diese Grundregel muss auch bei der Enthaarung mit Halawa beachtet werden. Der Vorteil diese Methode: Die Beine bleiben drei bis vier Wochen glatt, die Haare wachsen ohne Stoppeln nach. Allerdings ist die Behandlung, wie bereits gesagt, nicht angenehm.

hauptsächlich an den Oberschenkeln und Fesseln sichtbar werden. Die Ursachen dafür kann eine Bindegewebsschwäche sein, aber auch auf einen tiefer liegenden Venenschaden hinweisen. Auf alle Fälle sollte man einen Venencheck beim Arzt machen assen, denn nur gegen die oberflächliche Bindegewebsschwäche soll man mit rein kosmetischen Maßnahmen vorgehen.

Wechselduschen an den Beinen können eine gute Gefäßgymnastik sein. Dabei wird abwechselnd der kalte oder warme Duschstrahl an den Beinen aufwärts geführt. Immer zuerst an der Außenseite der Beine und dann innen. Diese Behandlung ist nur dann erlaubt, wenn keine ernstlichen Venenerkrankungen vorliegen.

Ein schöner Busen

Für die meisten Frauen ist ein schöner Busen ebenso wichtig wie ein gepflegtes Gesicht. Und doch sind die meisten unzufrieden mit dem, was die Natur ihnen mitgegeben hat. Zu klein oder zu groß, zu schlaff oder zu unsymmetrisch – die Liste der angeblichen Mängel ist lang. Während sich die Größe durch chirurgische Eingriffe korrigieren lässt, muss man für ein straffes Gewebe selbst etwas tun. Die weibliche Brust besteht vor allem aus weichem Fett-, Drüsen- und Bindegewebe, das locker auf einem großen Muskel ruht. Wird dieser nicht ab und zu trainiert, erschlafft auch die Brust. Schwangerschaft, schwaches Bindegewebe, schlechte Haltung und ausgiebige Sonnenbäder tun ein Übriges, einen Hängebusen zu begünstigen. Leider gibt es keine kosmetischen Möglichkeiten, einen schlaffen Busen wieder in Form zu bringen, aber dafür vieles, was man tun kann, damit es gar nicht so weit kommt.

Pflege und Hausmittel

Spezielle Brustpräparate verbessern die Mikrozirkulation im Gewebe. Sie machen zwar keinen Busen größer, doch sie sorgen dafür, dass die Haut straffer wird. Die meisten enthalten Vitamine und Mineralstoffe sowie spezielle Anti-Aging-Wirkstoffe. Auch Einreibungen mit frischem Ananassaft, einem Sud aus Frauenmantel oder gemahlenem Koriander in Honig sollen helfen. Als Geheimtipp gilt rohes Apfelmus: Reiben Sie zwei bis drei Äpfel und verteilen Sie das Mus auf beide Brüste. Eine Viertelstunde einwirken lassen und dann kalt abduschen.

Coole Güsse und weiche Bürsten

Die Haut am Dekolleté hält den Busen wie ein natürlicher BH. Das kann man deutlich erkennen, wenn man das Kinn vorstreckt – dann hebt sich der Busen ein wenig. Das ist auch der Grund, warum das Dekolleté unbedingt in die pflegenden Maßnahmen eingeschlossen werden sollte. Kalte Güsse und die Behandlung mit Eiswürfeln sind schon seit je bekannt – und helfen auch wirklich. Man sollte beispielsweise den Busen nach dem Duschen kalt (auf kleinster Einstellung) im Uhrzeigersinn um jede Brust berieseln. Wer sich überwinden kann, reibt ihn mit einem eiskalten Waschlappen oder Eiswürfeln in gleicher Weise ab. Sehr wirkungsvoll sind auch abendliche Trockenbürstungen mit einer weichen Bürste. Dabei wird das Gewebe kreisend massiert, die Brustwarze sollte man dabei allerdings aussparen.

Gerader Rücken und isometrische Übungen

Eine bewusste Körperhaltung ist schon der halbe Erfolg. Also Kinn hoch, Schultern runter und Brust raus. Kontrollieren Sie ihre Körperhaltung öfter mal im Spiegel. Gymnastik hilft zudem, den großen Brustmuskel zu stärken. Ideal sind isometrische Übungen, die den Muskel aktivieren, den Busen selbst aber nur minimal bewegen. Eine einfache Übung für jeden Tag ist der indische Gruß: Dabei falten Sie die Hände vor der Brust flach aufeinander. Die Unterarme sind waagerecht zum Körper und die Ellenbogen angehoben. Nun die Handflächen ganz fest aneinander pressen – die Span-

Busenpflege lässt sich gut mit dem regelmäßigen Abtasten der Brust verbinden. Einmal im Monat solte man mit den Fingerspitzen das Brustgewebe nach Verhärtungen abtasten.

nung zehn Sekunden halten und dann wieder lösen. Mehrmals wiederholen. Auch wenn man mit den Armen trockene Schwimmbewegungen macht, trainiert das die Brustmuskulatur.

Noch ein paar Worte zum Thema Büstenhalter. Es hält sich immer noch das Gerücht, dass das Tragen eines Büstenhalters die Muskulatur erschlaffen lässt und man deshalb besser auf ihn verzichten solle. Genau das Gegenteil ist richtig: Das Gewebe braucht Unterstützung, um straff zu bleiben. Ein gut passender BH ist dafür bestens geeignet.

Ein Höchstmaß an sorgfältiger Pflege brauchen übrigens auch der Hals und das Dekolleté. Nach dem Baden sollte man diese Körperpartien sorgfältig behandeln. Halswickel sind dafür gut geeignet. Machen Sie einen Halswickel mit Borretschöl oder einer Mischung aus Oliven- und Mandelöl zu gleichen Teilen. Das Öl wird im Wasserbad erwärmt und dann mit einer Mullbinde um den Hals gewickelt. Um die Wärmewirkung zu verstärken, kann man eine Plastikfolie darüber legen und darauf noch ein in heißes Wasser getauchtes dünnes Handtuch platzieren.

Knackiger Po: Das macht ihn fit!

Ein richtig knackiger Po hat straffe Muskeln und glatte Haut. Für das eine braucht man ausdauerndes Trainung und für das andere intensive Pflege.

Das Potraining lässt sich relativ leicht in das tägliche Leben integrieren. Man kann es immer machen, egal wo man gerade ist. Zum Beispiel diese Übung im Sitzen: Spannen Sie immer wieder einmal die Pomuskulatur an, als wollten Sie einen Bleistift halten. Achtmal nacheinander genügt. Oder diese Übung: Legen Sie sich auf den Rücken und legen Sie die Fersen auf der Sitzfläche eines Stuhls ab. Nun die Fersen sechs Sekunden lang gegen die Sitzfläche drücken, ohne den Po dabei anzuheben. Auch diese Übung wird achtmal wiederholt.

Was für einen straffen Po sonst noch gut ist: der Catwalk. Das ist die Gangart, mit der Models über den Laufsteg schweben. Dieser katzenartige Gang entsteht dadurch, dass die Beine nicht parallel bewegt werden, sondern immer aus einem Hüftschwung heraus. Dafür braucht man etwas Übung, aber es ist Potraining im Vorübergehen. Auch wer öfter einmal auf den Lift verzichtet und statt dessen Treppen steigt, tut etwas für eine straffe Muskulatur.

Um die Haut schön glatt und frisch zu machen, sollte man dem Po ein Peeling pro Woche gönnen. Das regt die Durchblutung an und macht die Haut aufnahmefähiger für das folgende Pflegeprogramm. Nach dem Duschen sollte man die Haut gut eincremen, um sie ausreichend mit Feuchtigkeit zu versorgen.

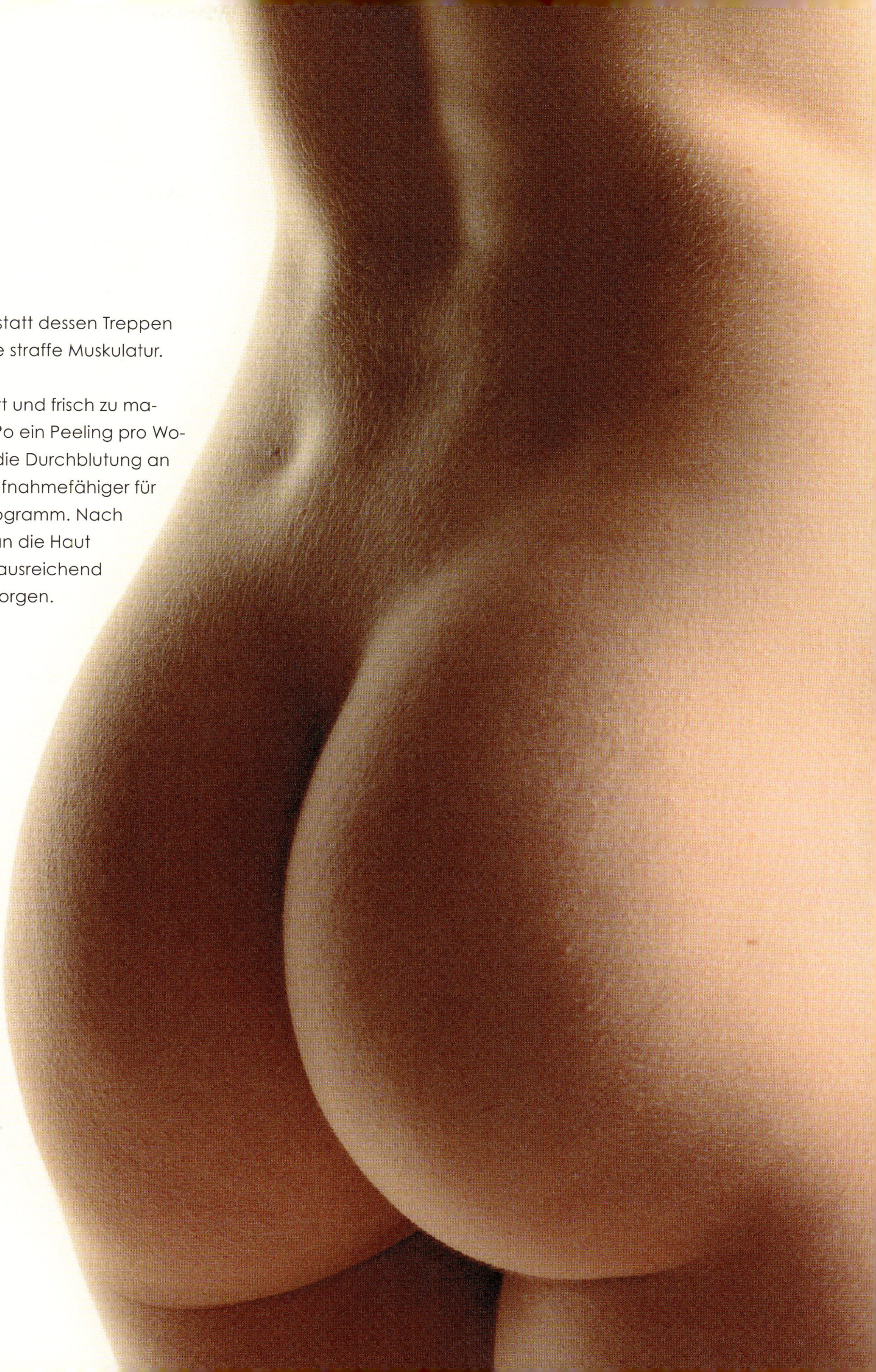

Baden und Duschen heisst auch sich zurückziehen und das Wohlgefühl, das das Wasser spendet, für sich ganz auskosten. So schöpft der Körper neue Kräfte und so kommt die Seele wieder ins Gleichgewicht. Dieses Erlebnis mit einem geliebten Menschen teilen und sich gegenseitig verwöhnen sind die Tür zum Paradies. Mit dem Zauber frischer, betörender Düfte, dem den Körper umschmeichelnden Wasser und der Magie zarter Berührung wird aus dem gemeinsamen Bad ein Fest der Liebe. Solche Badewonnen sollte man allerdings sorgfältig und mit viel Fantasie vorbereiten.

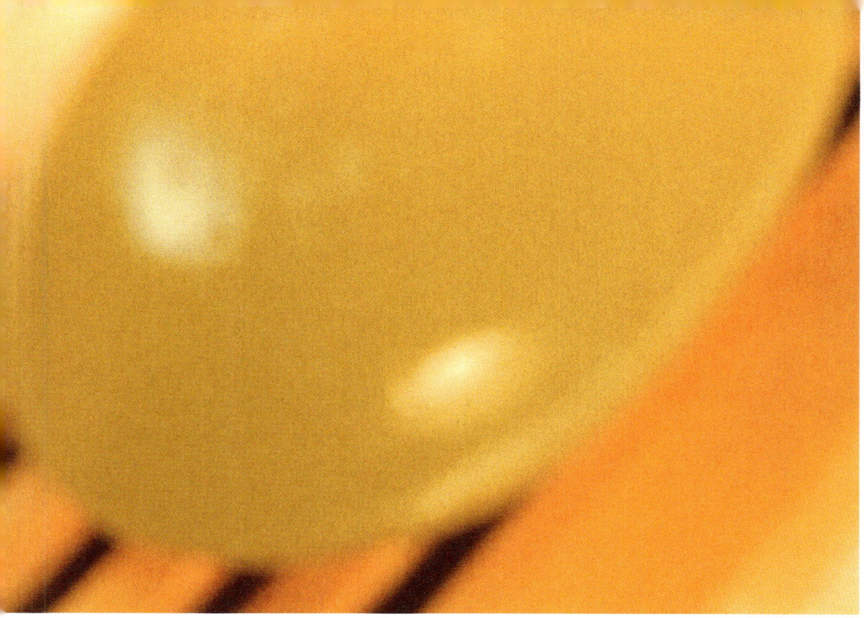

Ein Bad für zwei

Wannenfreuden privatissime

Duschen und Baden gehören zu den Grundbedürfnissen des modernen Menschen, denn jeder hat den Wunsch, sich zu reinigen. Duschen und Baden können aber mehr sein: Genuss, ein Schwelgen in angenehmen Gefühlen, das Versinken in einen Zustand zwischen Gegenwart und Traum, ein Sichtreibenlassen.

Zu zweit zu duschen oder zu baden mag auf den ersten Blick abwegig erscheinen, wenn man an die üblichen häuslichen Gegebenheiten denkt: Wer besitzt schon eine so geräumige Dusche oder eine so ausladende Badewanne, dass darin zwei erwachsene Menschen Platz fänden? Im Kino sieht das herrlich aus, wenn das Liebespaar in einer großzügigen Badewanne, die eher einem Mini-Swimmingpool gleicht, planscht, Champagner schlürft und so seine Liebelei zelebriert. Stellt man sich jedoch solche Umtriebigkeit in der heimischen Wanne vor, in der oft lediglich eine Person mit leicht angewinkelten Beinen Platz findet und, wenn zu zweit, der Partner sich wie ein Taschenmesser zusammenklappen muss, unangenehm die Armaturen im Kreuz, dann kann man einemgemeinsamen Bad nichts Positives abgewinnen. Warum sollte das besonderen Spaß bereiten?

Baden in der Wanne oder Duschen ist für die meisten Menschen eine intime Angelegenheit: die Chance, sich zurückzuziehen und nur sich selbst wahrzunehmen, sich dem eigenen Körper zu widmen, ihn mit Seife und Schwamm liebevoll zu berühren. Beim Baden möchte man in Ruhe gelassen werden. Kinder und Hund müssen draußen bleiben. Alles, was stört, hat zu unterbleiben. Im wohligen Badeschaum möchte man nicht schon wieder Rücksicht auf andere nehmen müssen. Das stimmt alles. Das Bad, die Dusche – beides ist ein persönliches Erlebnis, ein bewusst egoistischer Genuss.

Doch dies ist kein Argument gegen das Bad zu zweit, das gemeinsam gesuchte Erlebnis. Ein Rheumabad – um ein prosaisches Beispiel anzuführen – nimmt man allein. Ein solches Bad verfolgt einen allzu irdischen Zweck. Im Grunde kommt es einer Kur gleich, ist Therapie. Und dazu verdammen einen die Schmerzen, die Krankheit. Kein Mensch würde nur aus Vergnügen in ein heftig nach Menthol riechendes Rheumabad steigen. Es ist natürlich nicht unangenehm, denn das warme Wasser mit den heilenden Zusätzen schenkt möglicherweise auch Wohlbefinden und noch mehr beflügelt die Hoffnung den Badenden, dass sich diese Therapie als schmerzlindernd er-

weisen wird. Aber ein Rheumabad oder eines gegen akute Erkältung zu zweit erleben? Wenn man kurt, will man von Empfindungen wie Zweisamkeit und Erotik wenig wissen. Wenn man sich jedoch in der Badewanne entspannen will, sieht die Sache anders aus.

Reinigendes Wasser für die Nacht der Liebe

Schon im Orient galt das Baden als unumstößliche Vorbereitung auf die Liebesnacht. Mann und Frau badeten zwar getrennt, doch die Dienstboten gaben sich große Mühe, die Körper der beiden Auserwählten für die Liebesnacht nach allen Regeln der Kunst vorzubereiten. Die Haut der Dame wurde sorgfältig gewaschen und gebürstet und von jedem noch

so kleinen Haar befreit. Dann rieb man den Körper mit Henna ein, um ihm eine schöne Farbe zu verleihen und die Haut seidenglatt zu machen. Auch der Mann wurde von fleißigen Händen für das Fest der Liebe präpariert. Mit ihm ging man weniger sanft um und rubbelte mit Bimsstein jedes Hautschüppchen ab. Die Männerhaut sollte sich unter den Händen der Frau sanft wie Seide anfühlen. Die wichtigste Rolle bei dieser peniblen Reinigungszeremonie spielte das Wasser, das schützend den nackten Körper umgibt, ihn nicht wie an freier Luft frösteln lässt, sondern ihn wie ein unsichtbares Gewand wärmend umfließt.

So wie das Bad dem Menschen das Gefühl gibt, zu sich gefunden zu haben, geschützt wie einst im Bauch der Mutter, so kann sich dieses Gefühl natürlich auch auf zwei Menschen ausdehnen, zwischen denen eine besondere Beziehung besteht. Man wird einander umarmen, berühren, die Linien des Körpers des anderen mit den Fingerspitzen nachzeichnen und küssen. Unter dem heißen Duschstrahl oder in der Badewanne entsteht zwangsläufig ein eigenartiges Gemeinschaftsgefühl. Essen, heißt es, halte Leib und Seele zusammen – wenn zwei Menschen, die einander lieben und begehren, zusammen baden, hält das Wasser deren Körper und Seelen zusammen und vermag für Momente in beiden das Empfinden herbeizuzaubern, sie seien eins, ein Körper und eine Seele.

Die Skala der möglichen Empfindungen beim gemeinsamen Baden ist breit. Das reicht vom albernen Tollen, der furiosen Wasserschlacht mit schallendem Gelächter über hingebungsvolles Massieren und Streicheln bis zur gemeinsamen Meditation, bei der man mit geschlossenen Augen den anderen nahe bei sich spürt.

Freilich stellt sich das sprudelnde Vergnügen nicht von selbst ein, genauso wenig wie die nahezu mystische Versenkung oder die erotische Leidenschaft. Eine gewisse Vorbereitung und auch Nachdenken über die Dramaturgie eines gemeinsamen Badefestes sind schon nötig; es sei denn, die Partner sind Naturtalente in Sachen Baden und Liebe oder haben viel Routine im gemeinsamen Badespaß.

Flucht aus dem Alltag

Voraussetzung für das Gelingen des gemeinsamen Badespaßes ist der richtige Zeitpunkt. Mag sein, dass sich ein frisch verliebtes Paar in jugendlicher Unbekümmertheit und Leidenschaft ohne lange zu überlegen auf dem Hotelzimmer die Kleider vom Leibe reißt und sich unter die Dusche jagt, um der Lust zu frönen. Von solchen mehr dramatischen Augenblicken abgesehen erfordern Badewonnen zu zweit ganz bewusst einen Zeitpunkt, an dem man sich ungestört weiß und den Terminkalender aus dem Kopf verbannt hat.

Leidenschaft lässt sich nicht planen, doch man kann selbstverständlich die Örtlichkeiten prüfen, die einem Gelegenheit für die Leidenschaft verschaffen sollen.

Wenn die Badewanne eben nur gerade Platz für eine Person lässt, kann man das Doppelbad natürlich nicht erzwingen. Aber das muss kein Hindernis für ein erfülltes Badeerlebnis sein. Man kann einen bequemen Stuhl oder Sessel ins Badezimmer stellen und die Partnerin zuerst in die Wanne steigen lassen. Der Mann kann der Frau beim Entkleiden helfen oder sie beim Entkleiden liebevoll betrachten. Schon das kann zum prickelnden Erlebnis werden.

Man kann sich unterhalten, denn man hat Zeit, der Abend ist lang. Man kann Träume und Zukunftswünsche austauschen, gemeinsame Fantasien spinnen. Er kann sie bedienen, ein Getränk reichen, ein leckeres Häppchen oder kühle Früchte. Er kann ihr den Nacken und den Rücken sanft massieren, ihre Haare waschen, seine Fingerspitzen zärtlich über ihre Kopfhaut wandern lassen. Und anschließend revanchiert sie sich mit Hingabe.

Es kann wunderschön sein, sich von einem geliebten Menschen verwöhnen zu lassen, vertrauensvoll und mit geschlossenen Augen. Beide können auch in der Wanne stehen, sich gegenseitig abtrocknen, die Wassertröpfchen mit den Lippen auffangen – es sind alles erotische Spiele voller Zärtlichkeit.

Das passende Ambiente für das private Badefest

Das Badefest für zwei, die einander lieben, könnte man mit einer Oper vergleichen. Dieser Anspruch mag hoch gegriffen sein, wenn der eine oder andere an sein eher unscheinbares Badezimmer denkt, beengt und mit glanzlosen weißen Kacheln, das gerade recht ist fürs Zähneputzen und ab und zu für eine Dusche. Doch greifen Sie einmal hoch, ganz bewusst, und gönnen Sie sich diese kleine Verrücktheit, schaffen Sie sich zu Hause Ihren Badetempel. Das Geheimnis: Sie brauchen kein neues Badezimmer zu planen, das so aussieht wie in Wohnungsjournalen. Das ist nicht zu bezahlen und auch nicht unsere Absicht. Sie schaffen Ihr Badeparadies nach Ihrem Geschmack mit kleinen, aber wirksamen Ideen, die sich aneinander fügen. Den Rest besorgt Ihre Fantasie. Das Budget ist nicht entscheidend. Eine rote Rose in einem Sektglas, ein pinkfarbenes Frotteetuch am Ständer, ein paar Tropfen Rosenöl auf der Duftlampe. Das sind bereits drei Akzente, die Ihre Fantasie stimulieren. Das sind Brückenpfeiler, zwischen denen ihre Imagination die Brückenbogen spannt.

Alle Sinne sollen angesprochen sein: Was Sie sehen und hören, der Duft und der Geschmack und was Sie fühlen.

Für den Anlass braucht man ein passendes Bühnenbild und da kann die Fantasie frei walten. Betrachten Sie Ihr Badezimmer als das Erholungszentrum Ihrer Wohnung oder Ihres Hauses. Professionelle Badeanstalten haben sich längst von der Innenarchitektur des klassischen Schwimmbads enfernt und bieten Fantasielandschaften mit zwischen Palmen verborgenen Grotten, finnischen Saunahäuschen, Felsen mit Wasserfällen … Sie sollen jetzt nicht aus Ihrem Badezimmer eine Erlebnislandschaft machen, greifen Sie aber die Idee auf und vergessen Sie Ihr Badezimmer als bloße Waschgelegenheit. Es soll der Ort in Ihrem Wohnbereich sein, der Ihr Refugium ist und wo Sie sich immer wieder erholen können.

Dazu müssen Sie etwas tun, denn ein normales Badezimmer ist nicht gerade dafür prädestiniert, zwei Menschen die Welt um sich vergessen zu lassen. Wenn Sie glückliche Besitzer eines modernen geschmackvoll gestylten Badezimmers sind, haben Sie es natürlich einfacher. Sie müssen sich nur um die Accessoires kümmern, die einen leichter in Liebesstimmung versetzen.

Denken Sie an Blumen. Wenn genug Platz vorhanden ist, können Sie ständig eine Grünpflanze an geeigneter Stelle im Badezimmer platzieren. Aber auch ein Blumenstrauß in einer Vase setzt einen farblichen und vielleicht auch duftenden Akzent. Und für das Liebesbad sollten Sie im Gegensatz zu den normalen Badetagen ein ganz persönliches Blumenarrangement wählen. Weniger kann oft mehr sein: eine einzige langstielige Rose in einer schlanken Kristallvase oder Rosenblätter in einer Schale. Badeöle, Toilettenwässer, Zusätze, Shampoos und Lotionen werden meist in hässlichen Plastikflaschen angeboten. Stellen Sie solche banalen Behältnisse bitte nicht auf den Rand der Badewanne oder auf den Fenstersims. Beschaffen Sie sich stilvolle Karaffen, Flakons oder Schalen, in die Sie die Ingredienzen umschütten. Wenn Sie Ihre eigene Aromaölbar eröffnen wollen, um Ihre Cocktails zu kreieren, dann wirken die Fläschchen sehr schön, wenn man sie zusammenstellt. Es gibt aparte Seifen, in verschiedensten Formen, Badeöle in Gelatinekugeln, die man wiederum in Gläser füllen kann. Wandern Sie durch die Glasabteilungen der Kaufhäuser, suchen Sie gemeinsam für Ihr Badeparadies die schönsten Gläser aus.

Scheuen Sie sich auch nicht, scheinbar unnütze Accessoires, die einfach nur schön sind und ihnen persönlich gefallen, anzuschaffen. Sie müssen sich vor niemandem rechtfertigen, wenn sie einen silbernen Kamm auf dem Flohmarkt erstehen, Delfine aus Glas oder Marienkäfer aus Steinen. Ja, und die verschiedenen Steinarten können wundervoll wirken und Kräfte ausstrahlen, die man fühlt, aber nicht für möglich hält. Auch ein farbenfroher Teppich auf den Fliesen, eine Handtuchablage aus Acrylglas, eine Seifenschale in Muschelform, oder warum soll das Fenster keine Gardine haben, eine aparte Organza-Gardine, die einen lustigen farbigen Akzent setzt? Warum nicht glitzernde Kleiderbügel? Eine Duftlampe, die aus Stein gehauen ist? Ein arabesker Spiegel? Es gibt unzählige Möglichkeiten; richtig und schön ist das, was Ihnen gefällt.

Verschiedene Farben schaffen unterschiedliche Stimmungen. Pastellfarbene Töne geben auch einem relativ kleinen Raum den Eindruck von Weite, lassen das Licht fluten. Gedimmtes Licht oder das Licht flackernder Kerzen schafft geheimnisvolle Stille und Kerzenlicht legt sich wie Bronzeglanz auf die Haut und lässt die nackten Körper besonders schön und verführerisch wirken.

Es ist immer wichtig, dass Sie Ihren Stil treffen. Ihnen muss das Ambiente gefallen. Sie sollen sich wohl fühlen und deshalb kann es keine allgemein gültigen Regeln geben. Wenn Sie grelle Farben lieben oder extreme Kontraste, dann bekennen Sie sich dazu. Die Badeoase ist Ihr ganz persönlicher Ort, wo Sie niemand kritisiert oder beurteilt.

Sanfte Töne wie das Rauschen des Wassers

Zu Ihrem Badefest zu zweit gehört natürlich auch Musik, nicht irgendeine, nicht einfach das Gedudel aus dem Radio, unterbrochen von störenden Moderationen und Nachrichten. Sprache lenkt ab, weil man ohne zu wollen hinhört und dann, wenn es interessiert, die Aufmerksamkeit darauf richtet. Und nichts ist störender für das gemeinsame Badeerlebnis, als wenn man gar gemeinsam über das Gehörte noch in eine Diskussion gerät. Im wohligen warmen Wasser und zu zweit, den Körper des Liebsten so unmittelbar bei sich – das ist ein emotionales Erlebnis. Das Denken muss hier ausgeschaltet und ganz und gar durch Gefühle ersetzt sein.

Es heißt oft, dass auch Gesang störe. Für jede Meditation gilt die Spielregel, dass nur Instrumentalmusik den Zustand des Entrückens aus der Realität befördere. Man sollte das aber von den Bedürfnissen der Badenden abhän-

gig machen. Ein junges Paar findet Charthits vielleicht passender für ihre lustvollen Wasserspiele, andere geraten schweigend in Verzückung, wenn sie einer Opernarie zuhören. Und warum sollte ein Paar das Bad nicht auch bei Blasmusik genießen können? Jeder muss dies für sich entscheiden – und freilich mit seinem Partner einig sein, denn wenn die musikalische Untermalung nur einem gefällt, wird es schwierig, sich gemeinsam aufeinander zu konzentrieren.

Mit einem kleinen CD-Spieler können Sie sich Klänge der verschiedensten Arten in Ihre Badewelt holen. Wenn man allerdings einen musikalischen Hintergrund sucht, der das Badeerlebnis nicht beherrschend prägt, sondern nur dezent das Gefühl beider Partner anregt und hilft, sie der Gegenwart zu entrücken und inniglich zusammenzuführen, ist spezielle Meditationsmusik zu empfehlen. In jedem größeren Tonträgergeschäft gibt es inzwischen eine solche Abteilung mit einem großen Angebot, auch in Buchhandlungen und Esoterikshops kann man heute CD-Sammlungen mit entspannenden Klängen kaufen. Besonders schön sind solche Kompositionen, die Naturgeräusche – etwa die Morgenstimmung an einem See mit zwitschernden Vögeln und dem Rauschen des Wassers – in ein kleines Badezimmer bringen und so die Welt um die Liebenden herum im wahrsten Sinne des Wortes verzaubern. Wenn man dabei die Augen schließt, sich zurücklehnt, das angenehme Wasser spürt und sich der körperlichen Nähe des Partners bewusst ist, ist dies ein wundervoller Rahmen für totale Entspannung, um fern des Alltagsstresses die Nähe des geliebten Menschen wieder zu finden und neue Kräfte zu tanken. In der Regel wird man solche

Musik leise hören, als kaum wahrnehmbares Hintergrundgeräusch. Nichts wäre dem sinnlichen Augenblick hinderlicher, als wenn die Musik zu stark ablenkt.

Reden ist nicht untersagt. Wahrscheinlkich plaudert man zuerst miteinander. Erzählt sich, was am Tag passiert ist, vielleicht eine banale und lustige Episode. Ernsthafte Probleme sollte man ausklammern, denn bei manchen Paaren arten Gespräche rasch in Streit aus, wenn gegensätzliche Meinungen aufeinander treffen. Man kennt einander und sollte alles vermeiden, was die Stimmung stören könnte. Probleme müssen jetzt warten; man will sich gemeinsam stärken, um später mit neuer Energie Probleme zu bewältigen.

Machen Sie Ihrem Partner oder Ihrer Partnerin Komplimente. Sagen Sie endlich einmal wieder, wie schön Sie den anderen finden. Wie sehr Sie ihn begehren. Drücken Sie in Worten aus, was Sie empfinden. Dies ist ein gutes Thema beim gemeinsamen Baden: Gefühle hervorholen, sich bewusst machen, den anderen daran teilhaben lassen. Sprechen Sie über sich. Erinnern Sie sich an die schönsten Momente in Ihrem gemeinsamen Leben. Formulieren Sie Ihre Gemeinsamkeiten. Reden Sie darüber, wie und warum Sie sich lieben gelernt haben, was der andere für Sie bedeutet. Sie können sich auch entschuldigen für ungerechten Streit, für Missachtung des anderen, für schlechte Gewohnheiten. Reden Sie über Ihre Beziehung, wie gut sie ist, wie sie noch erfüllter werden kann. Aber lassen Sie die Probleme draußen.

Vielleicht führt Sie das kleine Badefest wieder zueinander. Sie lebten so nebeneinander her oder im Streit und haben sich jetzt entschlossen, alles Gegensätzliche vor dem Badezimmer abzuladen und so nackt, wie Sie voreinander in der Wanne sitzen, auch mit offenem Herzen mit dem Partner zusammenzusein. Etwa um sich zu versöhnen.

Doch es ist auch gut, wenn Sie miteinander schweigen, ohne Worte und nur mit einem Lächeln und Berührungen kommunizieren. Wahrscheinlich werden Sie zu Beginn Ihres Badefestes mehr miteinander plaudern, und die Worte werden langsam versiegen, wenn Sie einander mit Badeessenzen und Berührungen verwöhnen.

Magie der Berührung

Sich gegenseitig sanft zu berühren ist eine Kunst, die den Körper elektrisieren kann. Feinfühligkeit ist dabei notwendig, keine plumpe Vertrautheit. Je zarter die Berührung, desto unwirklicher das Gefühl, das sie erzeugt. Auch allein kann man seinem Körper diese Gunst erweisen, mit geschlossenen Augen, die Erregung verfolgend, die die streichelnde Hand spendet. Um wie viel inniglicher ist diese Empfindung, wenn der andere dieses Glück beschert.

Während des Badens und beim Abtrocknen können Sie sich gegenseitig massieren. Im Stehen, Sitzen oder Liegen. Die Partnerin sitzt auf dem Rand der Wanne oder auf einem Hocker. Er steht hinter ihr und behandelt ihren Rücken, die Schultern, den Hals. Oder beide stehen sich gegenüber und massieren sich gegenseitig. Wenn die Haut abgetrocknet ist, sollte man sie sofort mit einem duftenden Massageöl einreiben. Auf trockener Haut zu massieren ist sehr unangenehm. Jetzt braucht die Haut ohnehin wieder Fett.

Niemand erwartet von Ihnen, dass Sie einem professionellen Masseur Konkurrenz machen. Natürlich ist es sinnvoll, wenn Sie über die wichtigsten Massagegriffe Bescheid wissen und unterscheiden können, wie man streicht, knetet und drückt. Doch in dieser ganz besonderen Situation wird man intuitiv massieren. Man merkt sofort, ob der Partner die Berührungen schätzt oder ob sie ihn stören. Wenn Sie sich beide gleichzeitig massieren, synchronisieren sie unwillkürlich die gemeinsamen Massagebewegungen und fallen in einen Rhythmus. Grundsätzlich wird man sich gegenseitig sehr gefühlvoll behandeln, denn in jedem Massagegriff liegt die ganze Zärtlichkeit, die der eine für den anderen empfindet.

Düfte verzaubern die Seele

Die meisten Badezusätze duften sehr intensiv, besonders dann, wenn sie aus ätherischen Ölen bestehen. Dennoch kann man mit Duftölen auch zusätzlich einen angenehmen Raumduft erzeugen. Um solche Düfte zu erzeugen, benötigt man eine Duftlampe. Dies ist nichts anderes als eine Keramikschale, unter der eine Kerze oder ein Teelicht steht, manchmal handelt es sich auch um eine elektrische Heizplatte, wodurch das Wasser in der Schale warm gehalten wird. In die Wasserschale gibt man ein paar Tropfen des gewünschten ätherischen Öls. Indem das im Wasser gelöste Öl verdampft, wird der Duft erzeugt. Normalerweise verwendet man eine Mischung aus diversen Ölen, je nachdem, welche Duftvariante man erzeugen und welche Wirkung man erzielen will.

Natürlich kann man auch Gewürze in das erhitzte Wasser der Duftlampe legen. So eignen sich etwa Wacholderbeeren, Nelken, Kümmel, Anis, Vanilleschote, Kardamomkapseln, Koriander, Muskat, Ingwerwurzel, Zitronen-, Orangen- oder Limettenschalen, Sternanis oder Pimentkörner. Ob man einen Duft pur oder in Kombination mit anderen Düften mag, sollte jeder selbst herausfinden. Der Kreativität ist dabei keine Grenze gesetzt.

Man sollte natürlich Abstand vom Räuchern nehmen, wenn eine Allergie gegen bestimmte Kräuter oder Hölzer vorliegt.

Eine andere Technik, angenehme Düfte zu erzeugen, ist das Räuchern. Es ist einer der ältesten Bräuche der Menschheit und man findet ihn in vielen Kulturen, beispielsweise in Arabien und Ägypten, bei den Indianern und natürlich in China und Japan, in Indien und Tibet. In all diesen Ländern haben sich in jahrtausendealter Tradition bestimmte Methoden des Räucherns entwickelt. Allen ist aber das Prinzip eigen, edle Hölzer, Harze oder Kräuter zu verbrennen, wodurch der gewünschte Duft entsteht. Der Zweck des Räucherns ist sehr vielseitig. Man kann damit Räume desinfizieren, die Luft reinigen, aber auch körperliche und seelische Beschwerden lindern. Gerne wird das Räuchern auch dazu verwendet, eine meditative Atmosphäre zu schaffen, oder um den Kontakt zwischen Menschen und zwischen Mensch und Natur zu intensivieren.

In Indien schätzete man schon immer die anregende Kraft der Düfte während einer erotischen Massage. Zur Steigerung der Liebeslust verwendet man Duftmischungen aus Aloeholz, Kardamom, Nelken, Sandelholz, Patschuli, Benzoe und Weihrauch. Aus der Himalajaregion stammen Dufttraditionen aus Galgant, Ingwer, Kostus, Beifuß, Zwergwacholder und Distel.

Manche Räucherwerke duften sehr intensiv und eignen sich weniger für die Badezeremonie. Jeder sollte herausfinden, welche Düfte ihm besonders liegen. Von der Natur des Wassers her mag der Duftzauber der ätherischen Öle harmonischer empfunden werden aus derjenige, den das Feuer durch Verbrennung erzeugt. Räucherdüfte sind für meditative Situationen vielleicht geeigneter als für die Verdichtung der Atmosphäre eines gemeinsamen Liebesbades.

Wohltuende Düfte kann man aber auch ohne Verdunsten und Verbrennen erzeugen, indem man bestimmte Gewürze und getrocknete Kräuter in Schalen auslegt oder in Textilien, meist in Kissen, einnäht. Die Mischung hängt von der Duftnote ab, die man wünscht. Frisch und würzig mutet ein Potpourri aus Loorbeer, Basilikum, Minze, Wacholderbeeren, Sternanis und Zitronen- und Orangenschalen an. Man darf aber nicht übertreiben.

Im Speisezimmer ist ein zu aufdringlicher Duft nachteilig, weil er einem rasch den Appetit verdirbt, wenn Duft und Geschmack der Speisen von den Düften des Potpourris überdeckt werden.

Liebesessenz

3 EL Olivenöl
5 Tropfen Muskatellersalbeiöl
1 TropfenSchwarzer-Pfeffer-Öl
4 Tropfen Jasminöl

Ein Bad für die kalte Winterzeit, wenn Schnee liegt, die Eiszapfen am Dach hängen und der Himmel milchig grau ist. In einem Marmeladenglas vermischen Sie das Olivenöl mit zwei sehr gegensätzlichen ätherischen Ölen, fünf Tropfen Muskatellersalbeiöl mit süßlichem, frischem Aroma und ein Tropfen Öl aus schwarzem Pfeffer mit flammendem, mitreißendem Duft. Vier Tropfen Jasminöl mindern die Gegensätze und verschmelzen das Ölduo zu einer zauberhaften Liebesessenz.

Bäder für zwei

Exotisches Rosenbad

5 Tropfen Muskatellersalbeiöl
3 Tropfen Ylang-Ylang-Öl
3 Tropfen Rosenöl

Die ätherische Öl-Trias Rose, Muskatellersalbei und Ylang-Ylang werden miteinander in Olivenöl vermischt. Das exotische Ylang-Ylang dominiert die Mischung mit seinem fremdartigen Duft, wobei der sanfte Rosenduft im Hintergrund deutlich wahrnehmbar darüber schwebt. Dieses Bad macht auch zwei Schüchternen in der Wanne Mut und gibt die Chance, Ängste und Verzagtheit über Bord zu werfen und den geheimsten Wünschen Erfüllung zuteil werden zu lassen.

Sprudelndes Liebesbad

3 Tropfen Zitronenöl
3 Tropfen Rosenöl
5 Tropfen Kardamomöl
10 g Soda
10 g Natron
5 g Natriumperborat

Die Duftnote setzt sich aus drei Tropfen Rosenöl, fünf Tropfen Kardamomöl und drei Tropfen Zitronenöl zusammen. Kardamom ist dabei die treibende Kraft, denn dieses Gewürz gilt als eines der wirksamsten Aphrodisiaka. Wenn Sie 10 Gramm Soda, zehn Gramm Natron und fünf Gramm Natriumperborat zugeben und alles in warmem Badewasser verteilen, duftet es nicht nur verführerisch, der Zusatz von Natriumperborat setzt mit dem im Wasser vorhandenen Sauerstoff eine chemische Reaktion in Gang: Das Wasser sprudelt. Ein prickelndes Gefühl auf der Haut der beiden Liebenden, ein Ausdruck ihrer Spannung und Erwartung.

Bad für die Leidenschaft

Nehmen Sie vier bis fünf Stückchen Zimtrinde und bereiten Sie daraus mit kochendem Wasser einen Aufguss. Diesen gießen Sie durch ein Sieb in ein Porzellangefäß und fügen drei Tropfen Melissenöl, drei Tropfen Zitronenöl und drei Tropfen Sandelholzöl dazu. Diese Mischung kommt in die Badewanne. Streuen Sie noch ein paar Melissenblätter auf das Wasser. Zimt, ein indisches Liebesmittel, dominiert diese Bademischung und garantiert, dass das Verlangen der beiden Badenden intensiviert wird.

4–5 Stücke Zimtrinde
3 Tropfen Melissenöl
3 Tropfen Zitronenöl
3 Tropfen Sandelholzöl
Melissenblätter (getrocknet)

Honig-Lavendel-Bad

Eine Tasse Honig wird mit vier Tropfen Ylang-Ylang, zwei Tropfen Lavendel und zwei Tropfen Sandelholz gut vermischt. Wenn Sie wollen, können Sie noch eine Hand voll getrocknete Lavendelblüten in das Badewasser streuen. Das ideale Bad für aufgeregte Lover, denn diese Mischung wirkt angenehm beruhigend.

1 Tasse Honig
4 Tropfen Ylang-Ylang-Öl
2 Tropfen Lavendelöl
2 Tropfen Sandelholzöl

Sinnliches Bad

Vermischen Sie drei Tropfen Ylang-Ylang mit zehn Milliliter Traubenkernöl. Geben Sie dann noch einen Tropfen reines Rosenöl und zwei Tropfen reines Pampelmusenöl hinzu. Die Ylang-Ylang-Pflanze ist ein bis zu 25 Meter hoher Baum mit stark duftenden Blüten, denen man eine stark aphrodisierende Wirkung nachsagt. Das antiseptische wirkende Öl beruhigt bei Infektionen des Verdauungstraktes und unterstützt die Regeneration des Nervensystems.

3 Tropfen Ylang-Ylang
10 ml Traubenkernöl
1 Tropfen Rosenöl
2 Tropfen Pampelmusenöl

Sandelholz-Bad

Der warme, samtige Duft des Sandelholzöls entführt uns in tropische Wälder und orientalische Paläste. Sandelholz hat eine tiefe, weiche Schwingung und wirkt ausgleichend und harmonisierend, vor allem bei jeder Art von innerer Stressbelastung. Seine Duftsignale sind unübertrefflich im zwischenmenschlichen Kontakt. Wenn man das Bad einlaufen lässt, gibt man Milchpulver und Honig unter den Wasserstrahl. Sobald die Wanne gefüllt ist, mischt man Sandelholzöl und Rosenöl ins Wasser. Man kann Sandelholzöl – vermischt mit einem neutralen Öl – auch sehr gut zur Massage verwenden.

6 EL Ziegenmilch
(am besten in Pulverform)
2 EL Honig
3 Tropfen Sandelholzöl
3 Tropfen Rosenöl

Kulinarischer Höhepunkt

Auch für das Bad der Lust gilt die Spielregel, dass man nicht mit vollem Magen ins Wasser gehen soll. Mit leerem Magen aber brauchen Sie nach den Wassergenüssen dennoch nicht zu Bett zu gehen, im Gegenteil: Auf was man vorher weise verzichtet hat, kann man jetzt, gestärkt und innerlich in jeder Hinsicht auf Touren gebracht, mit größtem Genuss nachholen. Nach dem sinnlichen Bad wartet das aufregende Menü, das das Blut erst in Wallung bringt und die Glut der Liebe entfacht.

Man kann natürlich nach Laune auch während des Badens eine Kleinigkeit zu sich nehmen. Weil man eben nicht länger als etwa zwanzig Minuten im Wasser bleiben kann, ohne die Haut auszulaugen, bleibt fürs Speisen neben dem Baderitual kaum Zeit. Man kann sich höchstens ein Häppchen mit Kaviar oder Früchte in den Mund stecken, auch Stücke aus Paprika, Sellerie oder Spargelköpfe können zwischendurch munden. Im Badewasser aber richtig genussvoll zu speisen würde kaum jemand Spaß bereiten.

Freilich gilt es nicht, gemeinsam in die Küche zu eilen, aus dem Kühlschrank Butter, Käse und Wurst zu nehmen und mit der Hand ein paar Happen zu sich zu nehmen, um den Hunger zu stillen. So wie Sie das Bad sorgfältig vorbereitet und inszeniert haben, so sollten Sie auch die Fortsetzung arrangieren.

Nicht alles eignet sich, was einem normalerweise schmecken mag. Deftige Hausmannskost – fetter Braten mit Kruste, Kartoffelklöße oder Bratkartoffeln – wäre das unrühmliche Ende Ihrer fantastischen Liebes-Oper. Wenn Sie den Magen mit derartigem Ballast füllen, wird Ihr Organismus sich nur noch damit beschäftigen, diese kulinarische Zumutung ausgiebig zu verdauen. Derweilen haben Sie und Ihr Partner nichts anderes mehr im Sinn, als erschöpft aufs Bett zu sinken und einzuschlafen. Die Speisen müssen leicht und raffiniert sein – raffiniert in der Kombination, in Geschmack und Aussehen. Zuerst isst das Auge und da sollten Sie sich etwas einfallen lassen. Es muss nicht Kaviar sein, auch einfache Ingredienzen, lustvoll präsentiert, schaffen im Esszimmer eine ähnliche Glut wie zuvor im duftenden Badewasser.

Exotische Früchte spenden allein schon durch ihre Form, Farbe und den Duft sinnliche Freude. Denken Sie nur an Papaya, die Passionsfrucht oder Feigen. Nicht umsonst gilt beispielsweise die Feige in südlichen Ländern als Symbol der Fruchtbarkeit. Nehmen Sie eine Feige in die Hand, schneiden

Sie die Frucht auseinander und betrachten Sie deren wollüstiges Innenleben. Aber auch heimische Fruchtgenüsse sind nicht zu verachten. Pfirsiche, Erdbeeren oder Himbeeren, Kirschen, Birnen und Äpfel. Ein paar Früchte in einer schönen Schale serviert, können ein kulinarisches Zwischenspiel sein. Exotische Früchte schmecken beim ersten Biss eher fade und unscheinbar, der Geschmack kommt jedoch mit der Zeit und kann richtig süchtig machen. Aber auch ein Salat aus verschiedenen Früchten, exotischen und heimischen, ist ein aphrodisierender Genuss. Man sollte Fruchtsalat vorher kalt stellen, denn so schmeckt die Herrlichkeit nach den erhitzenden Badewonnen noch viel besser.

Einer anderen Art von Früchten sagt man wahre Wunderwirkung in Sachen Liebe nach, den Früchten aus dem Meer. Dies sind keine Gerüchte, sondern Meeresfrüchte enthalten Unmengen an Proteinen. Nicht umsonst zählten sie zu den Lieblingsgenüssen Casanovas, der jeden Tag drei Dutzend Austern geschlürft haben soll, um seinen Testosteronspiegel zu halten.

Austern enthalten außerdem reichlich Zink, Miesmuscheln, Eisen und Jod. Daneben ist es unbestreitbar ein sinnliches Vergnügen, aus den harten Schalen das wohlschmeckende Innere zu genießen.

Am Dinner für zwei sollte man nicht sparen, auch Kaviar lässt sich da trefflich servieren. Dabei muss der Tisch keinesfalls mit Köstlichkeiten überfüllt sein. Es kommt nicht auf die Menge an, sondern auf die delikaten Details.

Geheimnis der erotischen Küche

Luxus muss sein und ist für die Seele wichtig, besonders wenn es um einen unvergesslichen Abend zu zweit geht. Leisten Sie sich einmal Trüffel. Allein das Bewusstsein, eine solche Köstlichkeit zu genießen, ist ein Höhepunkt. Außerdem enthalten die Knollen psychoaktive Stoffe, die chemisch strukturiert sind wie die Pheromone, die menschlichen Sexuallockstoffe.

Gemüse sieht gut aus und ist, was seine luststeigernde Wirkung angeht, geradezu prädestiniert. Ein gutes Beispiel ist der Spargel. Sein hauptsächlicher Bestandteil, das Asparagin, wirkt entwässernd und steigert die Lust. Außerdem ist Spargel ein bemerkenswert leichtes Gemüse. Sellerie enthält Kalium, Natrium und Phosphor, Mineralstoffe, die das Liebeskarussell so recht in Schwung bringen können. Dazu tritt der apparte, herbe Geschmack. Libidoanregend wirkt der in der Sellerieknolle enthaltene Sexuallockstoff Eberpheromon. Ebenso interessant schmeckt dank seines Bitterstoffes das Cynarin der Artischocke. Eine der wichtigen Wirkungen der Artischocke ist die Anregung der Durchblutung des Körpers, ein Fitmacher und Verführer für die Liebesnacht.

Kräuter und Gewürze schließlich sollten Sie ebenso als Zutaten Ihrer Menüplanung ins Auge fassen: Dill beispielsweise oder Petersilie, Basilikum, Rosmarin. Jeder kennt diese gängigen Küchenkräuter, kaum jemand aber weiß, dass nicht nur ihr charakteristischer Geruch und Geschmack, sondern auch die in ihnen enthaltenen Substanzen Lustlosigkeit verscheuchen und Appetit auf Liebe machen. Verantwortlich dafür sind die Bitter- und Gerbstoffe sowie die ätherischen Öle, alles in winziger, aber umso wirksamer Dosierung. Die Scharfmacher aus dem Gewürzregal machen nicht deshalb scharf, weil sie scharf schmecken, sondern weil ihre biochemischen Inhaltsstoffe tatsächlich die Empfänglichkeit für erotische Reize spürbar verstärken. Pfeffer enthält Piperin, Chili das Capsaicin und im Ingwer steckt Gingero . Mit diesen orientalischen Scharfmachern gewürzte Speisen jagen das Blut durch die Gefäße und aktivieren den Stoffwechsel. Auch dem kühlsten Zeitgenossen wird es spürbar heiß ums Herz. Eine Prise Muskat auf eine Tasse heiße Milch oder Kardamom im schwarzen Kaffee – gegen diese luststeigernde Wirkung verblasst ganz gewaltig jene, die man im Volksmund dem Glas Champagner zuzuschreiben gewohnt ist.

Und schließlich isst das Auge mit. Legen Sie als Dekoration eine schön geformte rote Peperoni auf den Teller, auch wenn Sie sich nicht trauen, in das scharfe Gemüse zu beißen. Formen und Farben stimulieren ganz unbewusst das Liebesverlangen. Wenn eine Frau eine Avocado streichelt oder eine Feige in den Mund schiebt, ist dies ein eindeutiges Signal und lässt das Feuer lodern.

Ein Raum für die Liebe

Wohin Sie sich nach dem Baden zurückziehen, ist gleichgültig. Sie sollten sich dort nur wohl fühlen. An einem angenehmen Sommerabend kann dies der Balkon oder die Terrasse sein oder die Laube im Garten. Vielleicht ist es auch die Kuschelecke im Wohnzimmer. Vielleicht bauen Sie sich eine kleine Höhle mit vielen Kissen und setzen sich auf den Boden. Zwischen Ihnen in der Mitte ein weißes Tischtuch. Machen Sie ein Picknick im Wohnzimmer. Vergessen Sie den großen Esstisch, machen Sie es sich gemütlich.

Natürlich können Sie auch einen feierlich arrangierten Tisch decken, mit kostbarem Damasttischtuch, Porzellan, edlen Gläsern und Silberbesteck.

Es muss aber nicht der mit höchster Raffinesse gedeckte Tisch sein. Sie können Teller, Gläser, Besteck und Speisen auch auf einem kleinen Tisch oder in der Ecke auf dem Bodenliebevoll arrangieren.

Eine Idee wäre, den Tisch mit einem Gesteck aus frischen Kräutern statt mit einem Blumenstrauß zu schmücken. Petersilie, Koriander, Basilikum, Minze, Zitronenmelisse, ein duftendes Potpourri, das den Kopf frei macht und die Seele weit. Oder lassen Sie Blütenköpfe in einer flachen Wasserschale schwimmen, vielleicht zusammen mit Schwimmkerzen. Rosen wirken nicht nur in der Vase schön, man kann ihre Blütenblätter auch als Schmuck auf dem Tischtuch arrangieren.

In einer Glasschale können Sie verdauungsfördernde Gewürze bereitlegen. Sie können die Samen aus Anis, Fenchel, Koriander und Kümmel mischen und in der Pfanne rösten. Während des Speisens kann man immer wieder ein paar Samen knabbern. Das fördert die Verdauung, das Wohlgefühl und hält den Atem frisch.

Wenn Sie die Möglichkeit haben, das Licht zu dimmen, können Sie es anlassen. Auch eine Stehlampe, die nur zarten Schimmer verbreitet, ist akzeptabel. Ansonsten sollte man auf die warme Leuchtkraft vieler Kerzen vertrauen. Elektrisches Licht zerstört die Atmosphäre. Ihr Gegenüber mehr im Dunkel verhüllt und nur durch das flackernde Licht beleuchtet, gewinnt an geheimnisvoller Distanz, die den Wunsch nach dem anderen nur verstärkt. Und lassen Sie sich auf dieses Spiel ein. Halten Sie Abstand. Genießen Sie Ihre Erwartung, dehnen Sie die Vorfreude, denn je länger Sie Ihr Liebesbankett zelebrieren, desto lustvoller wird dessen Höhepunkt. Sie fühlen sich wohl und dieses Gefühl sollen Sie so lange wie möglich auskosten.

Liebe braucht Raum, in dem sich die Gefühle füreinander entfalten können. Lust, die sich entwickelt, ist gehaltvoller als spontane Befriedigung. Natürlich stopft man im Heißhunger alles in sich hinein und ist dann nach wenigen Minuten gesättigt. Ein Gourmetmahl jedoch verschlingt viel Zeit und jede Minute, jede Stunde steigert die Lust beinahe zur Qual. Wenn Sie sich beim Dinieren Zeit lassen, tun Sie auch dem Körper Gutes. Sie essen weniger und kauen sorgfältiger – und auf diese Weise bemerken Sie erst den wahren Geschmack der Speisen.

Cuisine d'amour

Sicher ist die Behauptung eine Mär, dass man mit bestimmten Gerichten die Liebesleidenschaft im Menschen wecken und ihn gar zur Liebe animieren könne. Es muss schon eine gewisse Disposition in den Liebenden vorhanden sein, gewissermaßen das berühmte Prickeln in der Luft – wenn dies gegeben ist, können natürlich bestimmte Speisen wahre Wunder bewirken und die menschliche Natur in gehörige Gefühlswallungen stürzen. Kurz und gut: »Ein feines Mahl, ein Gläschen Wein, ein herzig Weib, das ist mein schönster Zeitvertreib.« Dieser Spruch auf einem alten Wandteppich drückt alles aus, was einen großartigen Liebesabend, ein gemeinsames Bad und das köstliche Mahl danach ausmacht.

Rezepte für die Liebe

Entree

3 Orangen
3 sehr frische Eigelb
6 TL Milchpulver
3 TL feinster kaltgeschleuderter Honig, flüssig
1 Prise Vanillezucker

Pressen Sie die Orangen aus und geben Sie den Saft mit den übrigen Zutaten (Eigelb, Mi chpulver, Honig und Vanillezucker) in den Mixer. Kurz durchmischen lassen.

In ein elegantes Glas kommt gesplittertes Eis. Darüber wird der schäumende Cocktail geschüttet. Nehmen Sie diesen alkoholfreien Drink mit einem roten Strohhalm zu sich.

Tomatensuppe mit schwarzen Oliven

Diese köstliche Suppe stimuliert nach dem heißen Bad noch um einiges mehr und macht Lust auf viel Liebe. Die Tomaten müssen zuerst gehäutet werden. Dazu übergießt man sie mit kochendem Wasser, schreckt sie kalt ab und kcnn dann problemlos die Haut abziehen. Die Tomaten anschließend in Würfel schneiden.

Nun werden die Schalotten geschält und in feine Ringe geschnitten. Dann dünstet man sie in vier Esslöffel Olivenöl, bis sie glasig sind.

Jetzt gibt man die Tomatenwürfel in den Topf, schmort das Ganze noch zwei Minuten und gießt schließlich $^3/_4$ Liter Wasser dazu. Mit wenig Hitze eine halbe Stunde köcheln. Am Schluss püriert man die Suppe mit einem elektrischen Mixstab und streicht sie durch ein Sieb. Mit Pfeffer, Salz und Paprikapulver abschmecken, auch zwei Esslöffel süße Sahne oder Crème fraîche verfeinern den Geschmack. Die Oliven werden entsteint und mit Olivenöl in der Pfanne kurz erhitzt. Die Suppe in die Teller füllen, die Oliven verteilen und mit einem Löffel Crème fraîche dekorieren.

1 kg Tomaten
2 Bund Schalotten
4 EL Olivenöl
$^3/_4$ l Wasser
Salz, Pfeffer, Paprikapulver
Crème fraîche
süße Sahne
1 Glas schwarze Oliven

Selleriesüppchen

Selleriegemüse in dünne Scheiben schneiden und in kochendem Wasser mit Meersalz und etwas Öl fünf Minuten blanchieren. Eine dicke Knoblauchzehe durch die Presse drücken, in die warme Butter geben, kurz ohne zu bräunen schmoren lassen. Dann die Sellerie hinzufügen, kurz mit ein wenig Johannisbrotkernmehl überstäuben, umrühren und mit Consommé double ablöschen. Ungefähr acht Minuten köcheln lassen. Zwei Eigelb mit Crème fraîche und zwei Prisen Muskatblüte, Salz und Pfeffer verquirlen. Dann von der heißen Platte nehmen und in das Gemüse einrühren. Einige rote Pfefferkörner und reichlich zarte Kerbelblättchen zum Servieren in hübsche vorgewärmte Suppenschalen legen.

Das gleiche Süppchen kann mit kleinen zarten Fenchelknollen als Anreger der Liebe zubereitet werden. Anstelle von Kerbel nimmt man das klein gehackte zarte Grün der Fenchelknollen und gibt einige leicht geröstete Walnüsse darüber.

2 kleine, junge Sellerieknollen
1 dicke Knoblauchzehe
etwas Johannisbrotkernmehl
2 große Tassen Consommé double
2 Eigelb
$^1/_8$ l Crème fraîche
2 Prisen Muskatblüte
2 EL Butter oder Margarine
Salz, Pfeffer
rote Pfefferkörner
Kerbelblättchen

Artischockensalat mit Sellerie

Man schneidet zuerst die vorgekochten Artischockenböden und den Staudensellerie in Scheiben. Dann werden die Selleriescheiben und die Spargelspitzen in Olivenöl angegart und mit Trüffelscheiben und Artischockenböden auf den Tellern angerichtet. Aus Crème fraîche, dem Balsamico-Essig, Öl, Salz und Pfeffer wird eine Sauce angerührt und drei Viertel davon über den Salat gegossen.

Die Hummerkrabben legt man um den Salat auf den Tellerrand. Kalt stellen und vor dem Servieren nochmals mit der Sauce übergießen.

2 Artischockenböden (vorgekocht)
1 Selleriestange
grüne Spargelspitzen (etwa 15)
Trüffelscheiben
Crème fraîche
Balsamico-Essig
Olivenöl, Salz, Pfeffer
4 Hummerkrabben

Avocado der Liebe

1 reife Avocado
1 EL Colzaöl, Balsamico-Essig, Salz, Orangenpfeffer
Muskatblüte für die Vinaigrette
saftige Krabben oder Langustinenscheibchen

Zur Betörung der Sinne gehört ein Salat aus einer der sinnlichsten Früchte, der Avocado. Die reife Avocado wird längs mit einem spitzen Messer halbiert und der Kern entfernt. Lösen Sie mit einem kleinen Löffel die reife Frucht vorsichtig aus der Schale und schneiden Sie diese in winzige Würfel. Die vorab zubereitete Vinaigrette wird nun vorsichtig untergehoben, nochmals Muskatnuss darüber gerieben, mit kleinen Krabben und Langustinenfleisch belegt. Lassen Sie den Salat eine halbe Stunde durchziehen. Kurz vor dem Servieren nochmals etwas Vinaigrette darüber geben.

Wolfsbarsch Casanova

Mischen Sie alle Zutaten mit Olivenöl, reiben Sie den Fisch innen und außen damit ein. Sollten Sie nur Filet zur Verfügung haben, legen Sie es mindestens zwei Stunden in die Marinade. Hat der Fisch noch Haut, müssen Sie diese an mehreren Stellen einritzen, damit die Marinade gut einzieht. Danach geben Sie das Bukett mit Bohnenkraut ins Innere. Legen Sie den Fisch in ein Tongefäß, schütten Sie die Mischung darüber und lassen Sie alles im heißen Ofen ungefähr 40 Minuten garen. Zum Fisch passen Korianderkartoffeln und Zitronenscheiben.

1 kg frischer Wolfsbarsch
1 Bukett Bohnenkraut
2 rote Zwiebeln
Olivenöl
1 zerriebene Knoblauchzehe
Thymian, Lorbeerblatt, Meersalz, Orangenpfeffer
Saft von 2 Limonen
1 Messerspitze Cayennepfeffer

Neptuns Glück

Das Seeteufelfilet muss sorgfältig von den Häuten befreit sein. Dann reibt man es mit der Knoblauchzehe ein und schneidet das Fleisch in dicke Würfel, die man anschließend würzt. Sie werden dann in eine vorgeheizte Pfanne (nicht zu heiß!) gegeben und unter ständigem Rühren angegart. Mit Weißwein ablöschen, dann Safran und Crème fraîche zugeben. Nach fünf Minuten Köcheln ist die Speise fertig. Mit Dill wird garniert.

Dazu passen edle Pilze: frische schwarze Trüffelscheiben oder Morcheln in Ringe geschnitten und in Butter gedünstet oder auch ein vorher zubereiteter Steinpilz- oder Austernpilzsalat mit Knoblauch und glatter Petersilie.

700 g Seeteufelfilet
eine Zehe Knoblauch
Salz, Pfeffer
Butter oder Margarine
Weißwein
Safranfäden
Crème fraîche
Dill

Hühnerleber für Verliebte

Zuerst wird die Hühnerleber gesäubert, auf Küchenkrepp getrocknet und dann in Olivenöl mit Thymian, Bohnenkraut, Oregano, Liebstöckl und Koriander zart angebraten. Es ist für den Geschmack wichtig, entweder frische oder in Öl eingelegte Kräuter zu verwenden. Von den fünf angegebenen Kräutern sollte man mindestens drei verwenden. Mit gehaltvollem Rotwein wird abgelöscht. Das Gericht soll auf nicht zu heißer Platte kurz köcheln, dann rührt man Crème fraîche unter, nimmt den Topf von der Feuerstelle und fügt jetzt erst Meersalz und Orangenpfeffer hinzu.

Mit frischem Basilikum garnieren, dies ist ein geschmacklicher Akzent und eine Wohltat fürs Auge. Servieren Sie die Leber auf noch warmem Vollkornbrot.

500 g Hühnerleber
Olivenöl
Thymian, Bohnenkraut, Oregano, Liebstöckl, Koriander
etwas Rotwein
Crème fraîche
Meersalz, Orangenpfeffer

Perlhuhnbrüstchen

4 Perlhuhnbrüstchen mit Haut
oder 2 Hühnerbrüstchen ohne Haut
Olivenöl
Salz, Orangenpfeffer
Curry, Nelken
Muskatblüte (gemahlen)
1 EL Balsamico-Essig
5 EL Madeira
2 EL Honig
süße Sahne
2 Papayas oder Mangos

Braten Sie die Brüstchen auf der Hautseite kurz an und würzen Sie sie mit Meersalz, Orangenpfeffer, Curry, Nelken und Muskat. Nach etwa vier Minuten werden Sie gewendet. Wenn Sie Hühnerbrüstchen nehmen, müssen Sie diese in dicke Scheiben schneiden, würzen und unter Wenden ausbacken.

Wenn das Fleisch fertig ist, löschen Sie mit einer Mischung aus altem Balsamico-Essig, Madeira und Honig ab. Lassen Sie das Ganze etwa drei Minuten lang köcheln. Am Schluss gibt man noch etwas süße Sahne zu.

Dazu reicht man in Streifen geschnittene und in Butter kurz gedünstete Papaya oder Mango. Mit frischem Baguette sind die Brüstchen eine zarte und anregende Speise.

Omelette Vitalité

3 große Tomaten
2 Schalotten
6 Eier
3 EL süße Sahne
Olivenöl oder Butter
40 g Parmesankäse

Entfernen Sie Haut und Kerne der Tomaten und würfeln Sie das Fruchtfleisch. Zusammen mit den gehackten Schalotten wird es in Olivenöl oder Butter gedünstet. Stellen Sie den Topf dann beiseite. Jetzt werden Sahne und Eier verquirlt und mit den Tomaten in eine mäßig erhitzte Pfanne gegeben. In das langsam stockende Ei den Parmesankäse und reichlich Kräuter (Koriander, Kerbel, Zitronenmelisse, Pimpinelle, glatte Petersilie und Orega-

no) einrühren. Von den Kräutern sollten Sie mindestens drei verwenden. Am Schluss nicht das Würzen mit Meersalz und Orangenpfeffer vergessen. Das Omlett muss sofort serviert werden. Reichen Sie dazu ein frisches Baguett.

Koriander, Kerbel, Zitronenmelisse, Pimpinelle, glatte Petersilie, Oregano
Meersalz, Orangenpfeffer

Liebessnacks

Bereiten Sie für den Badesnack ein paar kleine Mini-Sandwiches vor. Als Unterlage empfiehlt sich getoastetes Weißbrot, wobei Sie aus den Scheiben kleine Dreiecke schneiden sollten. Die Häppchen müssen mundgerecht vorbereitet sein. Statt Brot können Sie auch runde Partykräcker verwenden.

Streichen Sie auf das Brot oder die Kräcker dünn Butter oder Margarine, dann kommt auf einige Avocadomus mit Räucherlachsstreifen. Das Mus bereiten Sie aus zwei geschälten Avocados, die Sie mit der Gabel zerdrücken. Geben Sie reichlich Zitronensaft dazu, damit das Fruchtfleisch nicht dunkelt. Mit Pfeffer aus der Mühle würzen.

Auf einige andere Brotscheibchen kommt Kaviar mit einem kleinen Zwiebelring. Träufeln Sie auch hier etwas Zitrone darüber. Die letzten Scheiben belegen Sie mit jeweils einer Scheibe Räucherkäse und einer halbierten Dattel. Alles wird schön auf einem Tablett arrangiert und auf einem Hocker neben die Badewanne platziert.

Weißbrot oder Partykräcker
Butter oder Margarine
1–2 Avocados
50 g Räucherlachs
2 Zitronen
1 Döschen Kaviar
1 kleine Zwiebel
50 g Räucherkäse
Datteln

Rosensorbet – ein prickelndes Vergnügen

Saft und Fruchtfleisch einer kleinen Limone oder Zitrone
$^1/_8$ l Läuterzucker
1 cl Himbeergeist
2 Tropfen echtes Rosenöl
$^1/_4$ l Champagner
1 Eiweiß
das Mark einer halben Vanilleschote
1 edle Rose

Das gut ausgeschabte Fruchtfleisch und der Saft der Limone oder einer halben Zitrone werden mit einen Achtelliter Läuterzucker vermischt. In einem nicht zu stark erhitztenTopf lässt man Zucker und Saft aufkochen und streicht ihn dann durch ein Sieb. Während er abkühlt, vermischt man ein Glas Himbeergeist mit zwei Tropfen echtem Rosenöl. Diese Mischung geben Sie in den Sirup. Das Ganze wird dann in eine Sorbetière gefüllt. Schließlich gießt man noch vorsichtig den Champagner dazu und friert diese köstliche Mischung leicht an. Zum Schluss schlägt man das Eiweiß, gibt das Mark einer Vanilleschote hinzu und zieht den Eischnee behutsam unter das Sorbet. Nochmals fünf Minuten kalt stellen.

Die Champagnerschalen sollten Sie im Kühlschrank ordentlich vorkühlen lassen. Zum Servieren kommt in jedes Glas das Blatt einer edlen Rose. Dann geben Sie das Sorbet mit einem speziellen Eislöffel oder einem tiefen Suppenlöffel aus dem Sorbetière-Behälter in die Champagnerschalen. Es empfiehlt sich, vorher den Eislöffel kurz in heißes Wasser zu tauchen. Die restlichen Rosenblätter verteilen Sie geschmackvoll auf dem Unterteller der Champagnerschalen.

Apfeltraum

3–4 Tafeläpfel
50 g Fruchtzucker oder Honig
frische Thymianzweige
1 Schuss Wodka

Schälen Sie die Äpfel und schneiden Sie sie in kleine Stücke. In einem Topf mit 100 ml Wasser dünstet man sie weich. Mit dem Pürierstab oder einer Gabel zu Mus zerdrücken. Falls Sie es sich leicht machen wollen, können Sie auch fertiges Apfelmus im Glas kaufen. In einem separaten Topf rühren Sie den Fruchtzucker oder Honig in 250 ml kochendes Wasser ein, dann geben Sie Thymianblätter zu und lassen das Ganze etwa fünf bis zehn Minuten vor sich hinköcheln. In den Sirup können Sie noch einen Schuss Wodka geben. Sobald Apfelmus und Sirup erkaltet sind, vermischt man beide miteinander. Stellen Sie das Ganze ins Tiefkühlfach und rühren Sie jede halbe Stunde einmal kurz um, damit die Mischung schön kremig bleibt und nicht zu einem Block gefriert.

Nach vier bis fünf Stunden können Sie die leckere kühle Apfel-Mischung mit dem unvergleichlichen Thymiangeschmack in schöne Gläser füllen. Wenn Ihr Kühlschrank Platz hat, stellen Sie die Gläser ebenfalls kalt. So können Sie nach dem heißen Bad, das Ihre Körper aufgeheizt hat, sich an dieser kühlen Köstlichkeit buchstäblich abkühlen.

Streicheln, kneten, drücken – die Massage ist das älteste Heilverfahren der Welt, aber es dient nicht nur der Behandlung von Beschwerden, sondern ganz allgemein dem körperlichen Wohlbehagen, der seelischen Balance und schenkt neue Vitalität und Lebensfreude. Massage hilft aber auch, den eigenen Körper neu zu entdecken und seine Wünsche kennen zu lernen. Und wenn zwei Menschen sich gegenseitig den Genuss partnerschaftlicher Massage schenken, treffen sie sich in einer ganz besonderen intimen Situation, in der man sich im gemeinschaftlichen Erleben auf beinahe magische Weise nahe kommt, sich gegenseitig bis an die Seele berührt.

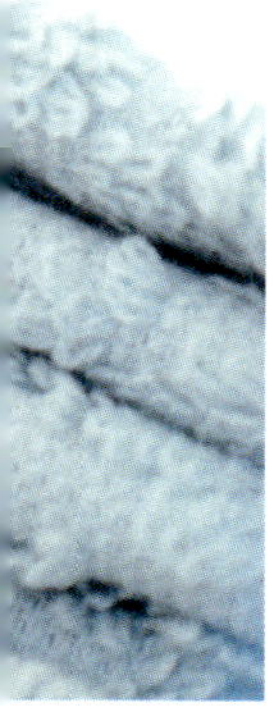

Massage: Berührungen von Körper und Seele

Die heilende Kraft der Hände

Die Massage gilt als das älteste Heilverfahren der Welt. Von alters her haben die Menschen immer wieder versucht, mit den Händen durch Berühren, Streicheln und Kneten körperliche Gebrechen zu lindern und Entspannung zu schenken. Alle Kulturen haben ihre eigenen Methoden und Techniken entwickelt. Überlieferungen aus China gehen bis ins dritte vorchristliche Jahrtausend zurück. In der berühmten altindischen Gesundheitslehre Ayurveda wird der heilenden Kraft der Hände eine bedeutsame Rolle zugeschrieben. Auch die Griechen und Römer wussten bereits um die Bedeutung der Massage im Sport. Die bekannteste Massagetechnik aus dem alten China ist im Westen die Akupressur. Wie bei der Akupunktur Nadelstiche bestimmte Wirkungen hervorrufen, kennt die Akupressur eine Reihe von Druckpunkten am Körper, deren Stimulation Reize auslöst, die zu Heilung und Wohlbefinden führen. Die Grundlagen der heutigen klassischen Massage wurden im 19. Jahrhundert in Schweden entwickelt.

Berührungen von Körper und Seele

In unserer modernen Kultur spielt der körperliche Kontakt auch heutzutage noch eine untergeordnete Rolle. Abgesehen von einem markanten Nord-Süd-Gefälle – im Süden gehen die Menschen wesentlich herzlicher miteinander um, umarmen, berühren einander – geben wir uns sehr zurückhaltend bei körperlichen Kontakten zu anderen. Im Wesentlichen ist unser Kontakt auf ein Händeschütteln beschränkt. Man kann durchaus sagen, dass in unserer Kultur der Tastsinn im Gegensatz zu anderen Wahrnehmungsbereichen recht verkümmert ist.

Auch bei Babys hat sich die speziell für sie geeignete Massage als ausgesprochen positiv erwiesen.

Nun sind Berührungen lebenswichtig. Im Grunde sehnt sich jeder Mensch nach körperlichem Kontakt. Das beginnt schon in den ersten Lebensmonaten des Menschen. Wir wissen, dass häufiger Körperkontakt Babys sogar in ihrer körperlichen Entwicklung fördert. Babys, die reiche körperliche Zuwendung erfahren, nehmen an Größe und Gewicht schneller zu als Kinder, die solche Berührungsreize weitgehend entbehren müssen. Nicht umsonst gibt es heute eine spezielle Babymassage, die den Kindern gezielt den Genuss geben möchte, ausgiebige Berührungen zu erleben.

Man weiß auch, dass Mangel an körperlichem Kontakt zu psychischen Defiziten, sogar in die Depression, führen kann. Ein gutes Beispiel sind alte

Menschen, denen man gerne ein Haustier – am liebsten einen Hund oder eine Katze – empfiehlt, um die sie sich nicht nur kümmern müssen, sondern die sie vor allem auch streicheln können. Derjenige, der berührt, empfindet dies als ebenso angenehm wie jener, der die Hinwendung empfängt. Streicheln tut beiden Seiten gut.

Warum geniessen wir eine Massage?

Massage, Behandlung durch Berührung, wirkt ganzheitlich, bewegt und erregt den Körper und die Seele. Massage dient der Regeneration des Körpers und unterstützt, ja fordert die Selbstheilungskräfte heraus, zu denen jeder einigermaßen intakte Organismus fähig ist. Massage wirkt dadurch, dass durch die Berührung die Nervenenden in der Haut angeregt werden. Dabei ist es egal, ob man sich selbst massiert oder ob man sich massieren lässt.

Massage regt den Blutkreislauf und den Lymphfluss an. Durch die Massage kann man sogar die Tätigkeit innerer Organe beeinflussen, etwa die Verdauung. So lässt sich der Bauch nach einer bestimmten Methode massieren, um das Darmsystem vorteilhaft zu beeinflussen. Durch die Fußreflexzonenmassage, bei der verschiedene Punkte auf der Fußsohle bestimmten Organen zugeordnet sind, lassen sich einzelne Organe unmittelbar beeinflussen.

Die Massage wirkt bei vielen gesundheitlichen Problemen positiv.

Natürlich wirkt die Massage besonders intensiv auf das Nervensystem, dessen Sensoren unter der Haut liegen. Ein und derselbe Massagegriff kann entsprechend seiner Ausführung sowohl anregend als auch beruhigend wirken. Bei Muskelverspannungen bewirkt die Massage Wunder. Eine mehr indirekte Wirkung ist, dass durch systematische Berührung Hormone ausgeschüttet werden, die durch den ganzen Körper ein intensives Glücksgefühl fluten lassen.

Auch die Schulmedizin, die nichts gelten lässt, dessen Wirkung nicht uneingeschränkt nachzuweisen ist, sieht die Wirkung der Massage als erwiesen an. Selbst bei schweren Schmerzen wie Kopfweh, Muskel- und Gelenkproblemen, auch bei Kreislaufschwächen, Schlafstörungen und Verdauungsschwierigkeiten setzt man in der Medizin bestimmte Massagen ein.

Massage ist ein probates Mittel bei Stresszuständen und Verspannungen. Sie kann zu Belebung und Anregung dienen. Massage – und nicht nur als

partnerschaftliche Betätigung – kann das sexuelle Verlangen stimulieren. Jeder weiß, wie wohl man sich fühlt, wenn man sich selbst die Hände, den Bauch oder das Gesicht streichelt. Und Massage schenkt Schönheit. Durch die Anregung der Durchblutung kann sie in der Tat die Schönheit fördern, indem Fältchen geglättet und Verspannungen gelöst werden. Die Schönheitswirkung kann aber auch indirekt sein: Massageberührungen stimulieren den Körper, bringen den Geist zum Schweben – und Glück macht schön. Wichtig aber ist zu wissen, dass die Massage nur dann wirklich hilft, wenn man sie regelmäßig nutzt. Eine einzige Massagesitzung mag als sehr angenehm empfunden werden, aber einen nachhaltigen Erfolg bringt sie naturgemäß nicht. Massage wirkt nur als Dauereinrichtung und natürlich kann dieses Berühren und Berührtwerden süchtig machen. Ayurveda kennt die so genannte Synchronmassage, bei der zwei Masseure im gleichen Rhythmus den Körper behandeln. Allein die Vorstellung, dass sich vier Hände im Gleichtakt über den Rücken, die Arme und Beine bewegen, mag einen in ein großes Glücksgefühl versetzen.

Eine Massage ist nicht immer angezeigt

Auch die Massage hat ihre Grenzen. Beispielsweise ist die Massage in der Schwangerschaft etwas problematisch. Wenn man weiß, wie man massieren darf, ist sie eine Wohltat für die werdende Mutter. Doch unsachgemäß angewandt kann sie auch nachteilig wirken. Bei ernsthaften Kreislaufproblemen, hohem Blutdruck, Herzinfarkt, grippalen und anderen fieberhaften Infekten, bei Venenentzündungen, Krampfadern oder Thrombosegefahr sollte man auf eine Massage verzichten oder zumindest den Rat des Arztes einholen. Auch bei Verletzungen oder frischen Narben bringt eine Massage nichts. Der professionelle Masseur weiß immer, in welchen Fällen er sich Zurückhaltung auferlegen muss und wie er bei Krankheiten sinnvoll seine Kunst einsetzen kann. Hier aber geht es um die Massage, die jedermann praktizieren kann, zuerst allein oder auch mit einem Partner zusammen.

Öl macht die Haut geschmeidig

Massieren kann man ohne Öl und Creme. Die Verwendung von Öl ist freilich sinnvoll und Sie werden keinen professionellen Masseur erleben, der

Der Körper nimmt über die Haut Substanzen rascher auf, als wenn man sie einnimmt. So lassen sich die Bestandteile von Ölen, bereits 20 Minuten nachdem man sie auf die Haut aufgetragen hat, im Blut nachweisen.

ohne Öl arbeitet. Die Gründe: Durch die Verwendung von Öl werden die Hände geschmeidig und gleiten wie spielerisch über den Körper. Auch der Massierte empfindet dies als angenehmer, als wenn trockene Hände seinen Körper bearbeiten. Dann dürfen Sie auch nicht vergessen, dass bestimmte Pflanzenöle auf die Haut einen pflegenden, ja heilenden Effekt haben.

Olivenöl stört manchen, weil es zu sehr nach Salatdressing riecht. Den intensiven Geruch bindet man am besten mit Sesamöl, das neutral ist und natürliche Antioxidantien enthält. Man sollte Olivenöl übrigens immer aus erster Pressung nehmen. Süßes Mandelöl nährt das Gewebe, wird wegen seiner vielfachen Einsatzmöglichkeiten – außer bei fetter Haut – häufig verwendet. Sein Geruch ist charakteristisch süßlich und nussig. Traubenkernöl durchtränkt die Haut ohne zu fetten und ist zudem noch recht preiswert. Das vitaminreiche, nährende Avocadoöl sollte wegen seines kräftigen Duftes mit einem Trägeröl vermischt werden.

Zwei Öle sind nicht nur für eine wirkungsvolle Massage, sondern auch für die Parallelbehandlung von innen unerlässlich: das Borretschöl bei trockener Haut und das Nachtkerzenöl gegen das Altern der Haut. Beide Öle haben hohe Anteile an Linol- und Gammalinolensäure. Diese Substanzen sind Ausgangsstoffe für die Prostaglandinbildung. Prostaglandin ist als zentrales Steuerelement an zahlreichen Stoffwechselprozessen beteiligt. Es wirkt gegen Entzündungen der Haut, beugt Thrombosen vor, hilft gegen Übergewicht und schützt vor Arterienverkalkung. Der einzige Nachteil dieser hochgesättigten Öle ist, dass sie schnell ranzig werden. Achten Sie deshalb darauf, dass sie in speziellen Flaschen abgefüllt sind, aus denen man den Sauerstoff absaugen kann.

Kokosöl kam aus Indien nach Europa, wo es auch heute noch zu den Klassikern gehört. Bei uns ist es meistens fest und muss mithilfe einer Heizquelle verflüssigt werden. Mit ätherischem Ylang-Ylang-Öl erhöht es das Wasserbindevermögen der Haut. In Südostasien wird es häufig zur Haarpflege eingesetzt.

Jojobalöl, schon ein bewährtes Heilmittel der Indianer Nordamerikas, ist eine gute Grundsubstanz, jedoch kein Öl im klassischen Sinn, eher flüssiges Wachs. Der Vorteil dieses Öls ist, dass es nicht oxidiert: Es wird deshalb nicht ranzig. Somit ist es das ideale Öl zum Einarbeiten von ätherischen Ölen. Es wird gerne bei entzündeter Haut, bei Schuppenflechte und Ekzemen eingesetzt.

Weizenkeimöl wird aus den Keimen des Weizens gepresst. Es hat einen hohen Anteil an Aminosäuren, Lecithin, den Vitaminen A, B, C und K. Es verbessert die Elastizität der Haut, hinterlässt einen Schutzfilm auf der Haut und hilft vor allem bei müder Haut.

Aloeöl enthält zahlreiche Enzyme, Spurenelemente, Mineralien und Vitamine. Da dieses Öl Feuchtigkeit speichert, die es an die Haut abgibt, wirkt es nicht nur regenerierend und bremst den Alterungseffekt, sondern hilft auch gegen Sonnenbrand und Verbrennungen.

Es gibt auch Massageöle, denen ätherische Öle und andere Substanzen zugesetzt sind. Auf diese Weise lässt sich nicht nur ein Wohlgeruch für die Nase erzeugen, sondern auch eine sehr differenzierte Wirkung auf den Körper, denn die ätherischen Substanzen dringen in die Haut und bewirken sehr gezielte Effekte.

Magie der ätherischen Öle

Die genannten Massageöle kann man auch als Basis, als so genannte Trägeröle, verwenden und ihnen wenige Tropfen ätherische Öle als Duftstoffe beifügen. Doch bereits die Trägeröle enthalten wichtige Heilstoffe. Die beigegebenen Duftstoffe tragen während der Massage durch ihren betörenden Geruch zusätzlich zum Wohlbefinden bei, steigern es beträchtlich und wirken sich auf die Stimmung aus. Die Aromatherapie nutzt die Heilwirkung

Lassen Sie bei ätherischen Ölen Vorsicht walten. Die hoch konzentrierten Flüssigkeiten können unverdünnt auf die Haut verbracht schwere Reizungen hervorrufen. Besonders dürfen sie nicht an Schleimhäute gelangen. Ein Tropfen am Finger, den man nur flüchtig unter Wasser abspült, kann, wenn man mit dem Finger das Auge reibt, dort immer noch eine unangenehme Reizung hervorrufen.

der ätherischen Öle systematisch, um bestimmte organische Störungen zu beheben.

Ätherische Öle sind Extrakte aus Samen (zum Beispiel Koriander, Kümmelöl), Wurzeln (zum Beispiel Angelika, Vetiver), Holz (zum Beispiel Rosenholz, Zedernholz, Sandelholz), Harz (zum Beispiel Benzoe, Myrrhe), Fruchtschalen (zum Beispiel Zitrusfrüchte) oder Rinde (zum Beispiel Zimt). Ätherische Öle sind in der Regel sehr teuer, weil man Unmengen an Pflanzenteilen braucht, um nur wenige Milliliter Öl zu gewinnen. Andererseits sind diese hoch konzentrierten Essenzen auch sehr ergiebig und brauchen nur in wenigen Tropfen einer Mischung zugefügt zu werden.

Das Reizvolle an diesen Ölen ist, dass man sie ganz nach seinem Geschmack mischen und so individuelle Duftkreationen schaffen kann. Mehr als drei Öle sollte man allerdings nicht miteinander vermischen. Da jedem Öl bestimmte Wirkungen zugeschrieben werden, sollte man beim Mischen natürlich auch darauf achten, nicht gegensätzliche Wirkungen zu kombinieren. Ein Öl, das belebend wirkt, sollte man nicht mit einem Öl zusammenbringen, dem eine besonders beruhigende Wirkung zugeschrieben wird.

Ätherische Öle – Intensivwirkung auf den Körper

Ätherische Öle, aromatische Essenzen oder aromatische Öle sind keine fetten Öle: Ihre in hohem Maße flüchtigen Bestandteile verursachen beispielsweise keine Flecken auf Papier.

Konzentriert aus Haupt- oder spezifischen Wirkstoffen gestatten die ätherischen Öle eine Therapie der schnellen Wirkung. Die Eigenschaften einer Pflanze als Aufguss, Pulver oder Konzentrat unterscheiden sich oft von den Eigenschaften der ätherischen Öle aus den gleichen Pflanzen. Das Öl Geranium Robert beispielsweise, das nicht destilliert wird, hat offenkundig antidiabetische Eigenschaften. Das ätherische Öl von Geranium Bourbon hat diese Eigenschaft dagegen nicht.

Was die schnelle Wirkungsweise anbelangt, so genügen im Allgemeinen drei bis sechs Wochen (maximal drei Monate), um bei Problemen, die mit der Aromatherapie behandelt werden sollen, das Gleichgewicht wieder herzustellen.

Ein ätherisches Öl, egal an welchem Körperteil es angewendet wird, wird durch den Teil des Körpers angezogen, dessen Organ oder Körperfunktion gestört ist. Das ist eine spezifische Eigenschaft des ätherischen Öls. Die Pflanze oder der Pflanzensaft haben sie nicht.

Nur wenige ätherische Öle darf man allein oder in einer Mischung verwenden, ohne dass sie verdünnt werden. Alle anderen ätherischen Öle müssen wenigstens mit einem Öl vermengt oder mit Weizenkeim-, Oliven-, Calendulaöl oder einer neutralen Körpermilch verdünnt werden.

Folgende Öle können Sie unverdünnt verwenden: Eukalyptus, Geranium, Ylang-Ylang, Cajeputbaum, Kamille, Kiefer, Kümmel, Lavendel, Majoran, Niauli, Orange, Rosenholz, Rosmarin, Wacholder, Zeder, Zitrone, Zypresse und Petit grain.

Mit einem Trägeröl verdünnen oder einem anderen ätherischen Öl vermischen können Sie diese Öle: Anis, Basilikum, Bergamotte, Eisenkraut, Estragon, Ingwer, Koriander, Lemongras, Muskat, Nelke, Oregano, Pfefferkraut, Pfefferminze, Pomeranze, Rose, Sassafrasbaum, Terpentin, Thuya, Thymian und Zimt. Besondere Vorsicht sollten Sie wegen der Intensität dieser Öle bei Pfefferminze, Thymian, Oregano und Ingwer walten lassen.

Die ätherischen Öle sind kein Allheilmittel, aber in zahlreichen Fällen lösen sie Hautprobleme, beeinflussen das Allgemeinbefinden und rufen eine sichtbare Besserung der Vitalenergie hervor. Diese Wirkung ist bereits fünf bis zehn Tage nach einer Behandlung spürbar.

Als die Ägypter begannen, die ätherischen Öle außer bei der Einbalsamierung auch am lebendigen Körper zu verwenden, geschah dies durch Einreibungen (Friktionen). Sie schätzten sowohl den Duft der Öle als auch deren heilende Eigenschaften. So entstand das Parfüm – Mischungen ätherischer Öle nach Wunsch und Empfinden oder Wahrnehmung des Einzelnen zubereitet.

Wir wissen, dass ätherische Öle nach einer Anwendung auf der Haut nach etwa vier Stunden im Blut und in der Lymphe nachzuweisen sind. Jedermann kann durch Einreibung mit ätherischen Ölen sein Vitalvermögen steigern und so das Erwachen des Körpers am Morgen, die Entspannung und den Erholungsschlaf am Abend nachhaltig unterstützen. Es gibt verschiedene Friktionsarten, etwa die tonisierende Friktion am Morgen oder die entspannende Friktion am Abend. Bei Speisen, die schwer verdaulich sind, empfiehlt sich eine speziell auf die Verdauung ausgerichtete Verdauungsfriktion. Die Atmungs- und Kreislauffriktionen verbessern die Sauerstoffaufnahme der Zellen. Man kennt aber auch Friktionen für Schmerzzustände und sogar Einreibungen, die die sexuelle Erregbarkeit stimulieren und zu erstaunlichen sexuellen Höhenflügen befähigen.

So viel ätherisches Öl verwendet man, immer verdünnt mit einem Trägeröl, für eine Einreibung:
Körper: 30 Tropfen
Bauch: 5–10 Tropfen
Schmerz: 5–10 Tropfen
Bein: 5–20 Tropfen
Haar: 50–100 Tropfen
Gesicht: 3–5 Tropfen
Brust- und Rücken: 20–30 Tropfen
Fuß: 10 Tropfen

Da Kinder eine sehr empfindliche Haut haben, sollte man ätherische Öle ihnen immer zu gleichen Teilen mit Weizenkeim-, Süßmandel- oder Olivenöl mischen. Kleinkinder unter sechs Monaten dürfen gar nicht mit ätherischen Ölen behandelt werden!

So führt man eine Einreibung aus

Geben Sie einige Tropfen der gewählten Zusammensetzung auf die Hand. Reiben Sie beide Handflächen kurz aneinander und massieren Sie die Körperpartien, die behandelt werden sollen. Reiben Sie das Öl in langsamen rotierenden Bewegungen im Uhrzeigersinn ein.

Tonisierende und entspannende Friktionen sollten Sie am Morgen zwischen 6 und 12 Uhr beziehungsweise am Abend zwischen 18 und 24 Uhr ausführen. Eine aphrodisierende Friktion legen Sie am günstigsten auf 17 Uhr oder auf den Zeitpunkt vor dem Zubettgehen. Die Friktion für die Verdauung wird jeweils im Anschluss an eine Mahlzeit durchgeführt. Die Friktion für die Atmung können Sie morgens und abends machen; für den Kreislauf empfiehlt sich ein Zeitpunkt am Morgen, um 17 Uhr und vor dem Zubettgehen. Fußfriktionen können Sie zu jeder Tages- und Nachtzeit durchführen. Friktionen für die Füße, die Kopfhaut und das Gesicht sind ebenso zeitunabhängig und dienen allein der Schönheit und dem Wohlbefinden.

Um Ihrem Körper den Start in den Tag zu erleichtern, sollten Sie einmal folgende Morgenfriktion ausprobieren. Zuerst müssen Sie sich unter die kalte Dusche wagen, dann atmen Sie ein paar Minuten lang ruhig und tief und gleichmäßig ein und aus. Geben Sie jetzt 20 bis 30 Tropfen einer tonischen Ölzusammensetzung auf Brust, Rücken, Nacken, Wirbelsäule, Fußsohlen und den Solarplexus. Das Öl reiben Sie immer kreisförmig im Uhrzeigersinn ein. Verwenden Sie für diese Massage jeden Morgen eineinhalb bis zwei Minuten. Als Morgenöle eignen sich pur: Geranium, Kiefer, Rosmarin, Rosenholz, Santal, Zeder und Zitrone. Verdünnen müssen Sie diese ätherischen Öle mit einem Trägeröl: Eisenkraut, Oregano, Muskat, Koriander, Pfefferkraut, Pfefferminze, Thymian oder Zimt.

Für die abendliche Friktion gehen Sie zuerst unter die warme Dusche oder nehmen ein entspannendes warmes Bad. Dann machen Sie drei Minuten

Ihre Atemübungen. Schließlich gönnen Sie sich die entspannende Friktion aus 20 bis 30 Tropfen ätherischen Öls plus Trägeröl auf Brust, Rücken, Nacken, Wirbelsäule, Fußsohle, Arme, Beine und den Solarplexus.

Ätherische Öle wirken aber nicht nur über die Haut, sondern auch über den Geruchssinn und von innen. Wenn man ein Fläschchen offen lässt oder ein paar Tropfen verschüttet, wird man sofort des überwältigenden intensiven Geruchs gewahr. Mit verschiedenen Hilfsmitteln lässt sich der Duft der Öle auch in der Raumluft verteilen. Im Fachhandel gibt es so genannte Aromaventilatoren. Man träufelt die Öle auf eine Kartusche, die man ins Gerät schiebt. Der eingebaute Ventilator verwirbelt den Duft. Ebenfalls elektrisch betrieben sind Diffusor-Aerosol-Geräte. Ohne Erwärmung zerstäubt ein solcher Apparat die ätherischen Öle in winzig kleine Tropfen. Diese wiederum ionisieren Mikropartikel, die in der Luft schweben, vergleichbar mit dem Wind, der in der Natur durch die Sonnenenergie ionisierten Sauerstoff in der Luft verteilt.

Thermoduftsteine sind nichts anderes als Elektrowärmeplatten, die darüber liegende Wasserschalen beheizen und so für die Verdunstung von Wasser und dem darin enthaltenen Öl sorgen. Da bei diesen Geräten – im Gegensatz zu Duftlampen mit Kerzen – nichts brennen kann, eignen sie sich besonders für das Kinderzimmer oder für ältere Menschen.

Aber es geht auch einfacher: Jedes einfache Gefäß reicht, das mit reichlich Wasser gefüllt werden kann. Man gibt ein paar Tropfen der Öle hinein und stellt das Gefäß auf einen Heizkörper oder ein Öfchen. Duftlampen sehen meist attraktiv aus, sie funktionieren aber genauso wie das Gefäß auf der Heizung.

Als Keramikringe bezeichnet man Lampenringe aus nicht glasierter Keramik, die, mit der Ölmischung betropft, in die Fassung einer elektrischen Lampe geschraubt werden. Dieses Verfahren ist besonders von Vorteil, wenn man unterwegs nicht auf seinen Duft verzichten will. So kann man ihn auch abends im Hotel nach einem stressigen Konferenztag genießen.

Die populärsten Arten der Öltherapie sind sicher die Inhalation und das Gesichtsdampfbad (siehe dazu das Kapitel »99 Badezusätze für Ihr Wohlbefinden«). Bei der trockenen Inhalation geben Sie auf ein Taschentuch oder einen Wattebausch ätherische Öle und atmen sie durch die Nase ein. Diese Methode eignet sich für Menschen, die heiße Dämpfe nicht mögen.

Ölmischungen für die Massage

Duftendes Öl für die Rückenmassage

10 ml verdünntes Lavendelöl
1 Tropfen Lemongrasöl
1 Tropfen Bergamotteöl

Mischen Sie 10 ml verdünntes Lavendelöl mit jeweils einem Tropfen der beiden ätherischen Öle Lemongras und Bergamotte. Die Menge reicht für eine Massage. Die Wirkung dieser Massage ist erfrischend.

Anti-Stress-Öl

10 ml Ylang-Ylang-Öl
10 ml süßes Mandelöl
1 Tropfen Kamilleöl
3 Tropfen reines Zitronenöl

10 ml verdünntes Ylang-Ylang-Öl kommen auf 10 ml süßes Mandelöl, dazu wird die Mischung angereichert mit einem Tropfen ätherischen Öls der römischen Kamille und drei Tropfen reinem Zitronenöl. Diese Massage wirkt entspannend.

Anti-Schmerz-Öl

10 ml natives Olivenöl
10 ml verdünntes Wacholderöl
2 Tropfen Schwarzer-Pfeffer-Öl
4 Tropfen Majoranöl

Bei Gelenk- oder Rheumaschmerzen empfiehlt sich eine spezielle Massageölmischung, die in Frankreich sehr bekannt ist. Dieses Öl eignet sich besonders für Frauen, die unter Wassersucht leiden, schlechter Blutzirkulation, fetter Haut, Akne und schmerzhafter Periode. Das ätherische Öl beeinflusst auch nervöse Zustände und Angstzustände sehr vorteilhaft.

Bringen Sie 10 ml natives Olivenöl und 10 ml verdünntes Wacholderöl zusammen und reichern Sie es an mit zwei Tropfen Schwarzer-Pfeffer-Öll und vier Tropfen Majoranöl.

Anti-Cellulite-Massage-Öl

10 ml verdünntes Wacholderöl
2 Tropfen Wacholderöl
2 Tropfen Geraniumöl
2 Tropfen Zitronenöl

Vermengen Sie 10 ml verdünntes Wacholderöl als Trägeröl mit folgenden ätherischen Ölen: jeweils zwei Tropfen Öl von Wacholder, von Geranium und von der Zitrone. Da sich dieses Öl für die Behandlung bei Cellulite eignet, sollte man vorher eine gründliche Zupfmassage nach Dr. Jacquet durchführen (siehe S. 199) und anschließend diese Ölmischung sorgfältig auf der Haut einmassieren.

Anti-Schmerz-Mazeration

Unter Mazeration versteht man einen Prozess, bei dem Gewebe aufweicht und in die Trägersubstanz übergeht. Zur Herstellung einer Mazeration nimmt man Blüten, bedeckt diese mit dem Zweifachen Ihres Volumens an Trägeröl und lässt alles in einem geschlossenen Gefäß an einem dunklen Ort ungefähr einen Monat lang mazerieren.

Für eine spezielle Anti-Schmerz-Mazeration verwendet man Jasminblüten und kaltgepresstes Olivenöl. Das Öl setzt man zur Ganzkörpermassage nach einem entspannenden Bad ein oder man gibt es auf die Reflexzonen.

3 Tassen Jasminblüten
1 l kaltgepresstes Olivenöl

Vorbereitungen für die Massage

Massieren lassen können Sie sich im Sitzen oder im Liegen, Letzteres ist für viele angenehmer. Beim Sitzen sollten Sie einen Stuhl wählen, auf dem Sie angelehnt mit geradem Rücken entspannt sitzen können.

Wenn Sie Ihrem Partner eine Ganzkörpermassage angedeihen lassen wollen, brauchen Sie eine feste Unterlage. Denn den ganzen Körper kann man nur im Liegen massieren. In den seltensten Fällen hat man aber eine geeignete Liege zur Verfügung, wie man das vom Masseur her kennt. Bei Sofa oder Bett muss sich der Massierende ziemlich weit nach unten bücken, und das wird ihm nicht gut bekommen. Das Bett ist für eine Massage auch deshalb nicht zu empfehlen, weil es meistens zu weich ist und die Matratze zu stark nachgibt. Am ehesten kann man aber auf dem Bett massieren, wenn die Massage direkt vor dem Einschlafen erfolgt.

Der massierende Partner sollte immer darauf achten, dass er eine entspannte Position einnimmt. Bequeme Kleidung ist auch für ihn notwendig.

Man kann sich aber auch auf den Boden legen. Polstern Sie die Unterlage, beispielsweise mit einem Schlafsack, einem Futon, einer dünnen Matratze, einer Steppdecke, Schaumstoffmatte oder mit dicken Wolldecken. Wegen der Öle sollte die Liege mit großen Handtüchern abgedeckt sein. Kissen oder zusammengerollte Handtücher sorgen für weitere Bequemlichkeit. Beim Massieren sollten Sie, wenn Sie auf dem Boden knien, die Knie polstern. Halten Sie dabei den Rücken gerade.

Massieren muss man können

Um es vorweg zu sagen: Sie sollen sich nicht zum Profimasseur ausbilden. Im Grunde ist Massieren gar nicht schwierig. Wenn Sie sich oder Ihren Partner »massieren«, macht man es meistens ganz instinktiv richtig. Man streichelt die Haut, man knetet die Muskeln – ganz so, wie es einem selbst oder dem anderen gefällt. Dagegen ist nichts einzuwenden. Wenn Sie sich aber ein klein wenig mit den Grundtechniken des Massierens vertraut machen, geht alles noch besser.

Ein paar Grundregeln sollten Sie beachten. Grundsätzlich massiert man immer zum Herzen hin, also beispielsweise die Arme von den Händen zur Schulter oder die Beine von den Zehenspitzen bis zum Oberschenkel. Direkt auf Knochen sollte man nicht massieren, etwa auf der Wirbelsäule, denn das wird als recht unangenehm empfunden. Hören Sie auf zu massieren, wenn es dem Partner weh tut. Massieren Sie einen verspannten Muskel, so schmerzt dies zwar, doch gleichzeitig entsteht das angenehme Gefühl sich lösender Spannung. Wird die Schmerzempfindung jedoch unangenehm, muss man mit der Massage aufhören, zumindest an der betreffenden Stelle.

Muskelverspannungen kann man erfühlen. Ein entspannter Muskel fühlt sich schön weich an. Ein verspannter Muskel dagegen weist harte Stellen auf und schmerzt beim Massieren.

Wer selbst massiert, sollte sich auch körperlich darauf einstimmen und durch Kopfkreisen, Strecken oder Bauchatmen seinen Körper in Schwung bringen.

Eine professionelle Vollmassage dauert in der Regel eine halbe Stunde, kann aber auch auf eine ganze Stunde ausgedehnt werden. Für eine Wohlfühlmassage, die Sie sich selbst oder Ihrem Partner angedeihen lassen, sollte man aber nicht übertreiben. 10 bis 15 Minuten reichen völlig aus. In dieser Zeit können Sie einen bestimmten Körperteil intensiv behandeln oder aber von Kopf bis Fuß massieren.

Versuchen Sie die folgenden Basisgriffe einmal zuerst an sich selbst auszuprobieren (natürlich nicht auf dem Rücken), denn Sie selbst können dann besser einschätzen, wie sanft oder kräftig Sie beim Partner zupacken können.

Das Streichen

Das Streichen steht immer am Beginn einer Massage. Es stellt auch den ersten körperlichen Kontakt zum Massierten her, stimmt die Partner aufeinander ein, dient aber auch dem Zweck, das Massageöl beziehungsweise die Creme gleichmäßig auf der Haut zu verteilen. Am Ende der Massage kann man mit dem Streichen für einen angenehmen Ausklang sorgen.

Mit einer Hand sollten Sie während des Massierens immer Körperkontakt mit Ihrem Partner halten. Wenn Sie nämlich mit beiden Händen loslassen, wird die entspannte Gesamtstimmung unterbrochen und damit gestört. Massieren Sie deshalb auch immer in fließendem, gleichmäßigem Rhythmus und niemals in abgehackten oder abrupten Bewegungen.

Zum Streichen werden die zuvor eingeölten Hände (bitte nicht zu viel Öl, sonst ist kein intensiver Druck mehr möglich) nebeneinander flach auf den Körper gelegt (Abb. unten links). Sie gleiten dann mit mehr oder minder starkem Handballendruck gleichmäßig aufwärts, fächern auseinander und folgen mit verringertem Druck entlang der Körperkonturen zurück (Abb. unten rechts). Die Geschwindigkeit können Sie variieren. Langsames sanftes Streichen beruhigt und entspannt. Schnelles Streichen regt den Kreislauf an.

Eine Variante ist das Kreisen. Dabei bewegen Sie die Handflächen einfach in Kreisen über die Haut. Auch dieser Griff wirkt entspannend und beruhigt. Zum beidhändigen Kreisen legen Sie die Hände in einigem Abstand zueinander flach auf den Körper. Die Hände gleiten dann in weitem Bogen über den Körper und ergänzen sich zu einem Kreis.

Das Kneten

Beim Kneten bearbeiten Sie das Muskelgewebe beinahe wie einen Kuchenteig. Sie nehmen eine Muskelpartie mit Daumen und Zeigefinger auf

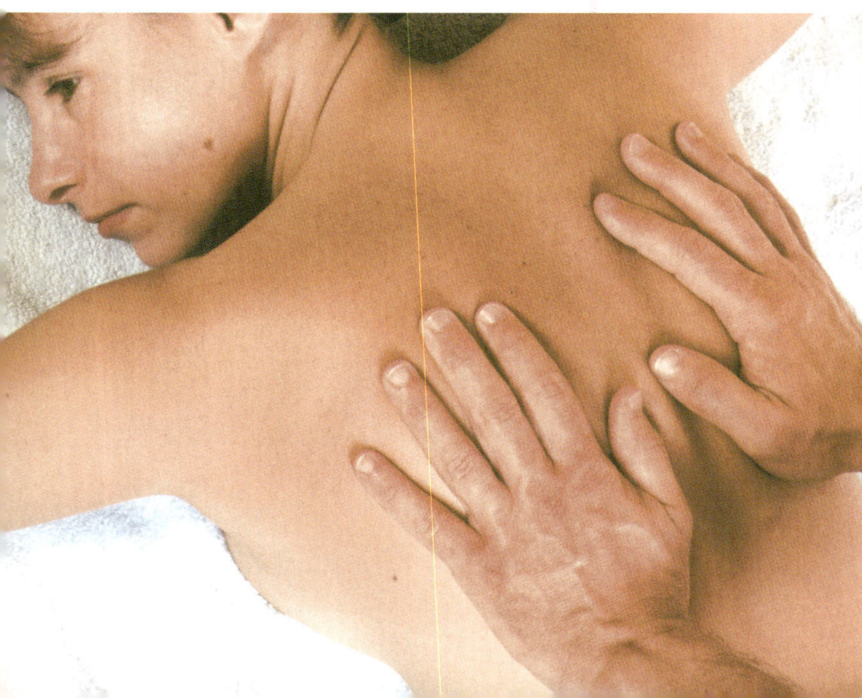

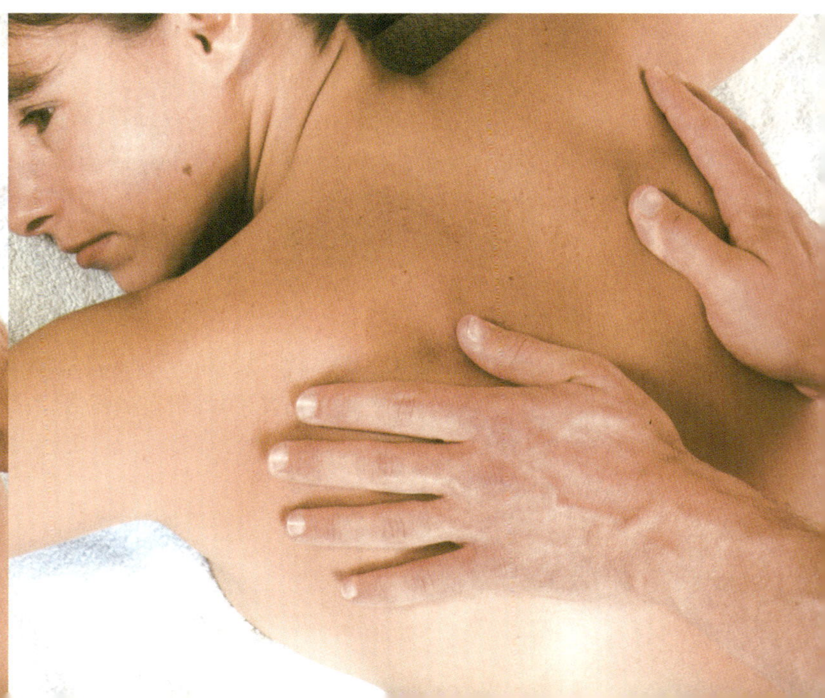

und rollen, pressen, drücken (Abb. unten links). Die Haut soll dabei weder zu trocken noch zu ölig sein, sonst kann es passieren, dass Sie die Muskeln bei einem Übermaß an Öl quetschen oder, weil zu glitschig, dass Sie abrutschen. Das intensive Kneten fördert die Durchblutung, löst Verspannungen und sorgt dafür, dass die Schlacken vor Ort abgeführt werden.

Das Drücken

Die Muskeln werden mit einer oder beiden Händen fest zusammengedrückt, stets in Richtung der Muskelfasern, in einer Aufwärtsbewegung zum Herzen hin. Den Druck können Sie mit dem Daumen oder Handballen ausüben. Doch Vorsicht: Drücken Sie nicht zu vehement und gehen Sie besonders mit den Gelenken feinfühlig um.

Das Reiben

Beim Reiben üben Sie mit Daumenkuppen oder Fingerspitzen in kleinen kreisenden und spiralförmigen Bewegungen Druck auf einzelne Muskelpartien aus (Abb. unten rechts). Das Reiben wirkt sehr entspannend.

Das Klopfen

Eine ganz eigene Technik ist das Klopfen. Mit den Handkanten, mit der flachen oder hohlen Hand oder mit den Fäusten wird rhythmisch gehackt,

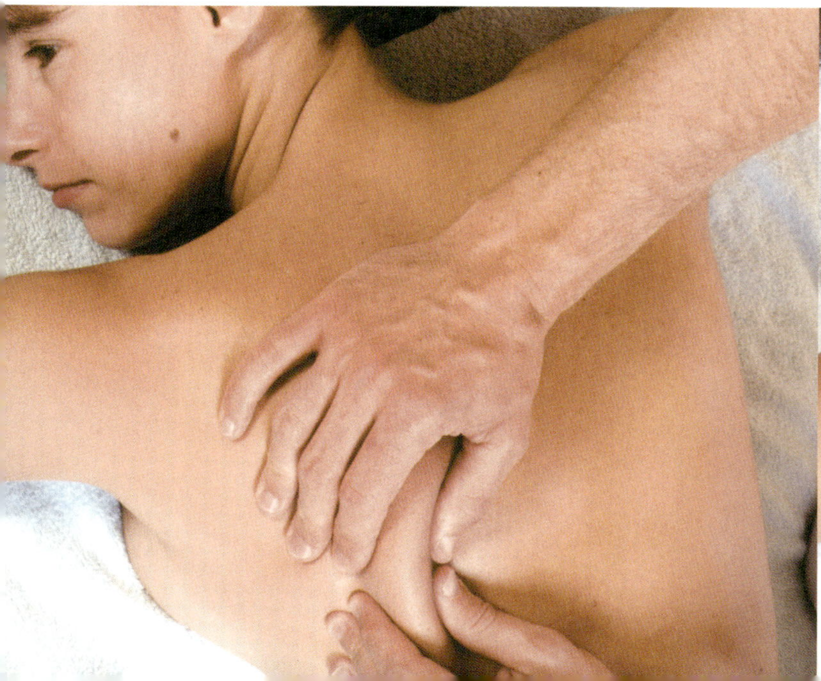

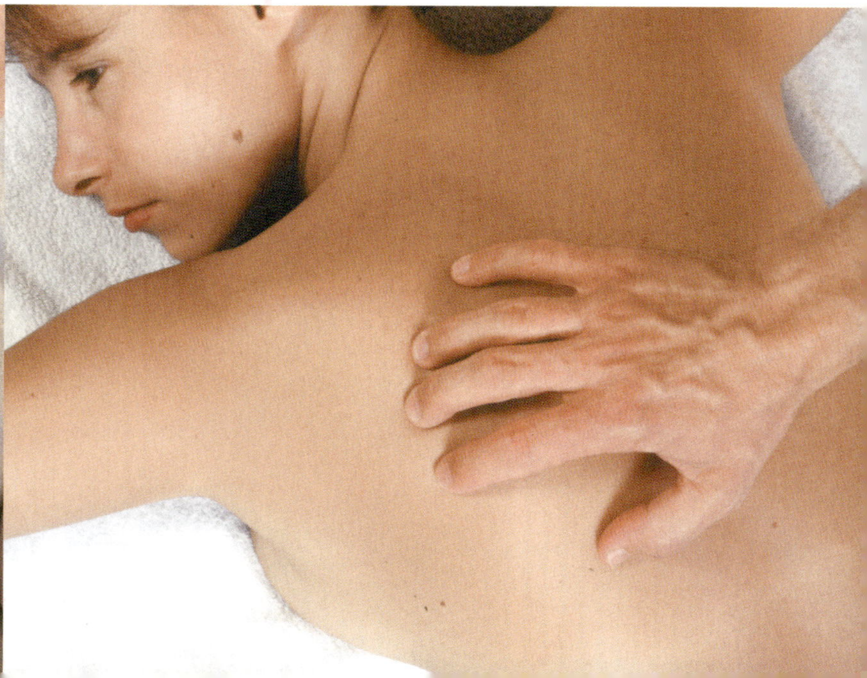

geklopft, geklatscht und getrommelt. Vorsicht: Wenden Sie diese Technik niemals auf Knochen an. Das Klopfen stimuliert die Durchblutung des Gewebes und rüttelt den ganzen Körper wach.

Eine sanfte Kopf- und Gesichtsmassage

Schenken Sie der Stirn eine wolkensanfte Druckmassage: Mit den Handrücken streichen Sie Verspannungen und Falten aus der Stirn. Legen Sie beide Hände seitlich an den Kopf und bringen Sie die Daumen in der Stirnmitte zusammen. Mit leichtem Druck wandern die Daumen nach außen.

Eine solche Massage entspannt wunderbar und kann voller Zärtlichkeit sein. Als Massagetechnik wenden Sie hier vor allem streichende und kreisende Bewegungen an. Augenbrauen, Wangen und Ohren können aber auch ganz behutsam geknetet werden. Zum Massieren sitzen oder knien Sie am besten hinter dem Partner oder der Partnerin.

Wenn Sie im Gesicht mit Öl arbeiten, verwenden Sie dieses bitte sehr sparsam. Verzichten Sie auf ätherische Öle, da diese unter keinen Umständen in die Augen gelangen dürfen. Sie können im Gesicht aber auch ganz auf Öl verzichten.

Eine Wohltat für Arme und Hände

Die Hände werden am meisten beansprucht und deshalb bekommt ihnen eine kleine Massage besonders gut. Nehmen Sie sich zuerst den einen, dann den anderen Arm vor. Beginnen Sie mit den Händen und arbeiten Sie sich zur Schulter hoch. Außer an den Gelenken kann man an Unter- und Oberarm schon etwas kräftiger zupacken und kneten und drücken.

Auch die Innenseite des Unterarms wird durch Pressen und Kneten aufgelockert. Die Muskeln zwischen den Fingern werden durch Ausstreichen mit beiden Daumen von den Fingern bis zum Handgelenk massiert. Mit streichenden und spiralförmig reibenden Bewegungen der Daumen werden auch die Handflächen zum Handgelenk hin bearbeitet.

Rücken und Nacken

Schultern und Nacken sind bei den meisten Menschen verspannt. Wenn es ums Wohlfühlen und Regenerieren geht, ist eine Nacken- und Schultermassage besonders wichtig. Achten Sie einmal darauf, wie Sie bei anstrengender Arbeitshaltung reagieren: Mancher massiert sich selbst ganz unbewusst ab und zu den Nacken.

Streichen Sie zuerst Nacken und Schultern aus. Um die Verspannungen zu lösen, ist ein recht kräftiges Kneten notwendig. (Vorsicht ist jedoch bei Problemen mit der Halswirbelsäule geboten!) Auch Reiben und Drücken sind geeignet. Aber auch hier ist Vorsicht geboten: Wenn die Behandlung schmerzt, ist sie zu heftig und kann sogar zu Kopfschmerzen führen. Also dosieren Sie die Massage richtig. Solange sich der Massierte aber wohl fühlt, machen Sie alles richtig.

Auch die Rückenmassage ist etwas Herrliches. Auf dem Rücken kann man großzügiger Öl verwenden, freilich darf die Haut nicht vor Fett glänzen. Zuerst verteilen Sie das Öl durch leichtes Streichen auf dem Rücken. Dann wird mit großflächigen Bewegungen der Rücken abwärts und aufwärts ausgestrichen. Wenn Sie dann intensiver ausstreichen, lockern Sie die Rückenmuskulatur. Kreis- und spiralförmige Reibungen lösen Muskelverhärtungen auf. Ein sanftes Ausstreichen macht den Abschluss.

Beleben Sie Beine und Füsse

Die Beine haben das gesamte Körpergewicht zu tragen. Besonders belastet werden sie durch langes Stehen, falsche Schuhe und sportliche Überanstrengung. Übermüdeten Beinen kann deshalb nichts Besseres widerfahren als eine ausgiebige Massage! Und selbst wenn sie nicht schmerzen, genießt man eine liebevolle Massage als Höhepunkt eines kleinen Wohlfühlprogramms.

Behandeln Sie zunächst beide Rückseiten der Beine, anschließend die Vorderseiten. Der massierte Partner liegt entsprechend zuerst auf dem Bauch, dann auf dem Rücken. Die Massagerichtung zielt aufs Herz. An den Beinen können Sie alle Massagegriffe anwenden, beginnend mit einem leichten Streichen bis zum Reiben, Drücken und Kneten. Vorsicht an den Kniegelenken! Bei Krampfadern und Lymphödemen, also Wasseransammlungen in den Beinen, sollten Sie das Massieren einem Fachmann überlassen.

Die Füße behandelt man mit Pressen, Dehnen und Ziehen. Zunächst massiert man den einen, dann den anderen Fuß. Bearbeitet wird sowohl die Fußsohle als auch die Oberseite der Füße. Vergessen Sie auch die Zehen nicht und streichen Sie die Zwischenräume der Zehen aus. Manche Menschen sind an der Fußunterseite sehr empfindlich und kitzlig. Das lässt sich aber meistens damit beherrschen, indem Sie einfach langsamer und fester massieren.

Eine gezielt eingesetzte Selbstmassage ist eine Wohltat. Versuchen Sie es und starten Sie damit beschwingt in den Tag, kehren Sie nach einer kurzen Massagepause mit neuer Kraft an die Arbeit zurück oder lassen Sie abends einen stressigen Tag in tiefer Entspannung ausklingen.

Die Kunst der Selbstmassage

Mancher möchte die Selbstmassage als Notbehelf werten: Man legt selbst Hand an sich, weil niemand da ist, der einem diese Wohltat verschaffen kann. Unter diesem Gesichtspunkt stimmt dieser Vorbehalt; jedoch sollte man nicht vergessen, dass niemand seinen Körper so gut kennt wie man selbst. Jeder weiß selbst am besten, wo er Verspannungen empfindet oder wie stark der Druck auf die Haut zu dosieren ist oder welche Stelle des Körpers gerade Berührung fordert.

Mitunter bietet es sich auch an, sich zwischendurch eine belebende Fünfminutenmassage zu gönnen. Etwa am Arbeitsplatz, wenn man müde und abgeschlafft ist, bei der langweiligen Fahrt im Bus oder dem stundenlangen Sitzen im engen Flugzeugsessel. In diesen Fällen können Sie auch mit einer Selbstmassage eine hervorragende Wirkung erzielen, sei es zur Belebung oder zur Entspannung. Das Einzige, was Sie brauchen, sind Ihre Hände.

Mit dem Rücken ist es schwierig. Dazu braucht man einen Partner. Doch mit dem Gesicht, dem Nacken, mit Brust und Bauch, Händen, Beinen und Füßen ist die Selbstbehandlung kein Problem. Man kann sich sogar eine Ganzkörpermassage genehmigen. Dabei hält man sich an die Reihenfolge, dass man mit den Füßen beginnt, dann über die Beine zum Unterkörper geht und schließlich zur Brust. Am Schluss kommt dann der Kopf an die Reihe.

Was erreicht man mit der Selbstmassage?

Am Morgen wird es Ihnen wahrscheinlich wichtig sein, die Müdigkeit zu verscheuchen und fit für den Tag zu werden. Ziel ist es, den Organismus in Schwung zu bringen. Wenn Sie sich während der Arbeit, auf der Reise oder in langweiligen Wartesituationen ein paar Massagegriffe gönnen wollen, müssen Sie Ihre Verspannungen angehen, vielleicht aber auch nur Stress abbauen. Auch dies funktioniert mit Massage hervorragend. Am Abend wollen Sie den Stress des Tages, die seelischen Verspannungen loswerden, um in das Erlebnis eines Konzerts oder einer Party frisch eintauchen zu können. Nach solchen Zielen richten sich die anzuwendenden Massagegriffe. Kreisen und Streichen wirken beispielsweise entspannend, beruhigend, leiten Verkrampfungen ab. Kneten und Klopfen machen wach, beleben.

Um sich selbst zwischendurch die Annehmlichkeiten einer Massage zu gönnen, müssen Sie sich nicht einmal entblößen. Sie sollten jedoch versuchen, sich etwas zurückzuziehen, denn von vielen Augen beobachtet gelingt die Entspannung selten gut. Zumindest aber sollten Sie eine bequeme Haltung einnehmen. Sie können auf einem Stuhl mit fester Sitzfläche und gerader Rückenlehne Platz nehmen oder auf dem Boden auf einem Teppich, besser einer Gymnastikmatte. Wenn Sie allein und zu Hause sind, sollten Sie die Kleider ablegen und Ihrem Körper das Gefühl geben, völlig frei zu sein. In diesem Fall sollten Sie auch Massageöl verwenden, wodurch sich der Genuss erheblich steigern lässt. Die Haut empfindet das Öl und seine Ingredienzen als Wohltat und der Duft, der in Ihre Nase steigt, wirkt auch auf Ihre Geruchsempfindung.

Das Gesicht

Eine Gesichtsmassage wirkt belebend. Sie kann Kopfschmerzen vertreiben, Müdigkeit, Nervosität und Anspannung. Und sie hat auch kosmetische Wirkung. Die Gesichtsmassage können Sie praktisch überall ausführen und Sie brauchen nur wenig Zeit. Sie müssen nur zehn Minuten am Morgen, bei der Arbeit oder abends erübrigen. Benutzen Sie dabei nur sehr wenig Öl. Ein Teelöffel reicht völlig aus. Gut geeignet ist etwa Mandelöl. Ein beliebter Zu-

satz für die Gesichtsmassage ist Rosenöl. Als Technik kommen vor allem Streichen und sanfter Druck zum Einsatz. Eine Gesichtsmassage des Morgens soll vor allem beleben: schnelle, schwingende Griffe sind daher gefragt. Des Abends ist eher eine entspannende Wirkung erwünscht: Dann eignen sich ruhige Techniken gut.

Sanftes Streichen mit beiden Händen zu Beginn der Gesichtsmassage trägt zur Entspannung bei (Abb. unten ganz links). Kreisende leicht knetende Bewegungen neben der Nase hinunter zum Kinn lösen Verspannungen im Gesicht (Abb. unten Mitte). Kleine kreisende Bewegungen mit den Fingerspitzen über Stirn und Schläfen wirken beruhigend (Abb. unten).

Zupfmassage nach Dr. Jacquet

Diese Massagetechnik wurde 1907 zum ersten Mal an der medizinischen Fakultät in Paris vorgestellt. Ungefähr 15 Jahre wurde sie ausschließlich von Ärzten durchgeführt, bis sie dann auch von Massage- und Kosmetikschulen gelehrt wurde. Ihr Vorteil ist die erstaunliche Wirkung, ohne dass große Kraft bei der Behandlung eingesetzt wird. Zudem gilt diese Technik als besonders erfolgreich bei Akne und Cellulite und natürlich hebt sie ganz ungemein das allgemeine Wohlbefinden.

Man muss sich allerdings etwas vorbereiten. Zuerst seift man sorgfältig die Hände und desinfiziert sie mit 70%igem Alkohol. Die Nägel müssen ganz kurz sein, das Gesicht fettfrei vorgereinigt. Geben Sie erfrischendes Meerwasserspray ins Gesicht. Dann wird die Haut noch mit einem Meeressediment-Peeling gereinigt. Jetzt beginnt die Massage.

Heben Sie die Haut mit allen fünf Fingerkuppen, ohne zu streichen, zu klopfen oder zu drehen, kurz an und lassen Sie sie sofort los. Schieben Sie sie nie hin und her. Beginnen Sie immer im Innenbereich des Gesichts und gehen Sie dann nach außen. Zupfen Sie am Anfang eher langsam, dann können Sie aber durchaus stärker werden. Im Stirnbereich und an der Nase heben Sie nur mit Daumen, Zeige- und Mittelfinger die Haut vom Knochengewebe ab. Im Gesicht, am Hals und am Körper dagegen zupfen Sie mit allen fünf Fingern. Wichtig ist, dass jede Zupfbewegung sehr kurz ist.

Der Nacken

Wenn Sie niemanden haben, der Ihnen die bekannten Verspannungen im Schulter- und Nackenbereich wegmassieren kann, machen Sie es einfach selbst. Sie benötigen nur Ihre Hände und müssen sich für die Behandlung nicht einmal entkleiden, können sie also auch im Büro anwenden. Die Nackenmassage lässt sich bequem im Sitzen durchführen. Die Massagegriffe sind zunächst und zum Abschluss streichend, dann aber auch stärker drückend und knetend. Für eine kräftige Auflockerung der Nackenmuskulatur fahren Sie mit kreisenden Bewegungen der Daumen aufwärts bis zum Schädelansatz. Beide Hände schließen sich um den Nacken und ziehen nach vorn in Richtung Schultern.

Der Bauch

Eine sanfte Massage wird bei allen Formen von Bauchweh als angenehm empfunden. Zur Bauchmassage legen Sie sich am besten mit leicht angewinkelten Beinen auf den Rücken. Lassen Sie Ihre Hände mit leichtem Druck im Uhrzeigersinn auf diesem Gebiet kreisen. Wichtig ist eine ununterbrochene Bewegung, die durchaus auch den ganzen Oberkörper einbeziehen kann. Beide Hände versetzt oder auch nur eine Hand kreisen im Uhrzeigersinn mit leichtem Druck gleichmäßig um den Bauchnabel herum.

Die Hände

Tag für Tag haben Ihre Hände wahre Höchstleistungen zu vollbringen. Besonders strapaziert werden sie bei berufsbedingten Tätigkeiten wie lang andauerndem Tippen am Computer. Massiert werden die Hände durch Streichbewegungen, Reiben, Dehnen und Ziehen. Der Daumen streicht mit festem Druck aufwärts zum Handgelenk den Handrücken aus. Anschließend folgen kräftige Kreisbewegungen des Daumens auf der Vorderseite des Unterarms.

Beine und Füsse

Berufstätigkeiten, die mit langem Stehen verbunden sind, führen im Lauf des Tages zu müden Beinen. Nach dem Sport kann es zu einem Wadenkrampf kommen. Vor dem Sport tut Aufwärmen den Muskeln gut. Es ist daher nützlich zu wissen, wie man die eigenen Beine und Füße selbst massiert. Der Fuß lässt sich im Sitzen leichter massieren, wenn Sie ein Bein über das andere legen. Eine Hand stützt den Fuß, die andere ist frei zum Massieren. Mit festem Druck presst der Daumen entlang der Mitte der Fußsohle. Jede Zehe wird durch Rollen, Drücken und Ziehen einzeln massiert.

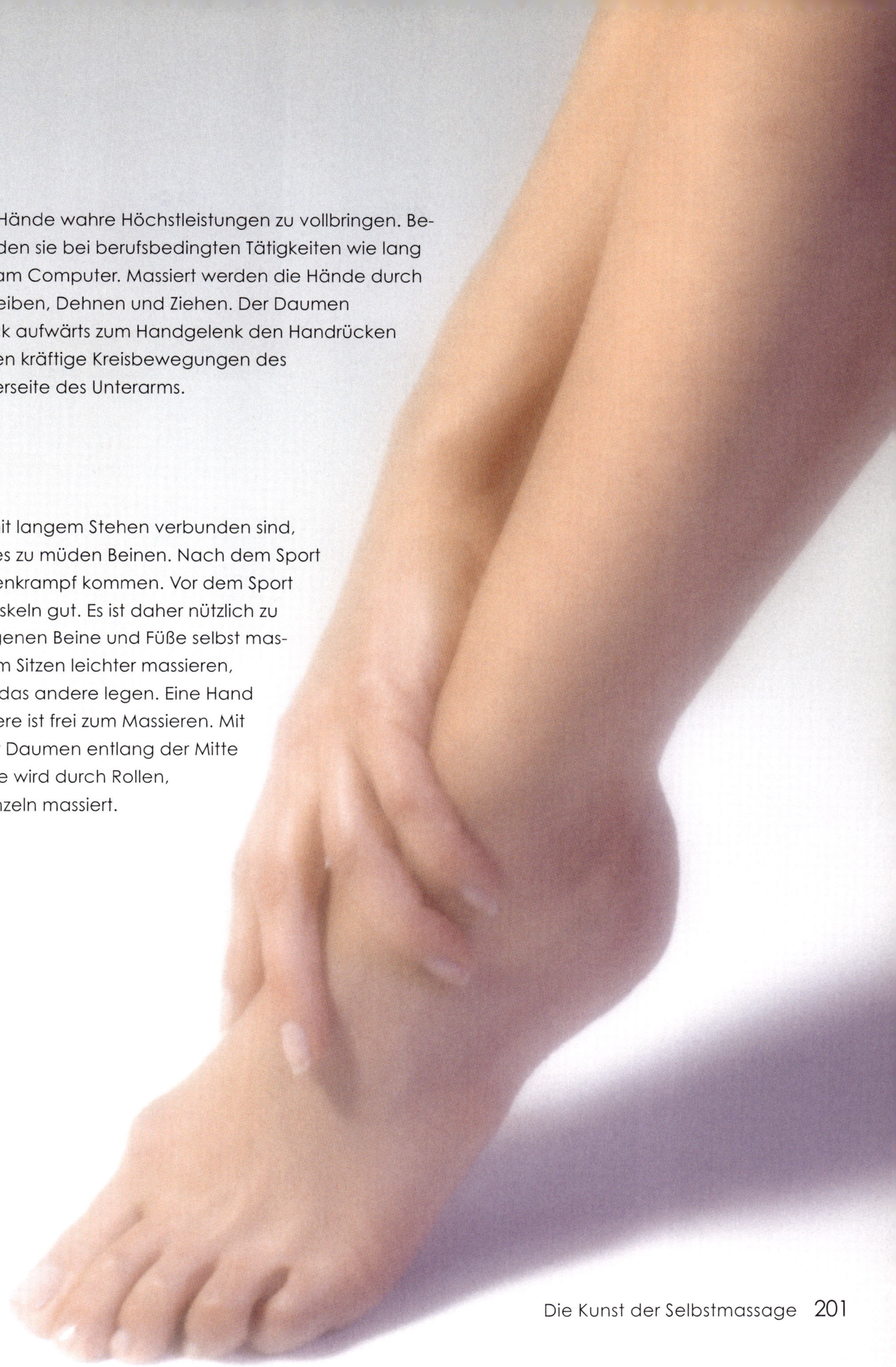

Ob man sich beim Baden wirklich wohl fühlt, hängt sicherlich auch davon ab, wie die Umgebung gestaltet ist. In einem winzigen Badezimmer, dem man sofort ansieht, dass hier nur gelegentlich geduscht wird und die Zähne geputzt werden, ansonsten aber vieles vorübergehend eine Bleibe findet und die Wäsche trocknet – hier macht das Baden keinen Spass. Das Badezimmer muss weder luxuriös sein noch besonders gross: Mit Fantasie kann man sich auch in bescheidenem Ausmass einen inspirierenden Rahmen für die persönlichen Badefeste schaffen. Wenn man ohnehin umbaut, sollte man natürlich diese Chance nutzen und sich ein ideales Badezimmer einrichten. Doch auch mit kleinen Korrekturen, mit neuen Fliesen, mit Farben und Accessoires lässt sich ein altes Badezimmer so umgestalten, dass man es kaum wieder erkennt.

Das eigene Bad: Oase des Wohlbehagens

Ein Ort für Leib und Seele

In den meisten Fällen ist heute das Badezimmer der kleinste Raum in einer Wohnung. Dagegen wurde in Wohnungen, die vor hundert Jahren erbaut wurden – falls der Architekt den Häusern überhaupt ein Badezimmer zugestand –, diesem erstaunlich viel Platz eingeräumt. Offenbar wussten damals zumindest die betuchteren Kreise das Badezimmer als einen Ort der Rekreation zu schätzen. In späteren Jahrzehnten ging dieses Bewusstsein verloren und in den modernen Wohnungen waren Badezimmer wie Toilette lediglich Notwendigkeiten, denen man unter ästhetischen Gesichtspunkten keine weitere Beachtung mehr schenkte; am liebsten drängte man in einem einzigen Raum Bad und Toilette zusammen. Auch Hausbesitzer, die im Prinzip frei über die Größe ihres Badezimmers hätten verfügen können, hielten sich an die ungeschriebene Konvention, dass man für Hygienezwecke möglichst wenig Platz verschleudern sollte – es sei denn, es handelte sich um stilvolle, großräumige Villen.

Elegantes Bad mit klaren Linien und edlen Materialien oder ein prunkvoller Badetempel – der Gestaltung des Badezimmers sind keine Grenzen gesetzt.

Das Badezimmer wird neu entdeckt

Das Zeitalter des auf die Funktion einer Nasszelle beschränkten Badezimmerchens haben wir hinter uns. Zumindest schätzen die meisten von uns ihr Badezimmer als einen Raum, der für die persönliche Entspannung zuständig ist. Bei einer 100 Quadratmeter großen Wohnung – und dies gilt bei den heutigen Wohnverhältnissen und Preisen schon beinahe als Großwohnung – bleibt freilich nur wenig Raum für ein wirklich großes und schönes Badezimmer. Doch die Größe ist nicht so entscheidend.

Natürlich ist es schön, wenn man mitten im Raum eine großzügige Wanne platzieren kann, drumherum zwei Waschbecken und ein Bidet, dazu noch Platz für eine Anrichte und separate Dusche hat. Ein solcher Badezimmertraum nimmt aber gut und gern so viel Platz in Anspruch, wie normalerweise für ein Wohnzimmer zur Verfügung steht. Das sind Träume, was aber mit der Wirklichkeit anfangen? Die meisten beziehen eine Wohnung oder ein Haus, das sie in Bezug aufs Badezimmer vor vollendete Tatsachen stellt. Man muss sich mit den Räumlichkeiten abfinden, ja mehr: Selbst die vorhandenen Armaturen, die Wandfliesen oder die Wanne wird man, auch wenn sich alles in einem sträubt, belassen, weil man aus praktischen Erwägungen heraus zuerst in die Renovierung der übrigen Wohnung investieren will. Das ist auch verständlich, denn im Badezimmer lebt man nicht. Die

Küche, das Wohnzimmer, der Raum für die Kinder, vielleicht auch noch das Schlafzimmer – das alles muss vordringlich herausgeputzt werden. Sicher auch deshalb, weil alle Räume außer dem Badezimmner in gewisser Hinsicht öffentlich sind: Da halten sich Gäste und Freunde auf, das Badezimmer oder Gäste-WC betreten Fremde immer nur für wenige Minuten.

Dieser Verzicht muss nicht bedeuten, dass Sie das vorhandene Badezimmer nicht in Ihr persönliches Wohlfühlparadies verwandeln können. Falls Sie sich entschließen, auch das Badezimmer von Grund auf zu renovieren, sollten Sie keine banale Lösung wählen, sondern sich genau überlegen, was Sie aus dem vorhandenen Raum machen können. Wer sich ein wenig damit beschäftigt, findet oft erstaunliche Lösungen, um beispielsweise in kleinste Räume durch den richtigen Umgang mit Farben und Formen den Eindruck von räumlicher Großzügigkeit zu bringen. Und gute Ideen müssen nicht immer teuer sein. Eine kostspielige große Badewanne muss einem Badezimmer keinesfalls Charme und Zauberkraft verleihen. Im Gegenteil, ein solches protziges Stück kann die Raumbalance unter Umständen völlig zerstören, während sich eine preiswertere und in ihren Ausmaßen bescheidenere Wanne viel günstiger ins Ambiente einfügen mag.

Vielleicht lassen Sie auch die alte Wanne, das Waschbecken und die Armaturen an ihrem Platz und überlegen sich zuerst einmal, wie Sie mit neu gestrichenen Wänden, einem neuen Fußboden, passenden Farben, einem Vorhang, raffinierter Beleuchtung und diversen Accessoires Ihrem Badezimmer den Pfiff geben können, den es braucht, damit Sie sich künftig darin wohl fühlen.

Licht ist Leben

Wenn an der Planung des Badezimmers gespart wurde, sind oft nicht nur die räumlichen Verhältnisse zu beklagen, auch das Fenster ist nicht selten sehr klein. In einem solchen Fall muss man besonders auf eine ausreichende elektrische Beleuchtung achten. Die elektrische Beleuchtung ist aber auch sonst wichtig. In der Regel werden im Badezimmer Leuchtstoffröhren installiert. Sie versorgen den Raum mit Licht ohne jeden Schatten, was jedoch eine angenehme Atmosphäre zerstört. Wenn es Leuchtstoffröhren sein müssen, dann sollten Sie wenigstens Röhren wählen, die einen warmen Ton abstrahlen. Weißes Licht wirkt kalt und tötet jedes Gefühl.

Eine gute Lösung sind kleine Halogenspots, die in der Decke eingelassen sind und den ganzen Raum gleichmäßig, jedoch nicht steril ausleuchten. Spiegelschränke sind oft auch mit Lampen ausgestattet und ergänzen das Licht von oben. Lassen Sie aber alle elektrischen Anschlüsse im Badezimmer grundsätzlich vom Fachmann ausführen und basteln Sie nicht selbst daran herum. Wenn Elektrizität und Wasser derart eng in einem Raum beieinander sind, kann das schnell gefährlich werden!

Ohne Elektrizität geht es in einem modernen Badezimmer nicht. Dennoch sollte die elektrische Installation von einem Experten so abgestimmt sein, dass die Strahlungsintensität so gering wie möglich gehalten wird. Die Industrie bietet dazu spezielle hochabschirmende Biokabel an.

Wenn Sie ein neues Badezimmer planen

Wenn Sie in der glücklichen Lage sind, Ihr Badezimmer von Grund auf neu einrichten zu dürfen, ergreifen Sie diese Chance und tun Sie es mit Umsicht. Resignieren muss man nie. Für jeden Badezimmerproblemfall gibt es eine Lösung. Die Industrie bietet inzwischen die raffiniertesten Badewannen, Duschen und Waschbecken in allen Größen und Formen, die es durchaus erlauben, auch auf wenig Raum ein originelles Bad einzurichten.

Wenn die Wasser- und Elektroanschlüsse erneuert werden müssen, sollten Sie mit den Handwerkern vereinbaren, dass ein paar Reserveanschlüsse vorgesehen werden, die es Ihnen ermöglichen, in späteren Jahren das Badezimmer einer veränderten Lebenssituation anzupassen. Vor allem mit elektrischen Anschlüssen sollte man nicht geizen. Dass eine einzige Steckdose über dem Waschbecken nicht ausreicht, merken Sie spätestens dann, wenn Sie beim Föhnen immer den Stecker vom Rasierapparat oder von der elektrischen Zahnbürste ausstecken müssen. Eine Leiste mit drei oder vier Steckdosen kostet nicht viel mehr, erspart Ihnen aber täglichen Ärger. Mit Doppelsteckern und Kabeln sollten Sie sich im Bad nicht behelfen – das kann schnell lebensgefährlich werden.

Wenn man bei der Installation der Wasserleitungen nicht alle Wände aufmeißeln will, kann man diese auch bequem auf der Wand verlegen. Der Fachmann spricht dann von einer Vorwandinstallation. Die Röhren werden schall- und wärmeisoliert und anschließend verkleidet. Auf die Verkleidung kommen schließlich die Fliesen.

Besonders bei kleinen Badezimmern ist es für den Gesamteindruck entscheidend, den richtigen Boden- und Wandbelag zu wählen. In kleinen Bädern sollten Sie auf dunkle Farbtöne verzichten. Diese würden den Raum optisch noch mehr schrumpfen lassen und Ihnen ein erdrückendes Gefühl vermitteln. Helle Farben dagegen lassen einen kleinen Raum großzügig wir-

Die modernen Heizkörper sorgen nicht nur für angenehme Temperaturen im Bad, sie dienen auch als praktische Handtuchhalter und -wärmer.

ken. Spiegel sind nicht nur dazu da, sich selbst zu begutachten, sie fangen auch das Licht ein und verleihen einem Raum optische Weite.

Eine besondere Herausforderung ist es, ein fensterloses Badezimmer so zu gestalten, dass man sich nicht ständig an diese Beschränkung erinnert fühlt und sich hier auch wirklich gerne aufhält. Eine einzige Leuchtstoffröhre über dem Spiegelschrank reicht in der Regel nicht aus. Man sollte sich überlegen, ob nicht zusätzliche, geschickt verteilte Halogenstrahler in einer um wenige Zentimeter abgesetzten Unterdecke eine freundliche Tageslichtstimmung vorspiegeln könnten. Auch die Wahl der Farbe des Lichtes ist entscheidend und hängt natürlich von den Farben der Wände und des Bodens ab. Spiegel spielen in einem fensterlosen Bad eine wichtige Rolle, denn, geschickt platziert, täuschen Sie eine Räumlichkeit vor, wo keine vorhanden ist.

Kleine Badezimmer wirken leicht überfüllt, wenn man die verschiedenen Bade- und Waschutensilien, die man regelmäßig braucht, darin unterbringt. Die schlichten weißen Schränkchen unter den Waschbecken wurden längst von originellen Badezimmermöbeln überholt, die es in allen Farben, Größen und Formen gibt. Diese kleinen schicken Raumwunder bieten Handtüchern, Seifen, Schampooflaschen Platz, darüber hinaus sind sie ein optischer Blickfang. Auch Spiegelschränke gibt es heute in unterschiedlichsten Ausführungen, wobei man ihnen die Funktionalität nicht auf den ersten Blick ansieht: Außen präsentieren sie sich elegant oder ausgefallen futuristisch, innen prahlen sie mit viel Platz.

Hightech im Badeparadies

Viele werden nur mit den Achseln zucken, wenn die Rede von Whirlpools oder Fitnessduschen ist. Der Grund: Diese Einrichtungen sind auch heute noch sehr kostspielig. Wenn Sie aber gerade Ihr Badezimmer von Grund auf renovieren, sollten Sie darüber nachdenken, ob sich eine solche Investition nicht doch lohnen könnte. Eine Whirlwanne – es werden auch kleinere und günstigere Modelle angeboten – ist keine überflüssige technische Spielerei, sondern bietet die Möglichkeit, regelmäßig in den Genuss der Hydrotherapie zu kommen.

Unterwassermassage mit Wärme und Luft wirkt auf den ganzen Organismus, beruhigt, stimuliert das Immunsystem, harmonisiert den Kreislauf und regt allgemein an. Die Technik kann heute einiges auch für die heimische

Whirlwanne bieten: Das reicht von zarten Luftbläschen, die den Körper umspielen, bis zum kräftigen Massagestrahl, der die Muskelpartien durchknetet. Die in der Wanne eingebauten Düsen bewirken außerdem, dass der Körper Auftrieb erhält und gleichsam in der Wanne schwebt.

Technisch funktioniert das Hydrowunder folgendermaßen: Ein Gebläse drückt die erwärmte Luft durch die Düsen in die Wanne. Eine raffinierte Kombination verschiedener Düsen, die auch verstellbar sind, ermöglicht dann die Wahl zwischen sanftem Prickeln und lebhaftem Massagestrahl. Die Wannnen sind so konstruiert, dass unterschiedliche Düsen an der Seite der Wanne, im Rücken- und Fußbereich den Körper optimal mit den heilenden Wasserwirbeln bedienen.

Auch Duschen bieten heutzutage ein komplettes Fitnessprogramm. Diese Anlagen haben oft auch für zwei Personen Platz, und man kann die Wasserwonnen auf einem herabklappbaren Sitz genießen. Das Wasser braust nicht nur von oben, sondern von allen Seiten, und die Stärke der Wasserstrahls ist einstellbar.

Über ein Display lassen sich verschiedene Anwendungsprogramme einstellen. So kann man beispielsweise eine Wechseldusche unbeschwert genießen – ohne ständig an den beiden Hähnen für Kalt und Warm hantieren zu müssen. Einige Modelle bieten zusätzlich die Möglichkeit, Dampfbäder zu nehmen. Und selbstverständlich gehört auch ein Audiosystem zum Badeluxus: Ob klassisch oder modern, Sie hören die Musik, die Sie vorher als CD eingelegt haben.

Bereits mit sparsamen Dekorationen kann man ein Badezimmer sehr verwandeln.

Die Geschmäcker sind verschieden

Es gibt unzählige Möglichkeiten, ein Badezimmer einzurichten und auszustatten. Schön ist das, was einem gefällt. Und der Fantasie sind keine Grenzen gesetzt. Wenn Sie sich dabei ertappen, dass Sie sich nur ungern aus dem Badezimmer ins Leben hinaustreiben lassen, haben Sie für sich das kongeniale Badezimmer gestaltet.

Manche mögen das Nostalgisch-Verspielte und wählen Fliesen mit reichen Ornamenten, preziös geschwungene Armaturen, Spiegel mit aufwendig verziertem und vergoldetem Rahmen. Die Wanne kann aus emailliertem Gusseisen mit mächtig geschwungenen Rändern sein und ohne Umkleidung auf Krallenfüßen stehen. Tulpenförmige Lampen spenden diffuses Licht.

Ein Badezimmer im Landhausstil hat sein eigenes fröhliches, helles Naturell. Fliesen mit Blumenmuster, luftig-leichte Vorhänge, verspielte Eckregale mit einer Gerbera im Keramiktopf, rustikale Wasserhähne und Duschbatterien aus Chrom oder Bronze, malerische leere Flaschen – das sind die Stilelemente. Wenn Sie Möbel – Unter- oder Oberschränke, Stühle oder Hocker – ins Bad stellen, wählen Sie solche aus Holz, imprägnieren Sie sie und streichen Sie sie in hellen, pastellfarbenen Tönen. Vermeiden Sie moderne Accessoires, alles sollte ein wenig verwittert, verwaschen aussehen, mit groben Oberflächen, nicht stromlinienförmig. Acrylglas und Chrom haben hier nichts zu suchen. Seifenstücke, Schwamm und Massagehandschuh bewahrt man beispielsweise in einem Drahtkorb auf, in dem man früher die Eier vom Markt zu holen pflegte. Vielleicht stellt man eine Milchkanne aus Aluminium in die Ecke. Stöbern Sie beim Altwarenhändler und besuchen Sie fleißig den Flohmarkt.

Stilvoll ist es, wenn Sie die Wände mit wasserfesten Tapeten in hellem, freundlichem Blümchenmuster tapezieren. Falls es Fliesen sein müssen, dann ohne modisches Design, vielleicht nur weiß oder dezent mit Blumen dekoriert.

Wer die klaren Linien bevorzugt, hat heute eine Riesenauswahl an Wannen, Waschbecken und Möbeln. Die Eleganz dieses Stils beruht auf Schlichtheit und Funktionalität. Viele Accessoires verbieten sich. Ob Sie hier und da mit

einer Vase oder Schale einen Akzent setzen wollen, muss wohl überlegt sein. Mit wahllosen Requisiten überfüllte Fensterbänke, Ablageflächen und Schränke würden die klare sachliche Linie einer solchen modernen Badelandschaft ramponieren.

Wenn man das Badezimmer nicht mehr mag

Je spezieller Sie den Stil eines Badezimmers wählen, desto eher können Sie sich aber auch ein Problem einhandeln: Was anfangs einen großen Reiz ausübt, wird mit der Zeit langweilig. Einen Vorhang kann man austauschen, bei einer teuren Gussbadewanne aus Emaille und mit barockem Zierrat fällt es schwerer, das gute Stück rauszuwerfen. Nichts hält freilich auf Dauer, aber kaum jemand wird sich alle paar Jahre eine neue Sanitärausstattung fürs Badezimmer leisten wollen. Bei aller Liebe zum Extravaganten sollten Sie sich des Abnutzungseffekts bewusst sein. Fragen Sie sich deshalb ganz offen, ob Ihnen eine bestimmte Konstellation womöglich auch noch in ein paar Jahren gefällt. Manche Stile findet man bestechend – für einige Zeit, und dann hat man sich sattgesehen.

Ein neutraler Stil muss nicht fantasielos sein. Die Grundausstattung aus Badewanne und Waschbecken, Bodenbelag und Wandfliesen sollte eine Art dezente Hintergrundkulisse sein, die Sie mit verhältnismäßig kleinen Verän-

derungen – mit Vorhängen, Matten, Möbeln, mit wechselnden Farben, Accessoires und Pflanzen – immer wieder um Nuancen variieren können. So lässt sich ein einziges Badezimmer immer wieder neu erleben. Das funktioniert natürlich am besten, wenn die Grundfarbe der Sanitäreinrichtung, des Bodens und der Wände in neutralem Ton gehalten ist. Pastellfarbene Töne sind am günstigsten. Mit wenigen Dekorationen lassen sich sehr unterschiedliche Stimmungen gestalten. Natürlich muss man ein bestimmtes Motiv durchhalten und mit Fantasie variieren. Eine bestimmte Farbe der Vorhänge und der Fußbodenvorleger etwa sollte in den anderen Accessoires aufgenommnen werden, also in den Handtüchern, Waschlappen, den Blumen in der Vase oder dem selbst eingefärbten Badesalz in einem attraktiven Präparateglas. Diese Requisiten brauchen Sie beim nächsten Szenenwechsel nicht wegzuwerfen. Bewahren Sie sie auf und holen Sie das Material im nächsten Jahr wieder hervor.

Warum sollte nicht das Badezimmer mit den Jahreszeiten sein Gesicht verändern? Im Frühling sind pastellfarbene Töne an der Reihe, gelb bis orange, um die aufkommende Freude über das Ende der kalten Jahreszeit aufzunehmen. Ein bunter Frühlingsstrauß auf der Fensterbank, gelbe Schaumstoffentchen als Badeschwämme, knallgelbe Handtücher und orangefarbene Waschlappen wären denkbar. Dann folgt das Sommerbad in üppigeren Farben. Die Textilien vertragen ein kräftiges Rot, in der Vase stehen rote Rosen, eine rote Seife liegt auf dem Waschbecken und den Boden bedeckt ein neuer Badevorleger in rotem Muster. Zum Herbst können gedeckte Farben passen, rostbraune oder lila Töne, getrocknete Kräuter in einer Schale. Und in den Wintermonaten, wenn die Welt draußen ihre Farben verliert, kann ins Badezimmer schillerndes Blau einziehen, ein Hauch von Meer, vielleicht ein Fischernetz an der Decke, Muscheln auf der Fensterbank, ein oder zwei Glasdelfine, hellblaue und dunkelblaue Fläschchen mit Ihren Badeessenzen, blaue und weiße Textilien.

Denken Sie immer daran: Weniger ist mehr. Pflastern Sie nicht jeden Quadratzentimeter über den Waschebecken, auf der Fensterbank und anderen Ablagen mit Utensilien voll. Lassen Sie einzelne geschmackvoll ausgewählte Dekorationsgegenstände wirken.

Farben wirken auf die Seele

Dass sich mit Farben gestalten lässt, ist jedem bekannt. Farben bewirken jedoch sehr viel mehr, als gemeinhin bekannt ist. Mit bestimmten Farben lassen sich nämlich bestimmte Wirkungen erzielen. Man kann mit einem bewussten Einsatz von Farben nicht nur psychische Vorgänge beeinflussen, sondern auch körperliche. Und da das Badezimmer eine Wohlfühloase sein soll, ist es sehr wichtig, die Farben dort ganz bewusst einzusetzen. Dazu muss man wissen, wie die einzelnen Farben wirken.

Algologie

Rot ist die wärmste Farbe, eine Farbe voller Energie. Rot ist auch die Farbe des Feuers. Man muss diese Farbe aber richtig dosieren. Ein roter Zahnputzbecher vor einer weißen Fliesenwand wirkt belebend, obwohl es nur ein kleiner Farbklecks ist. Offenbar reicht diese geringe Farbenmenge schon aus, eine derart auffällige belebende Wirkung zu erzielen. Stellen Sie sich als Kontrast einen grünen Zahnputzbecher statt des roten vor. Diese Farbkombination fällt kaum auf. Würde man jedoch eine ganze Wand mit roten Fliesen versehen, würde einen dieser Anblick erschlagen. Die Energie ist einfach zu gewaltig und erregt den ganzen Organismus. Und das ist gerade im Badezimmer nicht die Absicht, hier will man sich entspannen. Sie dürfen mit Rot also nur bestimmte Akzente setzen. Wenn Sie meinen, eher ein zurückhaltender, vielleicht sogar antriebsschwacher Typ zu sein und etwas mehr Feuer nötig zu haben, verstärken Sie den roten Akzent.

Es gibt natürlich auch Farben, die Rot in die Schranken weisen, neutralisieren. Einer rot gestrichenen Tür im Umfeld einer größeren dunkelblau tapezierten Wand wird sehr viel mehr Kraft entzogen, als wenn diese rote Tür im weißen Umfeld platziert wäre. Eine große rote Fläche mit beispielsweise dem blauen Unterbau eines Waschbeckens wirkt nicht mehr so intensiv, freilich dominiert hier immer noch das feurige Rot.

Rottöne lassen sich abgemildert natürlich auch mit dezenterer Wirkung einsetzen. Ein Hellrot wirkt zwar auch noch belebend, jedoch nicht mehr derartig aufdringlich wie dunkles Rot. Rosatöne wirken sicher belebend, doch auf eine viel einschmeichelndere Weise. Wenn Sie also im Frühjahr rosa Blüten in einer Vase im Bad platzieren, holen Sie die aufkeimenden Kräfte der jungen Jahreszeit mit all ihrer Frische und Beschwingtheit ins Bad. So können Sie den Frühling hautnah spüren.

Blau ist eine kühle Farbe, die temperamentvolle Naturen auf den Boden der Tatsachen zurückholt und beruhigt. Blau ist die Farbe des Meeres und weckt Empfindungen wie Nachdenklichkeit, Trauer, Melancholie, Fernweh. Eine solche Stimmung kann leicht in Traurigkeit kippen und diese Haltung trägt sicherlich nicht zur Steigerung des Wohlbefindens in der privaten Badeoase bei.

Besonders in kleineren Badezimmern ist von viel Blau abzuraten. Hin und wieder ein blauer Akzent im Zusammenspiel mit Rot mag günstig sein. Anders verhält es sich mit hellem Blau. Sie könnten die Decke hellblau streichen, was die Illusion einer gewissen Grenzenlosigkeit schafft: Das Badezimmer ist nach oben hin zum Himmel geöffnet. Wenn zudem Strahler die-

sen blauen Fonds noch modellieren, kann das kleine Badezimmer plötzlich seine Grenzen sprengen. Alles in Hellblau zu halten, Boden und Wände, wäre sicherlich zu viel der Melancholie und könnte zu viel Kälte ausstrahlen. Alles in Blau ließe sich auch nicht mehr durch andere Farbakzente harmonisch korrigieren oder ergänzen.

Gelb ist eine schwierige konträre Farbe, wenn man ihre möglichen Farbnuancen betrachtet. Zu intensive Gelbtöne wie beispielsweise Indischgelb, Chartreusegelb, Narzissengelb oder gar Zitronengelb irritieren, machen nervös, vertreiben die Ruhe. Das Badezimmer verträgt keine wirklich aggressiven Farbtöne. Passend, weil damit gute Laune geschaffen wird, sind dagegen alle Gelbtöne, die sich mit Rot mischen, so natürlich Orange, die sanfte Farbe des Teints, der Goldschimmer, der sich so schön auf den Körper legt. Orangefarbene Wände spiegeln diesen Farbton zurück und verzaubern damit auch das Gesicht und den Körper, wenn man sich im Spiegel oder gegenseitig betrachtet. Ein schönes, sattes Gelb gibt dem Badezimmer Weite, holt die Sonne herein, wärmt Seele und Geist und regt den Stoffwechsel an. Das passende Gelb stimuliert den Hormonhaushalt und trägt wesentlich zum Wohlgefühl bei, das man sich in jeder Badestunde erhofft.

Grau wirkt edel, wenn es nicht zu dunkel ist, sonst kann es leicht auch – im Überfluss eingesetzt – zu Tristesse führen. Grautöne dürfen nur sehr zart verwendet werden und brauchen immer einen belebenden Akzent. Dazu eignet sich besonders Lila, das man an sich nicht großflächig verwenden sollte. Ein beispielsweise grau gefliester Boden schafft eine beruhigende Basis.

Wenn Sie jetzt lila Handtücher aufhängen, schaffen sie eine wunderbare Farbharmonie, die sich auch der Seele vermittelt. Alles in allem ein fürstliches, erhabenes Gefühl.

Grün wird von vielen Menschen als eine sehr angenehme natürliche Farbe empfunden. Grün gilt als die Farbe der Hoffnung, was daher kommt, dass in der lebenden Natur grün dominiert. Denken Sie daran, wie sich die ersten grünen Pflänzchen nach einem harten Winter durch die Erde schieben und wenn sich der Boden dann langsam mit grünen Blättern verändert, das bedeutet Natur, Leben. Grün gibt Ruhe, vermittelt Behaglichkeit. Grün sollte mehr in Richtung Gelb gehen und nicht zu sehr mit Blau vermischt sein. Ein Giftgrün mit zu großem Blauanteil wirkt weniger angenehm. Es sollte das Grün eines leckeren Apfels sein, einer Wiese und in diesem Fall können Sie die ganze Grünpalette auch mit den Accessores durchspielen. Rottöne passen nicht zu der ruhenden Natur des Grün. In diesem Fall erscheint das Feuer ein Feind der blühenden Natur.

Als klassisch gilt immer noch ein weißes Badezimmer. Mit Weiß geben Sie auch kleinen, an sich düster wirkenden Räumen Weitläufigkeit. Weiß ist grenzenlos. Aber auch größeren Räumen bekommt Weiß sehr gut. Weiß ist die Farbe der Reinheit, steht für Licht und Leben, wirkt befreiend, stimuliert das Atmen. Ein weißes Bad muss ganz und gar nicht fantasielos sein. Es kommt darauf an, mit welchen anderen Farbakzenten Sie das weiße Umfeld beleben. Im Grunde können Sie alle Farben, die Ihnen zusagen, verwenden. Ideal ist es natürlich, wenn man die weißen Fliesen mit pastellfarbenen oder auch kräftigeren Farbmustern kombiniert.

Feng Shui fürs Badeparadies

Feng Shui heißt, wenn man es wörtlich aus dem Chinesischen übersetzt, nichts anderes als Wind und Wasser. Feng Shui ist eine jahrtausendealte Lehre der richtigen Energieverteilung um den Menschen herum. Die Chinesen gehen davon aus, dass eine Kraft existiert, die alles Leben in Gang setzt und aufrechterhält. Diese Kraft ist nicht mit unseren physikalischen Größen identisch. Es ist eine wissenschaftlich nicht messbare Vitalität, die aber alle lebendigen Wesen durchströmt und ebenso die vermeintlich tote Materie, also Häuser, Steine, Berge, Täler, Flüsse, das Meer. Die Chinesen nennen diese Lebenskraft Chi. So ist auch jeder einzelne Mensch von Chi erfüllt, das ständig in harmonischen Bewegungen durch den ganzen Organismus strömt. Die Energie der Umwelt befindet sich in einem ähnlichen steten Fluss und harmoniert mit den inneren Strömen des Menschen.

Es kann nun passieren, dass bestimmte Konstellationen der Umgebung diesem harmonischen Energiefluss hinderlich sind. Energieblockaden sind die Folge, oder anders formuliert: Der Mensch in solchen ungünstigen Energiesituationen fühlt sich unwohl, ja sogar krank. Es ist nun die Kunst des Feng Shui, Gesetzmäßigkeiten zu formulieren und daraus Spielregeln abzuleiten, die, wenn richtig angewandt, dafür sorgen, solche Ernergieblockaden aufzulösen oder erst gar nicht entstehen zu lassen.

Feng-Shui-Gesetze lassen sich auf die gesamte Gestaltung unserer Umgebung anwenden, auf den Garten, das Haus, die einzelnen Zimmer, aber auch im großen Maßstab auf das Arrangement der Häuser und Straßen in einer Stadt. Uns interessiert in diesem Zusammenhang jedoch nur, was die Spielregeln des Feng Shui für die Einrichtung des Badezimmers bedeuten können.

Für unsere vornehmlich auf logische Zusammenhänge trainierten Gehirne ist Feng Shui auf den ersten Blick eher Aberglaube. Und wenn man beispielsweise in Hongkong erlebt, wie die Reichen Unsummen dafür ausgeben, so genannte Glücksnummern auf dem Nummerschild ihres Autos zu haben, scheint sich dieser Eindruck zu bestätigen. Wenn man sich aber die Mühe macht, die scheinbar so irrationalen Feng-Shui-Regeln auf ihren pragmatischen Kern zu hinterfragen, wird einem schnell klar, dass viele Ratschläge des Feng Shui Gnade finden vor unserem so genannten gesunden Menschenverstand. So postuliert Feng Shui beispielsweise, dass Gerümpel in einer Ecke der Wohnung den Energiefluss störe und deshalb die Bewohner emotional negativ beeinflusse. Wir würden dies nicht so formulieren, sondern einfach sagen, dass man sich in einem solchen Chaos unwohl fühlt und solche Stellen lieber meidet. Warum? Als Erklärung führen wir unser ästhetisches Empfinden an, dass eine solche unordentliche Abfallecke stört, oder wir denken sogar an Ungeziefer, das sich dort einnisten und das Leben in der Wohnung beeinträchtigen könnte.

Genauso verhält es sich mit einem anderen Paradebeispiel des Feng Shui, das wir auch für das Badezimmer anführen können. Die Chinesen sagen, dass man den Toilettendeckel immer geschlossen halten müsse, weil sonst die Energie dorthin entweiche, gleichbedeutend damit, dass das ganze Vermögen der Bewohner im Abort landet. Ob dies nun wirklich zutrifft und dem Bankkonto der Bewohner schadet, sei dahingestellt. Unbestreitbar ist aber, dass es eine Unart ist, den Klodeckel geöffnet zu lassen. Üble Gerüche breiten sich aus und es kann auch einmal etwas irrtümlich in die Toilette fallen, etwa die Armbanduhr, was man dann mühsam aus dem Wasser holen muss. Außerdem: In einem an sich schmucken Badezimmer stört sich mancher an der so offen daliegenden Abortöffnung. Feng Shui macht also schon Sinn, und man kann durchaus auch einmal das Badezimmer unter diesen Gesichtspunkten betrachten.

Bad und Toilette haben zwei zwar für die Hygiene sehr wichtige Funktionen, sie dienen der Reinigung und Entspannung, jedoch gehören beide Orte nicht zusammen. Wohnraumnot oder der Sparwille des Architekten sorgen aber oft dafür, dass die Toilette im Bad integriert ist. An sich ist dies eine recht unpraktische Konstellation, denn das Bad nutzt man gerne öfter und länger und hat in der Regel auch nichts dagegen, wenn andere Familienmitglieder sich gleichzeitig dort tummeln. Auf die Toilette gehen die meisten aber allein. Wenn jemand nun genussvoll in der Wanne liegt, kann der andere ungut die Toilette benutzen. Man kann also das Unbehagen des Feng Shui an zusammengelegter Toilette und Badewanne auch sehr pragmatisch und ohne Hilfe von fiktiven Energieströmen erklären. Feng Shui schlägt als Kompromisslösung des Badezimmers mit Toilette vor, die Toilettenschüssel möglichst durch einen Vorhang oder einen Paravent – dies könnte auch eine relativ niedrige Milchglasscheibe sein oder ein sehr schmales Regal als Raumteiler – abzutrennen. Weiter verbietet Feng Shui, dass man gleich nach Öffnen der Badezimmertür die Toilettenschüssel sieht. Das lässt sich freilich nur vermeiden, wenn man ein Badezimmer völlig neu gestalten kann und wenn die örtlichen Gegebenheiten es überhaupt erlauben, die Toilettenschüssel in einer Ecke zu verstecken.

Bad und Toilette sollten vom Wohnbereich einigermaßen deutlich getrennt sein. Das bedeutet, dass der Sanitärbereich im rückwärtigen Teil der Wohnungsfläche angesiedelt sein sollte. Um eine solche Trennung ganz deutlich zu machen, könnte man einen Vorhang vor den Bade-Toiletten-Bereich ziehen oder eine Falttür installieren. Nahezu als Katastrophe gilt es, wenn Badezimmer und Toilette direkt am Wohnungseingang liegen. Wer die Wohnung betritt, wird als Erstes mit dem Reinigungsort konfrontiert: mit üblen Gerüchen und einem unschönen Anblick. Wer eine solche Wohnung hat, muss freilich damit leben.

Als Ausweg bleibt nur, dass sich alle Familienmitglieder angewöhnen, die Tür zu diesem Raum konsequent geschlossen zu halten. Hilfreich ist es auch, wenn man im Badezimmer für eine gute, automatische Lüftung sorgt, damit beim Öffnen der Tür (und wenn man sie doch einmal zu schließen vergisst) die Toilettengerüche nicht in den übrigen Wohnbereich ziehen. Eine intensiv duftende Seife oder eine Duftschale in der Nähe der Toilettenschüssel bekämpfen ebenfalls die üble Luft.

Man sollte auch darauf achten, dass die Wasserhähne oder die Toilettenspülung nicht tropfen beziehungsweise lecken. Ebenso wenig dürfen die Abflüsse verstopft sein. Wäre dies der Fall, würde Energie (beim tropfenden Hahn) sinnlos versickern oder (im Falle des verstopften Abflusses) am freien Fluss behindert sein.

Für einen harmonischen Energiefluss braucht das Badezimmer ein großes Fenster, das viel Licht (Energie) in den Raum lässt. Dunkle Farben fressen Energie, deshalb mahnt Feng Shui, sich auf helle Farben zu konzentrieren. Auch diese Empfehlung ist gut nachzuvollziehen. Feng Shui besagt weiter, dass die Energie durch ein Fenster ohne Vorhang oder davor platzierte Accessoires in zu großem Tempo fließe und deshalb zu kräftig auf die im Raum befindlichen Menschen treffe. Um solche Energiespitzen abzumildern, raten die Feng-Shui-Experten, dünne, farblich abgestimmte Vorhänge zu benutzen oder Pflanzen auf der Fensterbank zu platzieren. Auch diese Vorschrift können wir akzeptieren, denn ein leeres großes Fenster stört auch unser Empfinden, weil es nackt und zu hell aussieht. Mit einer einzigen Pflanze wirkt die Fensterfront sehr viel sympathischer.

Feng Shui erlaubt jedoch nur Pflanzen mit runden Blättern, weil spitze Blätter oder gar die Stacheln von Kakteen so genannte Giftpfeile auf den Menschen abschießen, was dessen inneren Energiehaushalt ins Wanken bringen kann. Dieser Vorschrift ist vorbehaltlos zuzustimmen, denn gerade im Bad ist man meistens nackt und da können spitze Blätter oder gar Kaktusstacheln üble Verletzungen anrichten.

Wenn Ihre Badewanne direkt vor einem sehr breiten und hohen Fenster steht und die Badezimmertür gegenüber diesem Fenster platziert ist, moniert der Feng-Shui-Experte, dass zu viel Energie und diese auch zu schnell durch das Fenster hereinstürzt und ohne Umwege nach dem Gesetz des kürzesten Wegs wieder zur Tür hinaus den Raum verlässt. Wer nun in dieser Badewanne sitzt, kann sich nicht wohl fühlen, weil der Energiedurchzug seine innere Energiebilanz durcheinander wirbelt. Feng Shui empfiehlt,

den Energiefluss zu mindern, ihn abzuleiten und so in erträgliche Kreisbewegungen abzulenken, die den in der Wanne Sitzenden nicht mehr stören. Diese Ablenkung kann eine Vase mit Blumen, können schöne farbige Flaschen oder eine Topfpflanze auf dem Fensterbrett sein. Ebenso ein Mobile oder ein Windspiel, das über dem Fenster hängt.

Feine Vorhangschals aus duftig dünnem Stoff können ebenfalls den Energiefluss bändigen. Wer in der Wanne sitzt und das Wasser und sein Wohlbehagen mit geschlossenen Augen genießen will, wird es schätzen, in dieser Situation nicht gerade auf dem Präsentierteller zu sein. Auch wenn niemand durch das große blanke Fenster hereinschaut, irgendwie stört es dennoch, aber die Accessoires auf dem Fensterbrett oder darüber schaffen das Gefühl, nach außen hin besser abgeschirmt zu sein.

Feng Shui kennt noch andere spezifische Hilfsmittel wie Steine und Kristalle, denen energetische Kräfte nachgesagt werden. Sie sollen negative Energieströme neutralisieren helfen und damit schädliche Einflüsse von den Menschen fernhalten. Kristalle sollten nach Feng-Shui-Verständnis immer symmetrisch geschliffen sein, denn Asymmetrie kippt die Energie aus dem Gleichgewicht. Edelsteine sollten nicht zu groß sein, denn zu große Kristalle bündeln zu viel Energie, was wiederum nachteilig wirkt.

Spiegel spielen bei der Lenkung der Energie eine zentrale Rolle. Für unser Verständnis lassen sie, geschickt aufgehängt, auch kleine Räume groß erscheinen. Feng Shui argumentiert, dass ein oder mehrere Spiegel die Energie hin- und herschicken und so in Räumen, in denen die Energie stagniert, für Vitalität sorgen. Dies ist besonders in Badezimmern ohne Fenster der Fall. Sie müssen sich das nur einmal vorstellen: Sie betreten ein fensterloses Badezimmer und gegenüber der Tür sind die Waschbecken mit einem Spiegelschrank angebracht. Rechts ist die Wanne platziert. In diesem beengten Raum kann einen leicht ein Angstgefühl erfassen. Wenn der der Tür gegenüberliegende Spiegel nun sehr groß ist und nicht nur einen Teil Ihres Gesichts, sondern Ihren Körper von Kopf bis zum Gürtel zeigt, gewinnt der Raum optisch an Weite. Er erscheint doppelt so groß. Zwar handelt es sich um eine reine Illusion, doch Sie empfinden diese Großzügigkeit durchaus als Wohltat.

Geteilte Spiegel und Spiegelkacheln, die Ihr Bild zerstückeln, gelten als negativ. Man könnte auch sagen: Sie beeinträchtigen die Illusion der Weite des Raums, denn ihr Mosaikeffekt signalisiert ständig, dass alles nur ein Spiegeleffekt ist.

Baden im Grünen

Mancher mag davon träumen: Eine schöne große Emaillebadewanne im Garten, umgeben von einem hohen Pflanzenmeer. Und da möchte man es sich unter der wärmenden Sonne, deren Licht sich geheimnisvoll durch das Blattgrün stiehlt, gut gehen lassen. Pflanzen in der Wohnung sind heute eine Selbstverständlichkeit, ja sogar auf dem Fensterbrett arrangiert mancher einen richtigen kleinen Garten. Nachdem inzwischen aus der primitiven Duschecke in den meisten Haushalten ein wohnlich gestalteter Badetempel wurde, schmuggeln sich langsam auch Pflanzen in diesen Wohnungsbereich.

Es ist keine Frage, dass Pflanzen sehr gut ins Badezimmer passen. Wo Wasser dominiert, herrscht Leben und da gehören Pflanzen eigentlich ganz selbstverständlich dazu. Freilich kann man nicht jede Pflanze ins Badezimmer stellen, weil dort teilweise extreme Lebensbedingungen herrschen. Doch eine Reihe von grünen und blühenden Pflanzen fühlen sich auch im Badezimmer sehr wohl. Nur muss man sie klug nach den Bedingungen in dieser Umgebung auswählen.

Mit dem Licht ist es manchmal ein Problem. In einem fensterlosen Raum kann eine Pflanze nicht gedeihen. Licht ist für sie unerlässlich. Das ganze Jahr über und während einer längeren Zeit brauchen sie Licht. Die Temperatur ist ein weiteres Problem, weshalb sich nicht alle Pflanzen fürs Badezimmer eignen. Hier herrschen meist höhere Temperaturen. 25 °C und mehr sind keine Seltenheit. Pflanzen, die niedrige Temperaturen gewöhnt sind, kommen also nicht infrage. Im Badezimmer herrschen oft extreme Wechseltemperaturen. Wenn die Badestunde vorüber ist, wird das Fenster aufgerissen, um den Wasserdampf abzulassen, und die meisten drehen auch die Heizung ab, weil man das Badezimmer ja nicht unnötigerweise den Tag und die Nacht über warm halten will. Das bedeutet für die Pflanzen aber ein ziemliches Temperaturgefälle, besonders im Winter, wenn nach einer heißen, dampfenden Badestunde plötzlich eiskalte Luft zum Fenster hereinfließt. Für empfindliche Pflanzen ist dies ein Schock.

Man muss also Pflanzen auswählen, deren robuste Natur diese extremen Temperaturen wenig anhaben können. Andererseits sollte man beim Lüften auch etwas Rücksicht nehmen und in der kalten Jahreszeit vielleicht für eine regelmäßige Minimalbeheizung sorgen und das Lüften nicht zu extrem betreiben. Beim Lüften sollte man die Pflanzen nicht in der Nähe des Fensters stehen lassen. Wenn man sie also normalerweise auf dem Fenstersims platziert hat, muss man sie für die Zeit des Lüftens an einen anderen Platz stellen.

Verständlicherweise ist die relative Luftfeuchtigkeit im Bad sehr hoch. Das empfinden aber all jene Pflanzen als angenehm, die ursprünglich aus feuchtwarmen Klimazonen stammen.

Die Auswahl der Pflanzen ist auch von ihrem Wachstumsrhythmus abhängig. Da im Badezimmer ganzjährig die geschilderten Temperaturverhältnisse vorherrschen, kommen für einen Dauerstandort im Badezimmer Gewächse mit ausgesprochenen Ruhezeiten nicht infrage. Trotz aller einschränkenden Maßnahmen ist die Auswahl an Pflanzen, vor allen Dingen an Blattgewächsen, verhältnismäßig groß.

Mit Schädlingen und Krankheiten muss man kaum rechnen, auch Pilzerkrankungen gibt es ebenso selten wie im Wohnbereich. Schäden können aber durch Schockwirkung infolge krasser Temperaturunterschiede vorkommen.

Als Grünpflanzen kommen in Betracht: der Zierspargel, eine besonders robuste Pflanze für nicht zu warme Badezimmer (Asparagus densiflorus), verschiedene Arten der Blattbegonie (Chlorophytum comosum), besonders die als Ampelpflanze geeignete Grünlilie, die Känguruhklimme (Cissus antarctica), der als Ampel- oder Kletterpflanze geeignete Königswein (Cissus rhombifolia). Für eine nicht zu warme Überwinterung eignen sich verschiedene Arten des Zitronenbaums und schließlich das besonders robuste Zyperngras, das sehr viel Feuchtigkeit braucht (Cyperus alternifolius). Die Dieffenbachia benötigt viel Licht. Weiter das Efeu, eine anspruchslose Rank- und Ampelpflanze, verschiedene Arten des Zwergpfeffers (Pepe romia), der zwar feucht gehalten sein will, aber doch nicht zu viel Nässe verträgt. Auch der Philodendron, die Pilea und das Frauenhaargras (Scirpucernuus) sowie das Bubiköpfchen passen gut in die Badeszenerie. Als Blütenpflanzen sind zu empfehlen: Athurium-Scherzerianum-Hypriden, etwa die Flamingoblume, das Usambaraveilchen, die Blattfahne (nicht zu warm halten) und verschiedene Ananasgewächse (Bromelien).

Keine Probleme haben Sie mit Schnittblumen, die Sie natürlich auch in einer Vase im Badezimmer aufstellen können. Schnittblumen bringen natürlich sehr fantasievolle Farben in die Dekoration, und gerade wenn Sie das Badezimmer öfter einmal variieren wollen, können Sie mit saisonalen Blumengebinden eine sehr attraktive Wirkung erzielen. Sie können kleine Vasen auf verschiedenen Abstellmöglichkeiten platzieren, in die nur wenige oder eine einzige Blume passt. Sie können aber auch eine große Bodenvase mit einem wunderschönen Strauß in eine Ecke stellen.

Register